B1
Marco de
referencia
europeo

BITÁCORA 3
NUEVA EDICIÓN

**Curso
de español**

MP3
descargable

Neus Sans Baulenas
Ernesto Martín Peris
Agustín Garmendia
Emilia Conejo
Pablo Garrido

Libro del alumno

Créditos

Fotografías

Autores
Neus Sans Baulenas
Ernesto Martín Peris
Agustín Garmendia
Emilia Conejo
Pablo Garrido

Sección de preparación al DELE
Alicia Clavel

Revisión pedagógica
Luisa Pascual

Asesoría pedagógica
Rosana Acquaroni, Merce Agulleiro, Andrea Andrioli, María Luisa Coronado, Pedro Molina, Jaume Muntal, Cristina Rivet, Anna Selga, Iñaki Tarrés

Coordinación editorial
Emilia Conejo

Diseño gráfico
Grafica

Maquetación
Pedro Ponciano, Pablo Garrido

Ilustraciones
Juanma García Escobar (www.juanmagarcia.net), excepto: Silvina Socolovsky (págs. 64-65) y Manel Fontdevila (pág. 116)

Corrección
Sílvia Jofresa

Locutores
Elena Álvarez, Sergi Bautista, Antonio Béjar, Iñaki Calvo, Eduardo Canales, Alicia Carreras, Bruna Cusí, Gloria Cano, Emilia Conejo, Silvia Dotti, Luis García Márquez, Agustín Garmendia, Pablo Garrido, Laura Gómez, Virginie Karniewicz, Ana Liberatore, Mayerly Londoño, Emilio Marill, Noemí Martínez, Xavier Miralles, Carmen Mora, Lourdes Muñiz, Núria Murillo, Edith Moreno, Amaya Núñez, Rafael Parra, Paco Riera, Eduard Sancho, Neus Sans, Josefina Simkievich, Sergio Troitiño

Agradecimientos
Carolina Domínguez, María García Zambrano, IES Gran Capitán, LAE Madrid, Cecilia Requena, Omar San Martín, Edith Sandor, Lourdes Sánchez, Alba Vilches, Coryse Calendini, Lourdes Muñiz, Luis Morago, Núria Murillo, Paco Riera, Anna Sanvisens, Mercedes Fornés, Nuria de la Torre, Emilio Quintana, Pedro Molina, Stefan Schlaefi Fust

difusión
Centro de
Investigación y
Publicaciones
de Idiomas, S. L.

C/ Trafalgar, 10, entlo. 1ª
08010 Barcelona
Tel. (+34) 93 268 03 00
Fax (+34) 93 310 33 40
editorial@difusion.com

www.difusion.com

CÓMO ES

BITÁCORA
NUEVA EDICIÓN

Un cuaderno de bitácora es el libro en el que los marinos anotan el estado de la atmósfera, los vientos, el rumbo, la fuerza de las máquinas con que se navega o las velas que se utilizan, la velocidad del buque y las distancias navegadas, observaciones astronómicas para la determinación de la situación del buque, así como cuantos acontecimientos de importancia ocurran durante la navegación.

BITÁCORA es un manual moderno e innovador que permite trabajar al mismo tiempo y de manera sencilla en torno a tres ejes: el **enfoque léxico**, el **enfoque orientado a la acción** y el **desarrollo de la autonomía** del aprendiz.

Para la nueva edición hemos contado con el **asesoramiento de profesores de centros educativos de todo el mundo** que han compartido su experiencia con nosotros.

Fruto de esta **reflexión conjunta**, surge una **nueva estructura para las unidades**, con un **itinerario muy claro**, **nuevas secciones** y **referencias al material complementario** que se puede utilizar en cada momento. Todo ello facilita el uso del Libro del alumno y la integración de todos los componentes a lo largo de la secuencia didáctica.

Al final del manual encontrarás además un **resumen gramatical**, un **diccionario de construcciones verbales** y una **sección de preparación al DELE**.

Recursos gratis para estudiantes y profesores en
campus 👥 difusión

EN CADA UNIDAD VAMOS A ENCONTRAR:

- **PUNTO DE PARTIDA**
- **DOSIER 01**
- **AGENDA DE APRENDIZAJE 01**
- **TALLER DE USO 01**
- **DOSIER 02**
- **AGENDA DE APRENDIZAJE 02**
- **TALLER DE USO 02**
- **ARCHIVO DE LÉXICO**
- **PROYECTOS**

LOS ICONOS

Actividad con audio

Material proyectable de apoyo

Actividad con vídeo

Ejercicios del Cuaderno

Descárgate los audios en
http://bitacora.difusion.com/audios3.zip

LAS UNIDADES DE BITÁCORA
PUNTO DE PARTIDA

La sección **Punto de partida** comprende dos páginas. La página de la izquierda incluye una portadilla con el **título de la unidad** y una **nube de palabras**. En la página derecha se encuentran el **índice de contenidos** de la unidad y las **actividades para trabajar con las nubes y el vídeo**.

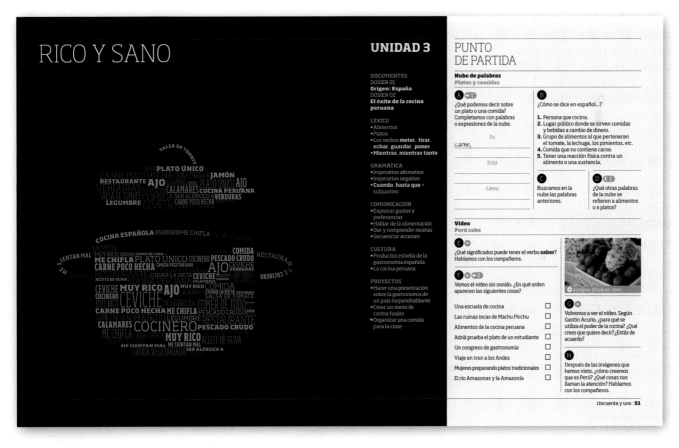

Nube de palabras
Contiene el **vocabulario esencial de cada unidad**. En la página derecha se proponen actividades para utilizar las nubes en clase y que los estudiantes puedan **recuperar conocimientos previos**, **activar estrategias de inferencia** ante vocabulario nuevo y, en definitiva, tener un **primer contacto con los contenidos léxicos y temáticos de la unidad**.

Los estudiantes se enfrentan a la comprensión de los textos con una preparación previa del vocabulario.

Vídeo
Se incluye una sección dedicada al vídeo que acompaña a la unidad, lo que permite entrar en el tema de forma motivadora.

El soporte audiovisual y la contextualización facilitan una primera aproximación a los contenidos temáticos y lingüísticos de la unidad.

LAS UNIDADES DE BITÁCORA
DOSIERES 01 Y 02: TEXTOS

Cada unidad incluye dos **dosieres**: **Dosier 01** y **Dosier 02**. Cada dosier ocupa dos páginas e incluye **uno o varios textos** (al menos uno escrito y uno oral) **y sus actividades** correspondientes.

Los textos escritos

- Textos interesantes y actuales: documentos que el alumno querría leer en su propia lengua.
- Una visión moderna y plural del mundo de habla hispana.
- Temas variados y para todos los gustos.
- Textos equiparables a los auténticos, pero adecuados al nivel de los alumnos.

Los textos orales

- Diferentes variedades y acentos.
- Documentos divertidos e interesantes.
- Audiciones que no suenan artificiales.
- Españoles e hispanoamericanos hablando con naturalidad.

Los textos son variados e interesantes, y, a partir de ellos, el estudiante puede desarrollar sus competencias receptivas. Las imágenes lo van a ayudar a entender y a acercarse a la realidad hispanohablante.

LOS ROBOTS DEL FUTURO

Cuando pensamos en un robot, casi todos imaginamos los robots de las películas, máquinas con forma humana, capaces de hablar y de actuar de manera muy parecida a una persona. Pero, en realidad, en nuestra vida cotidiana ya estamos rodeados de robots: los túneles de lavado de coches, algunos sistemas de transporte de mercancías, muchos aparatos domésticos, algunas cadenas de montaje de fábricas, los coches sin conductor, etc.
Y esto es solo el principio: en un futuro inmediato, las fronteras entre el hombre y los robots, esos compañeros inseparables, estarán cada vez menos claras.

Robots y trabajo
En todos los sectores, máquinas y robots están empezando a hacer el trabajo de los seres humanos. En no mucho tiempo, teleoperadores, bibliotecarios, taxistas, administrativos y hasta médicos no especializados, por citar algunos ejemplos, podrán quedarse sin trabajo. Solo los trabajos creativos o los que se basan en las relaciones sociales están a salvo. Y es que en un futuro no muy lejano, las máquinas superarán a los humanos en su capacidad de razonamiento. Para el año 2030 podrán ver, actuar de forma inteligente y hablar.

¿Qué papel tendrán?
Ya no serán esas máquinas que solo vemos en las películas, sino que nos ayudarán en muchas tareas cotidianas, ya que serán eficientes, flexibles y capaces de atender nuestras necesidades y resolver muchos problemas. Según muchos expertos, autobuses, metros, taxis y hasta aviones, por ejemplo, serán en pocos años completamente automáticos y no necesitaremos tener un coche propio.

En casa, por ejemplo, nos ayudarán en el trabajo doméstico e incluso en la educación de nuestros hijos. Podrán trabajar las 24 horas del día, y, además, podrán hacerlo en ambientes peligrosos, estresantes o poco saludables para los humanos.

88 ochenta y ocho

LAS UNIDADES DE BITÁCORA
DOSIERES 01 Y 02: ACTIVIDADES

Descárgate los audios en
http://bitacora.difusion.com/audios3.zip

Recursos gratis para estudiantes y profesores
campus difusión

01
LOS ROBOTS DEL FUTURO

Antes de leer
¿Qué es un robot?

¿Qué es para nosotros un robot? En pequeños grupos, comentamos cada una de estas definiciones y preparamos la nuestra propia.

Para mí, un robot es algo que te ayuda a limpiar, cocinar y hacer otras tareas sencillas. ☐

Para mí, un robot es una máquina capaz de aprender. ☐

Para mí, un robot es un ser mitad máquina, mitad humano. ☐

Para mí, un robot es cualquier máquina. ☐

Para mí, es algo que solo existe en las películas. ☐

Para mí... ☐

Texto y significado
Robots del futuro

B

Leemos el texto introductorio. ¿Cumplen con nuestra definición los robots que se mencionan?

Texto y significado
Los robots del futuro

C

Leemos el texto *Los robots del futuro*. En parejas, hacemos una selección de 7 palabras o expresiones clave.

—Yo pondría "quedarse sin trabajo".
—Sí, yo también.
"

Robots y medicina
Dentro de poco será posible, por ejemplo, sustituir miembros u órganos del cuerpo humano: podremos tener brazos o corazones mecánicos, cámaras con mejor visión que los ojos o tatuajes con sensores para controlar o mejorar nuestra salud.

D

Resumimos cada apartado en una frase: "Robots y trabajos", "¿Qué papel tendrán?", "Robots y medicina".

—Según el texto...
—El texto dice que...

Texto y significado
Q.bo

E

Miramos la imagen de Q.bo e imaginamos qué es y para qué sirve.

—Yo me imagino que es...
—Yo supongo que...
—A mí me parece que...
—Parece un...

F

Escuchamos el audio y anotamos qué es Q.bo, cómo es, qué es capaz de hacer y cuánto cuesta.

—Se puede usar para/como...
—Es capaz de/sabe/puede...

G

¿Nos parece útil Q.bo? ¿Lo compraríamos? Hablamos con un compañero.

Texto y lengua
El futuro

H

En el texto aparece un nuevo tiempo verbal para hablar del futuro. Marcamos las formas. ¿De qué verbo viene cada uno? ¿Podemos deducir cómo se forma este tiempo?

serán (ser)

ochenta y nueve | **89**

Antes de leer
Se trata de actividades que preparan al estudiante para la lectura o la escucha de un determinado texto.

Texto y significado
Se incluyen actividades que ayudan a comprender los textos orales y escritos, proporcionando objetivos para su lectura o audición y estrategias para enfrentarse a ellos.

Texto y lengua
Se analiza el uso de la lengua en los textos para centrar la atención en algunos fenómenos léxicos, gramaticales o discursivos.

Con lápiz o con ratón
Bajo este epígrafe se proporcionan actividades de escritura (individual o cooperativa) o de búsqueda de información en internet.

Las muestras de lengua proporcionan ejemplos de producciones orales que se pueden generar en la realización de una actividad.

Los andamiajes son recursos lingüísticos o segmentos de lengua que se ponen a disposición del alumno para que construya su propio discurso.

LAS UNIDADES DE BITÁCORA
AGENDA DE APRENDIZAJE (01 Y 02)

Las agendas son un espacio para la gestión personalizada del aprendizaje que permite **comprender y fijar** los contenidos lingüísticos de cada dosier, así como **dirigir y controlar los progresos y necesidades propios**.

Las agendas constituyen una herramienta que, a diferencia de las tradicionales explicaciones gramaticales magistrales, **permite al grupo reflexionar activamente** sobre el funcionamiento y los aspectos formales objeto de aprendizaje en la unidad. ¿Cómo? Observándolos, descubriendo reglas y realizando pequeñas experiencias de aplicación.

Reglas y ejemplos
Espacio para la observación y el descubrimiento de reglas gramaticales. En muchos casos, el estudiante se entrenará en la producción de enunciados que ejemplifiquen las reglas.

Palabras para actuar
Fórmulas y expresiones muy codificadas para realizar ciertos actos de habla muy usuales en situaciones concretas de la vida cotidiana.

En español y en otras lenguas
Propuestas que permiten reflexionar sobre las semejanzas y las diferencias entre el español y otras lenguas que el estudiante pueda manejar.

Palabras en compañía
Presentación de campos léxicos y de las agrupaciones más frecuentes y útiles del vocabulario de la unidad.

Construir la conversación
Conceptualización gráfica de las diversas maneras en las que los hablantes pueden articular una interacción a partir de diferentes actos de habla.

Se incluyen remisiones a los ejercicios correspondientes del Cuaderno, al material proyectable y a las explicaciones del resumen gramatical.

La gramática de las palabras
Espacio en el que se presentan cuestiones léxico-gramaticales destinado tanto a la comprensión del funcionamiento de determinadas unidades léxicas como a su activación en pequeñas producciones.

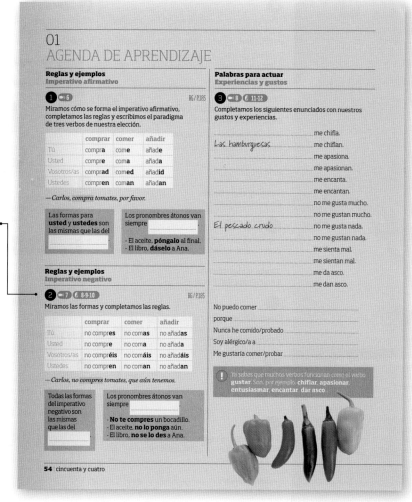

LAS UNIDADES DE BITÁCORA
TALLER DE USO (01 Y 02)

En esta **nueva sección** de cada dosier se proponen **actividades significativas** que deben resolverse en parejas, en pequeños grupos o entre toda la clase **sin dejar de atender a la forma**. En ellas, de manera colaborativa pero muy guiada, **se ponen en práctica recursos lingüísticos** sobre los que el alumno acaba de reflexionar en la Agenda.

Dictado cooperativo
A partir de este nivel se incluyen en algunas unidades dictados cooperativos: propuestas a partir de audiciones breves que los alumnos deberán reconstruir íntegramente de forma cooperativa. En el proceso, trabajando en parejas y en grupos, deberán prestar atención tanto al contenido como a las formas lingüísticas que aparecen en el texto.

En algunos casos se ofrece la posibilidad de compartir las actividades en un espacio digital común (una red social, un grupo de chat de un dispositivo móvil, un blog de aula, una plataforma de aprendizaje, etc.).

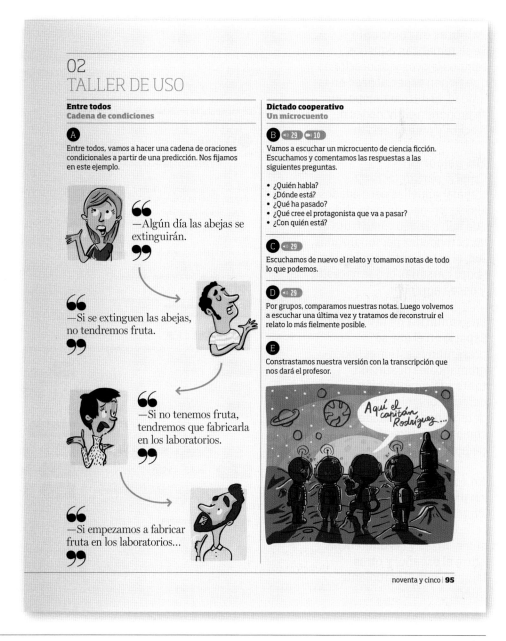

02
TALLER DE USO

Entre todos
Cadena de condiciones

A

Entre todos, vamos a hacer una cadena de oraciones condicionales a partir de una predicción. Nos fijamos en este ejemplo.

—Algún día las abejas se extinguirán.

—Si se extinguen las abejas, no tendremos fruta.

—Si no tenemos fruta, tendremos que fabricarla en los laboratorios.

—Si empezamos a fabricar fruta en los laboratorios...

Dictado cooperativo
Un microcuento

B 🔊 29 🔊 10

Vamos a escuchar un microcuento de ciencia ficción. Escuchamos y comentamos las respuestas a las siguientes preguntas.

- ¿Quién habla?
- ¿Dónde está?
- ¿Qué ha pasado?
- ¿Qué cree el protagonista que va a pasar?
- ¿Con quién está?

C 🔊 29

Escuchamos de nuevo el relato y tomamos notas de todo lo que podemos.

D 🔊 29

Por grupos, comparamos nuestras notas. Luego volvemos a escuchar una última vez y tratamos de reconstruir el relato lo más fielmente posible.

E

Constrastamos nuestra versión con la transcripción que nos dará el profesor.

Aquí el capitán Rodríguez...

El **Archivo de léxico** incluye actividades para trabajar con las **colocaciones** y las **unidades léxicas** de la unidad y propuestas con las que **el alumno hace suyo el vocabulario** propio de cada ámbito temático.

Como en la Agenda, se propone una **reflexión o activación personalizadas** y se incluyen remisiones a los ejercicios correspondientes del Cuaderno y referencias al material proyectable.

Palabras en compañía
Se sistematizan aquellos campos léxicos y colocaciones que tienen especial peso en la unidad, al mismo tiempo que se proponen actividades de fijación y memorización.

Mis palabras
Espacio para detectar y trabajar aquellas necesidades léxicas propias de cada alumno que han surgido como fruto de las actividades personalizadas. Así, el estudiante construye su léxico personal: el que necesita y desea aprender.

La gramática de las palabras
Espacio en el que se presentan cuestiones léxico-gramaticales destinado tanto a la comprensión del funcionamiento de determinadas unidades léxicas como a su activación en pequeñas producciones.

En español y en otras lenguas
Propuestas que permiten reflexionar sobre las semejanzas y las diferencias entre el español y otras lenguas que el estudiante pueda manejar.

LAS UNIDADES DE BITÁCORA
PROYECTOS

Esta sección proporciona dos tareas finales que permiten actuar significativamente generando textos o participando en interacciones grupales. Una de ellas se realiza de manera cooperativa y la otra, de manera individual.

Proyecto en grupo

Se proponen tareas colaborativas orientadas a la elaboración de un producto. Con ellas se propicia el uso significativo de los aspectos más importantes trabajados en la unidad, el desarrollo de la competencia comunicativa y la integración de destrezas.

Proyecto individual

Se proponen tareas en las que el alumno puede poner en práctica de manera significativa los aspectos más importantes de la unidad. Tiene como objetivo primordial el desarrollo de la expresión escrita.

Como en la sección Taller de uso, en muchos casos se ofrece la posibilidad de trabajar directamente en un espacio virtual compartido (una red social, un chat, mensajería de móvil…), con el objetivo principal de desarrollar la fluidez en la interacción escrita.

PROYECTOS

Proyecto en grupo
La cocina de nuestro país

A

Vamos a investigar sobre la comida de un país latinoamericano.

- Formamos pequeños grupos y escogemos un país.
- Nos repartimos estos temas:
  - Orígenes e influencias
  - Productos estrella
  - Cocineros famosos
  - Hábitos cotidianos
- Buscamos información (textos, imágenes, vídeos, etc.) en internet.

! Para nuestras búsquedas podemos poner en el buscador: **comer en Argentina/Chile**, etc.

66 —En España se come mucho pescado.
—Y marisco, ¿no? 99

B

Ponemos en común la información y preparamos una presentación (un póster, una presentación digital, etc.).

C

Un portavoz de cada grupo presenta el resultado de su trabajo. Los demás hacen preguntas.

Proyecto en grupo
Menú de fiesta fusión

D 🎧 33

Vamos a organizar una comida multicultural. Cada uno propone dos platos que combinen productos hispanos con otros de la propia cultura.

E 🎧 34-35-36

Presentamos nuestros platos y, entre todos, escogemos el menú (tienen que ser platos que coman todas las personas de la clase).

66 —De primero, podemos hacer una ensalada de endivias con queso Cabrales…
—Lo siento, soy alérgica al queso.
—Vale, pues podemos poner el queso aparte.
—Y de postre, podría estar bien una tarta *tatin* con plátanos de Canarias. 99

F

Podemos preparar los platos en casa y grabarnos mientras los hacemos para compartir el proceso en nuestro espacio virtual.

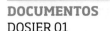

UNIDAD 8
SEGUNDO DERECHA

P. 110

DOCUMENTOS
DOSIER 01
La vuelta al mundo en 80 sofás
DOSIER 02
Aquí no hay quien viva

LÉXICO
- Las relaciones personales
- La convivencia
- Marcadores temporales: **luego, desde... hasta..., a partir de**...
- El verbo **dejar**

GRAMÁTICA
- **(No) me gusta/ soporto**... + **que** + subjuntivo
- **El/la/los/las de**...
- **El/la/los/las que**...
- **Deber/haber que/tener que** + infinitivo

COMUNICACIÓN
- Expresar gustos y preferencias
- Plantear situaciones hipotéticas
- Pedir acciones y favores
- Pedir permiso, darlo o denegarlo
- Identificar
- Dirigirse a alguien: **oiga, mire**...
- Expresar obligaciones y normas
- Expresar prohibición
- Valorar una experiencia

CULTURA
- Las relaciones personales en las diferentes culturas

PROYECTOS
- Valorar una experiencia de convivencia
- Elaborar unas normas de convivencia

UNIDAD 9
SANIDAD, EDUCACIÓN Y CULTURA

P. 122

DOCUMENTOS
DOSIER 01
Felicidad Nacional Bruta
DOSIER 02
Colombia: un retrato

LÉXICO
- Economía y política
- Países y ciudades
- Bienestar y felicidad
- Verbos de cambio y evolución
- Siglas y acrónimos

GRAMÁTICA
- Los numerales ordinales
- Sustantivos y verbos: **-ción/- cción, -aje, -miento**, etc.
- **Me sorprende/Me llama la atención** + **que** + subjuntivo

COMUNICACIÓN
- Expresar acuerdo
- Situar en un *ranking*
- Hablar de cantidades y partes
- Hacer una exposición oral

CULTURA
- Situación actual de Colombia
- Algunos datos sobre Costa Rica
- Países del mundo

PROYECTOS
- Hacer una presentación sobre un país de habla hispana
- Hacer una encuesta sobre los factores que mide la felicidad de un país

COMPAÑEROS DE CLASE

PUNTO DE PARTIDA

Nube de palabras
Este curso

A

Buscamos palabras o expresiones en la nube con las que hablar de estos temas.

• **Nuestro nivel actual de español**
• **Qué queremos conseguir este curso**
• **Qué hacemos actualmente para mejorar nuestro español**

B

En pequeños grupos nos presentamos. Decimos: nuestro nombre, de dónde somos, cuánto hace que aprendemos español, una dificultad que tenemos y un objetivo. Luego, un delegado de cada grupo presenta a sus compañeros a la clase.

—*Yo me llamo Vladimir. Soy ruso y llevo estudiando español tres años.*

—*(A mí) me resulta difícil entender a los nativos.*
—*(A mí) me cuesta escribir.*

—*Me gustaría saber más sobre Latinoamérica.*
—*Me gustaría (aprender a) pronunciar mejor.*
—*Me gustaría entender cómo funcionan "ser" y "estar".*
—*Yo quiero hablar mejor. Necesito practicar más.*

VALERIA

VIAJE
AMIGOS
LENGUA
ESPAÑA
RISA
IMAGINATIVA
ALEGRE

Esto es Antigua, en Guatemala. Pasé seis meses allí el año pasado por trabajo.

Estos somos Tom y yo. Es mi mejor amigo. Nos conocemos desde hace muchos años.

Estoy yendo a clases de guitarra. Siempre he querido aprender.

Quiero aprender a bailar tango.

Esta es mi sobrina Emma. Nació en febrero.

01
VALERIA: VIAJAR, AMIGOS...

Texto y significado
Fotos que hablan de ti

A

Relacionamos las fotos y los comentarios de Valeria con las siguientes categorías.

- **Un selfi**
- **Una persona importante para mí.**
- **Un lugar importante**
- **Una experiencia del pasado**
- **Algún plan para el futuro**
- **Una actividad que estoy haciendo actualmente**
- **Un momento en el que me emocioné**

B

Escogemos fotos nuestras que respondan a las categorías anteriores.

C

En pequeños grupos, nos enseñamos nuestras fotos y nos hacemos preguntas.

"

— Este es mi hermano.
— ¿Es mayor que tú?
— Sí, tiene dos años más que yo.

"

Con lápiz o con ratón
Acrónimos: nombres y palabras

D

Vamos a hacer un acrónimo del nombre de un compañero con el que hemos trabajado en la actividad anterior.

- Escribimos su nombre en vertical.
- Pensamos en palabras que empiecen con cada letra de su nombre.
- Le hacemos preguntas para decidir cuáles pueden formar su acrónimo.

E

Exponemos todos los acrónimos en la pared de la clase y buscamos coincidencias.

"

—Uve... ¿Te gusta viajar?
—Sí, me encanta.
—Pues "viajar".
—¡Muy bien! "

01
AGENDA DE APRENDIZAJE

Palabras para actuar
Repaso de tiempos verbales

1  7-8-9-10-11   R / P.177

¿Qué se hace en las siguientes frases?
Las relacionamos con su función en
cada caso.

Trabajo en casa.
Voy a ir a Sevilla.
Este verano **me caso**.
¿**Has estado** en Ibiza?
Me gustaría estudiar portugués.
Tomás **viajó** a Perú el año pasado.
Antes **me acostaba** muy tarde.
¿Me **estás escuchando**?
Ven un momento, por favor.

a. Contar experiencias pasadas
b. Expresar deseos
c. Pedir algo
d. Describir en el pasado
e. Hablar de hábitos en el pasado /
Contar cómo eran las cosas en
el pasado
f. Hablar de hábitos en el presente.
g. Hablar de planes.
h. Hablar de lo que estoy haciendo
en este momento.

2 3   R / P.136

¿Recordamos cómo se llaman los
tiempos verbales en negrita?
Hablamos con nuestro profesor
y con otros compañeros.

Reglas y ejemplos
Duración: llevar + gerundio, desde hace...

3 4 12-13-14   R / P.173, 179

Observamos los siguientes ejemplos y
escribimos información sobre nosotros
utilizando estos recursos.

—*¿Cuánto tiempo hace que bailas?*
—*Llevo quince años (bailando).*
—*(Bailo) desde hace quince años.*

—*¿Conoces a Laura desde hace mucho?*
—*(La conozco) desde hace cinco años.*

Yo:	Mi pareja:

Mi ocupación:	El lugar donde vivo:

Palabras para actuar
Recursos para la clase de español

4 15-16-17

Observamos los siguientes recursos para gestionar el trabajo en clase.
Anotamos aquí otros que necesitaremos a lo largo del curso.

—*¿Podemos usar el móvil?*
—*¿Podemos mirar en internet?*
—*¿Cómo es el indefinido de "decir"?*
—*¿Trabajamos en pareja o individualmente?*
—*¿Tenemos que escribir?*
—*¿En qué página estamos?*

01
TALLER DE USO

En parejas
Preguntas y respuestas

Miramos estas series. Son respuestas a posibles preguntas. ¿Qué preguntas?
Lo discutimos con un compañero y elegimos una para cada tarjeta.

¿ _____ ?

- Viajar.
- Hacer deporte.
- Tocar el piano.

1

¿ _____ ?

- En metro.
- En bici.
- A pie.

2

¿ _____ ?

- A Argentina.
- A Costa Rica.
- A Ecuador.

3

¿ _____ ?

- La pizza.
- La carne.
- La ensalada de tomate.

4

¿ _____ ?

- Por mi trabajo.
- Para viajar.
- Porque me gusta.

5

¿ _____ ?

- Voy a la universidad.
- Trabajo.
- Duermo.

6

¿ _____ ?

- Desde 2016.
- Desde hace dos años.
- Desde el mes pasado.

7

¿ _____ ?

- Con una compañera de clase.
- Con mis padres.
- Con mi hijo mayor.

8

¿ _____ ?

- Ayer.
- En 2016.
- El verano pasado.

9

¿ _____ ?

- En la Patagonia.
- Aquí.
- En París.

10

B

Ponemos en común
las preguntas
de todos y las
comentamos.

C 📑 20-21

En parejas, nos
hacemos algunas de
las preguntas y las
respondemos con
nuestra información.

—¿(Para) qué...?
—¿(A/de/con/por...)
quién...?
—¿(A/de...) dónde...?
—¿Cómo...?
—¿Por qué...?
—¿Para qué...?
—¿(Desde/hasta)
cuándo...?

COMUNICAR EN PRIVADO

ARCHIVAR Y COMPARTIR

COMPRAR

MEJORAR MI ESPAÑOL

EXPRESIÓN ARTÍSTICA

VIAJAR

Todo lo que utilizo para estar
al día y aprender mejor

PLE

ENTORNO PERSONAL DE APRENDIZAJE

Constantemente aparecen nuevas herramientas o
servicios que nos ayudan a aprender dentro y fuera del aula.
Para gestionar ese universo de información y canales de
comunicación y sacarles el máximo provecho, es muy útil
hacer un PLE (por sus siglas en inglés: *Personal Learning
Environment*). Nuestro PLE nos puede ayudar a decidir qué,
cómo y con qué herramientas aprendemos un idioma.
Este es el de Barbara, una estudiante de español.

COMPARTIR Y COMUNICAR

BUSCAR Y DESCUBRIR

02
PLE, ENTORNO PERSONAL...

Antes de leer
Nuestras herramientas para aprender

A

¿Qué hacemos para aprender español? ¿Utilizamos internet?
¿Qué herramientas (apps, webs, etc.)? Hablamos con los compañeros.

Texto y significado
Recursos para aprender un idioma

B

Leemos el texto introductorio y marcamos la definición de PLE que más se acerca a lo que hemos leído.

a. El lugar donde aprendo español ☐
b. Las herramientas que utilizo para aprender ☐
c. Las personas con las que me comunico en español ☐

C 6 22

¿Qué recursos usa Barbara para hacer las siguientes cosas?

Para buscar información, puede usar...
Para comunicarse con amigos...
Para conocer gente que habla español...
Para mejorar sus textos escritos...
Para corregir errores...
Para ver cómo se combinan las palabras...
Para consultar dudas de gramática...
Para consultar dudas de léxico...
Para practicar el español escrito...
Para escuchar canciones...
Para ver series o películas en español...
Para estar informada sobre la actualidad...
Para practicar la comprensión auditiva...
Para saber más de...
Para la pronunciación...
Para aprender jugando...
Para descargar/bajarse vídeos, fotos...
Para colgar/subir trabajos, fotos...

D

¿Y nosotros? ¿Cuáles nos ayudan a mejorar nuestro español? Creamos nuestro PLE y se lo presentamos a nuestros compañeros. ¿Qué dicen sobre él?

66
—Yo me he hecho una cuenta en español en Facebook...
—Pues yo me he descargado varias aplicaciones: un diccionario, unos juegos... 99

E

Entre todos, decidimos qué herramienta digital podemos usar para comunicarnos como grupo y compartir nuestro trabajo a lo largo del curso (un grupo en una red social, una plataforma digital, etc.).

POR PLACER O POR TRABAJO

PUNTO DE PARTIDA

Nube de palabras
Cosas que hacemos

A

Pensamos en las cosas que sabemos hacer, en las que no sabemos hacer y en las que nos gustaría aprender a hacer. Con palabras de la nube, intentamos formular varias frases referidas a nosotros mismos.

Cosas que sé hacer:

Cosas que no sé hacer:

Cosas que me gustaría aprender a hacer:

B

¿Trabajamos en la actualidad? ¿Buscamos trabajo? ¿Hemos trabajado? Describimos con palabras de la nube u otras cuál es o ha sido nuestra situación profesional.

Tengo experiencia como camarero. Trabajé dos años en un restaurante. No estaba muy bien pagado, la verdad.

Vídeo
La entrevista de trabajo

C

Antes de ver el vídeo, miramos el fotograma. ¿Quiénes son las tres personas? ¿Cómo imaginamos que son?

D

Vemos el vídeo. ¿Qué dice cada uno sobre estos temas? Tomamos notas.
• **experiencia laboral**
• **habilidades y cualidades**
• **idiomas**
• **ideas sobre el trabajo**
• **aficiones**

▶ campus.difusion.com

E

¿A quién contrataríamos nosotros para un puesto de recepcionista de hotel? ¿Y de *community manager*? ¿Y de jefe de ventas de una tienda de automóviles?

COMUNALIA

EL BANCO DEL TIEMPO

¿Tienes tiempo libre? En Comunalia tú ayudas a los demás y los demás te ayudan a ti: una hora de tu tiempo a cambio de una hora del tiempo de otra persona.

Todos podemos ayudar a otras personas y otros pueden ayudarnos a nosotros. Por ejemplo, si se te da bien la peluquería, puedes cortarle el pelo a alguien; si tienes que hacer una pequeña reparación en casa, otro socio del banco puede echarte una mano. Además, ¿quién no ha pensado alguna vez "me gustaría participar más en la vida de mi barrio"?

Todo el mundo puede formar parte de un banco del tiempo: jóvenes y mayores, profesionales y aficionados... ¡Porque todos sabemos hacer cosas que pueden ser útiles a los demás!

Cómo funciona el banco del tiempo

Los socios ofrecen sus servicios en la web y piden lo que necesitan. Cada socio tiene un "talonario de horas". Lo utiliza para pagar cuando alguien le ayuda y recibe un talón cuando dedica horas a otra persona.

Algunos servicios que nuestros socios ofrecen. Y tú, ¿qué sabes hacer?

DEPORTE
- Dar clases de yoga, tenis y natación
- Entrenar equipos de fútbol y baloncesto

IDIOMAS
- Dar clases de inglés y francés
- Hacer traducciones

INFORMÁTICA
- Dar clases de informática
- Reparar ordenadores

BRICOLAJE Y COSAS DE CASA
- Reparar bicis y motos
- Pintar
- Coser, arreglar ropa
- Limpiar la casa
- Reparar averías domésticas

BELLEZA Y SALUD
- Maquillar
- Peinar y cortar el pelo
- Dar masajes

ASESORÍA Y ORIENTACIÓN
- Asesorar en temas legales
- Hacer la declaración de la renta
- Llevar la contabilidad de negocios u hogares

ENSEÑANZA
- Dar clases de lengua y de matemáticas
- Enseñar a coser

COCINA
- Dar clases de cocina (oriental, tradicional, vegetariana...)
- Preparar comidas para cumpleaños y fiestas
- Cocinar para una familia

ATENCIÓN A PERSONAS
- Cuidar niños
- Hacer compañía a personas mayores
- Acompañar a personas enfermas a hacer recados o a pasear

OTRAS CUESTIONES PRÁCTICAS
- Hacer recados o gestiones
- Ayudar en una mudanza
- Sacar a pasear perros
- Llevar a los niños al colegio

01
COMUNALIA, EL BANCO DEL TIEMPO

Antes de leer
¿Qué son los bancos del tiempo?

¿Alguien de la clase sabe qué es un banco del tiempo o conoce alguna organización similar? Si nadie lo sabe, imaginamos qué puede ser.

> —Yo no sé qué es.
> —Yo me imagino que es una especie de...
>   algo así como...
> —En inglés "banco del tiempo" es "timebank", ¿no?
>
> —Yo soy socio de un banco parecido que hay en...
> —Yo conozco uno en...
> —Aquí hay una cosa parecida que se llama...

Texto y significado
¿Una buena idea?

 B **1-2**

Leemos el texto. ¿Qué nos parece este tipo de organización? ¿Qué ventajas tiene? ¿Qué inconvenientes?

> —Me parece una buena idea porque...
> —A mí me gustaría ser socio porque...

Texto y significado
La experiencia de los socios

 **C** **1-3** **3** **3-4-5**

Escuchamos las experiencias de estos socios de un banco del tiempo y respondemos a las siguientes preguntas en nuestros cuadernos. Luego lo comentamos en pequeños grupos.

- ¿Desde cuándo es socio?
- ¿Qué ofrece?
- ¿Qué ayuda ha recibido o recibe habitualmente?
- ¿Cómo valora su experiencia?

Texto y lengua
Actividades

  D **4** **6**

Completamos la lista de los servicios que ofrecen los socios de Comunalia con otros posibles. Podemos usar estos verbos.

- **dar**
- **hacer**
- **enseñar**
- **llevar**
- **cuidar**
- **reparar**

> DEPORTE
> Dar clases de pilates.
>
> ENSEÑANZA
> Enseñar a...

 E **7-8**

¿Qué podríamos enseñar nosotros y qué nos gustaría aprender a hacer?

—Yo podría enseñar a arreglar bicicletas.
—Pues a mí me gustaría aprender a jugar al ajedrez.

AGENDA DE APRENDIZAJE

Reglas y ejemplos
Tipos de construcciones verbales: repaso

 RG / P.177

¿A qué categoría pertenecen los verbos **andar**, **traducir**, **encantar**, **regalar** y **despertarse**? Los colocamos en la tabla (pueden estar en diferentes categorías) y escribimos una frase con cada uno.

1. SUJETO + VERBO Verbos como **trabajar** ¿Ana (**ella**) **trabaja**?	*ir: Ayer fui a la playa.*
2. SUJETO + **ME/TE/SE/NOS/OS/SE** + VERBO Verbos como **llamarse** Mi marido **se llama** Theo.	
3. SUJETO + VERBO + COMPLEMENTO DIRECTO (**ME/TE/LO/LA/NOS/OS/LOS/LAS**) Verbos como **limpiar** Nosotros **limpiamos** la casa los fines de semana. **La** limpiamos entre todos.	
4. SUJETO + **ME/TE/LE/NOS/OS/LES** + VERBO + COMP. DIRECTO + COMP. INDIRECTO Verbos como **dar** Theo **les da** la cena a los niños. Siempre **se la da** él.*	
5. A + COMPLEMENTO INDIRECTO + **ME/TE/LE/NOS/OS/LES** + VERBO + SUJETO Verbos como **gustar** **A** Ana **le gusta** estar en casa los fines de semana.	

> **!** * Cuando se combinan los pronombres de objeto directo e indirecto, el orden de aparición es: COI + COD (**se la** da) y **le/les** se convierten en **se**.

Reglas y ejemplos
Condicional

 RG / P.185

Observamos cómo se forma el condicional y escribimos las formas de los verbos **interesar**, **viajar** y **vivir**.

trabajar	gustar		
trabajar**ía**	me		decir → **dir**ía
trabajar**ías**	te		hacer → **har**ía
trabajar**ía**	le		poder → **podr**ía
trabajar**íamos**	nos	gustaría	poner → **pondr**ía
trabajar**íais**	os		querer → **querr**ía
trabajar**ían**	les		saber → **sabr**ía
			salir → **saldr**ía
			tener → **tendr**ía
			venir → **vendr**ía

—*Yo trabajaría en cualquier cosa, pero no encuentro trabajo.*
—*Yo podría dar clases de árabe.*
—*A mí me gustaría aprender chino.*

Reglas y ejemplos
Cómo se hacen las cosas: el gerundio

3 15-16 RG / P.179

El gerundio sirve para expresar una acción simultánea a la del verbo principal. Muchas veces hace referencia al modo en el que se desarrolla la acción principal.

—*Yo aprendí a hablar inglés trabajando.*
          viendo la tele.
          leyendo.

Respondemos utilizando gerundios.
¿Cómo aprendiste a cocinar?

¿Cómo aprendiste a leer?

En parejas o en grupos
Saber hacer, poder hacer

Individualmente pensamos en cosas que sabemos hacer, cómo las aprendimos, qué podríamos hacer. Lo comentamos en pequeños grupos.

—*Se me da bien/mal…*
—*Yo sé tocar la guitarra.*
—*Yo toco la guitarra bastante bien.*
—*Yo podría dar clases de cocina.*
—*Yo no sé cocinar.*
—*Yo no tengo ni idea de informática.*
—*Yo aprendí a coser yendo a clase.*
                    practicando solo.
                    con un amigo.

—Yo sé jugar al tenis.
—¿Y cómo aprendiste?
—Pues jugando con amigos.

En parejas
¿Eres un "manitas" o un "manazas"?

Leemos las preguntas de este test para saber si alguien es un manitas o un manazas: Formulamos las posibles respuestas como en el ejemplo, añadiendo los pronombres necesarios y conjugando los verbos.

1. Se ha estropeado un enchufe. ¿Qué haces?
a. yo-cambiar:
Lo cambio yo mismo.
b. yo-pedir ayuda-amiga:
Le pido ayuda a una amiga.
c. yo-dejar como está:
Lo dejo como está.

2. Organizas la fiesta de cumpleaños de un buen amigo.
La tarta…
a. yo-hacer:

b. yo-encargar-mi madre:

c. yo-pedir ayuda-amigo:

3. Te has comprado unos pantalones vaqueros demasiado largos. ¿Qué haces?
a. yo-llevar-tienda arreglos:

b. yo-arreglar:

c. yo-simplemente cortar:

4. Tienes un mueble viejo de tu abuela. ¿Qué haces con él?
a. yo-restaurar-encantar-muebles viejos:

b. yo- regalar-un familiar:

c. yo-vender:

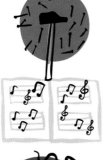

Ahora formulamos las respuestas de estas dos preguntas y las compartimos con el resto de la clase. Respondemos utilizando el condicional.

1. Hay un grifo que gotea y no te deja dormir. ¿Qué harías?
a.
b.
c.

2. Has comprado un mueble en Ikea y no sabes montarlo. ¿Qué harías?
a.
b.
c.

Le pasamos a otra pareja el cuestionario y decidimos si son "manitas" o "manazas".

GANARSE LA VIDA

Según algunas encuestas, el 90 % de las personas no se siente a gusto en su trabajo actual. El problema es que pasamos al menos una tercera parte de nuestra vida trabajando, y trabajar en algo que no nos motiva, o en un ambiente que no nos gusta, produce mucho estrés. ¿Es realmente importante el trabajo para la felicidad? ¿De qué depende ser feliz en el trabajo? ¿Del tipo de trabajo? ¿Del sueldo? ¿Del ambiente? Hemos recogido opiniones en un foro de internet y hemos entrevistado a cuatro personas.

DANIEL
Yo pienso que hay que trabajar para vivir, no vivir para trabajar. Lo importante es ganar un buen sueldo y tener mucho tiempo libre. La felicidad no depende del trabajo.

DIANA
A mí, personalmente, hay cosas de mi trabajo que me gustan; disfruto haciéndolas y me siento realizada. También hay otras que me molestan, pero las hago porque me pagan. Creo que en todos los trabajos es así. Es un trabajo con el que disfruto mucho y con el que me siento realizada.

BATMAN
Estoy de acuerdo contigo, Diana. En todos los trabajos hay cosas agradables y cosas desagradables. Pero, si hay buen ambiente y tienes una buena relación con los compañeros, cualquier trabajo puede ser motivador y gratificante. Yo, por suerte, tengo compañeros con los que lo paso muy bien. No podría soportar tener mal ambiente en el trabajo.

MARGA
Yo tengo una profesión que me apasiona y disfruto mucho. Mi trabajo es variado, creativo, y cada día es un nuevo reto. No está bien bien pagado, pero no cambiaría de trabajo por nada del mundo. Además, trabajo en una empresa donde hay muy buen ambiente. Creo que sentirse bien en el trabajo no depende solo del sueldo.

ANABEL
Totalmente de acuerdo con Marga. Yo soy estudiante y todavía no trabajo, pero para mí lo más importante es encontrar un trabajo creativo. No podría hacer un trabajo monótono y aburrido. Como dijo Confucio: "Si encuentras un trabajo que te gusta, no vas a trabajar ni un solo día de tu vida".

¿SON FELICES EN SU TRABAJO?

Antonio. Guía turístico (Sevilla)

Xel. Camarero (Oviedo)

Carla. Artesana (Buenos Aires)

Teresa. Veterinaria (Irún)

02
GANARSE LA VIDA

Antes de leer
Felicidad y trabajo

A 18-19

¿Creemos que, en general, la gente es feliz en su trabajo? ¿Por qué?

Texto y significado
Depende de...

B 20-21

Leemos el texto introductorio y comprobamos nuestras hipótesis. En pequeños grupos respondemos a las preguntas. ¿De qué depende la felicidad en el trabajo?

—*Para mí, depende del sueldo.*
                    del horario.
—*Para mí, lo más importante es el ambiente.*

C 22-23

Leemos las intervenciones en el foro y subrayamos las ideas o experiencias con las que nos identificamos.

Texto y significado
Aspectos positivos y negativos

D

¿Qué aspectos positivos y negativos crees que tienen estas profesiones? ¿Nos gustaría ser...?

- **Guía turístico/a**
- **Veterinario/a**
- **Camarero/a**
- **Artesano/a**

E  4-7 ⦿8 24

Escuchamos a cuatro personas hablar de su trabajo. Tomamos notas en nuestros cuadernos sobre los siguientes aspectos.

Aspectos positivos
Aspectos negativos
¿Les gustaría cambiar de trabajo?
¿Qué les gustaría hacer?

F 25-26

¿Qué nos gustaría ser a nosotros?

Texto y lengua
Oraciones de relativo con y sin preposición

G

Nos fijamos en las siguientes frases del texto y las completamos con:

- **en el/la/ los/las que**
- **con el/la/ los/las que**
- **que**
- **donde**

1. Tengo una profesión _____ me apasiona.
2. Tengo una profesión _____ disfruto mucho.
3. Tengo compañeros _____ lo paso muy bien.
4. Trabajo en una empresa _____ hay buen ambiente.

02
AGENDA DE APRENDIZAJE

Reglas y ejemplos
Construcciones relativas con preposición

       RG / P.167

Nos fijamos en los ejemplos y escribimos frases sobre nuestro trabajo con las mismas estructuras.

Un trabajo	+ Te ganas la vida **con** ese trabajo	= Un trabajo **con el que** te ganas la vida.
Una persona	+ Trabajas bien **con** esa persona	= Una persona **con la que** trabajas bien.
Una persona	+ Trabajas bien **con** esa persona	= Una persona **con quien** trabajas bien.
Una empresa	+ Hay buen ambiente **en** la empresa	= Una empresa **en la que** hay buen ambiente.
Una empresa	+ Hay buen ambiente **en** la empresa	= Una empresa **donde** hay buen ambiente.

> **!** Las construcciones relativas funcionan igual con todas las **preposiciones**: de, para, por, a...

En español y en otras lenguas
Indefinidos

 29-30-31   RG / P.166

Observamos estos adjetivos y pronombres indefinidos.
¿A qué corresponden en nuestra lengua u otras lenguas que conocemos?

Todo/a/os/as
—*Todo el grupo tiene problemas con los verbos.*
—*Toda la clase fue al museo.*
—*Todos los trabajos pueden ser interesantes.*
—*Todas las chicas de la clase son canadienses.*

Algunos/as
—*Algunos compañeros hablan varios idiomas.*
—*Algunas encuestas dicen que la gente no es feliz en el trabajo.*

Alguien
—*¿Alguien sabe bailar salsa?*

Algo de (=un poco de)
—*Yo sé algo de informática.*

Algo
—*Cuando algo nos motiva, lo aprendemos rápido.*

Ningún/a
—*Ningún trabajo le gusta.*
—*No toco ningún instrumento.*
—*No hablo ninguna lengua extranjera.*

Nadie
—*Nadie sabe bailar salsa.*
—*No sabe bailar salsa nadie.*

Nada
—*Nada es más importante que tener un horario flexible.*
—*En mi trabajo no hago nada interesante.*

No... nada de
—*No sé nada de informática.*

En español y en otras lenguas
Otros, los demás

 32-33   RG / P.166

¿A qué corresponden estos indefinidos en nuestra lengua u otras lenguas que conocemos?

YO   LOS DEMÁS

Los/las demás
—*Tú hablas y los demás escuchamos.*
—*Esta clase es interesante, pero las demás no.*

Otro/otra/otros/otras
—*Hablo inglés y francés y ahora quiero aprender otro idioma.*
—*El chino es muy difícil; prefiero aprender otra lengua.*
—*Algunos días trabajo por la mañana y otros días por la tarde.*
—*Es bueno ayudar a otras personas.*

> **!** un otro, una otra...

02
TALLER DE USO

En grupos
¿Qué trabajo es?

 A **34-35-36-37**

En parejas, leemos este texto e intentamos adivinar de qué trabajo se trata.

Es un trabajo en el que viajas mucho y para el que tienes que ser sociable. Tienes que saber algunos idiomas: inglés y algo de francés, por lo menos, pero si sabes otros, mejor.

 B

A continuación, individualmente, redactamos un texto sobre otro trabajo sin decir cuál es.

 C

Intercambiamos nuestro texto con nuestro compañero, que nos lo va a corregir.

 D

Leemos nuestro texto a los compañeros. Los demás tienen que adivinar qué trabajo describe.

En parejas
La entrevista de trabajo

 E **38-39**

Leemos este anuncio de trabajo y preparamos una entrevista.

- La mitad de la clase, en parejas, prepara las preguntas que se van a hacer a los candidatos.
- La otra mitad se prepara individualmente para optar a este puesto: qué experiencia tiene, qué cualidades, qué sabe hacer...

SE BUSCA
GUÍA TURÍSTICO
PARA ACOMPAÑAR A GRUPOS DE PAÍSES DIFERENTES EN NUESTRA REGIÓN

FUNCIONES
- Acompañar en salidas de compras y restaurantes
- Organizar transporte y alojamiento
- Solucionar todo tipo de problemas de los viajeros

SE VALORARÁ
- Experiencia
- Cualidades personales
- Conocimiento de idiomas

PREGUNTAS PARA LA ENTREVISTA

¿Sabes algo de historia de la ciudad?

¿Tienes experiencia en el sector turístico?

MI PERFIL, MIS CUALIDADES, MIS CONOCIMIENTOS

Tengo experiencia en la hostelería: he trabajado algunos años en un restaurante.

Además, soy una persona muy sociable y me encanta conocer gente.

ARCHIVO DE LÉXICO

En español y en otras lenguas
Trabajo

1

Traducimos a nuestra lengua estos usos de la palabra **trabajo**. ¿Corresponden a una o a varias palabras?

Trabajo = empleo

| buscar | tener | encontrar | **trabajo** |

| quedarse | **sin trabajo** |

| **un trabajo** | bien/mal pagado | fijo | temporal |

Trabajo = actividad

| **un trabajo** | creativo | monótono | manual |

Trabajo = lugar

| estar en el | ir al | comer en el | **trabajo** |

Los trabajadores del aeropuerto están en huelga.

Luisa es muy trabajadora.

Palabras en compañía
Profesiones

2 🔊 10 📖 41

Completamos las series.

| **ser** | cocinero | enfermero | taxista |

| **trabajar en** | un supermercado | Zara |

| **trabajar de / como** | camarero | guía turístico |

| **trabajar desde** | casa |

| **hacer** | pasteles | páginas web |

| **cuidar** | enfermos |

| **dar** | clases de inglés | masajes |

| **estar en** | una empresa | una escuela |

| **dedicarse a** | hacer páginas web | al diseño |

Escribimos profesiones con las siguientes características.

- **Un trabajo con futuro**
- **Un trabajo duro**
- **Un trabajo raro**
- **Un trabajo aburrido**
- **Un trabajo peligroso**
- **Un trabajo vocacional**

Palabras en compañía
Conocer, saber

3 🔊 11 📖 42

Completamos las series.

| **saber** | cocinar | tocar el piano | hacer punto |

| | latín | matemáticas | hacer punto |

| **conocer** | un restaurante | Argentina |

| | a una persona | a Enrique |

| **saber / conocer** | el camino | la solución |

PROYECTOS

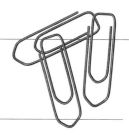

Proyecto en grupo
Aptitudes y necesidades

A

Cada uno de nosotros prepara dos notas en papeles adhesivos. Una sobre algo que puede hacer para otras personas. La otra con cosas para las que necesita ayuda. Los firmamos y los exponemos.

B

Leemos todos los anuncios, escogemos los que nos interesan y escribimos en los que nos interesan o para los que podemos ofrecer algo.

C

Entre todos, creamos un folleto del banco del tiempo de nuestra clase como el de Comunalia. Debe incluir:

- El nombre
- Un eslogan
- Los servicios que ofrecemos
- Imágenes

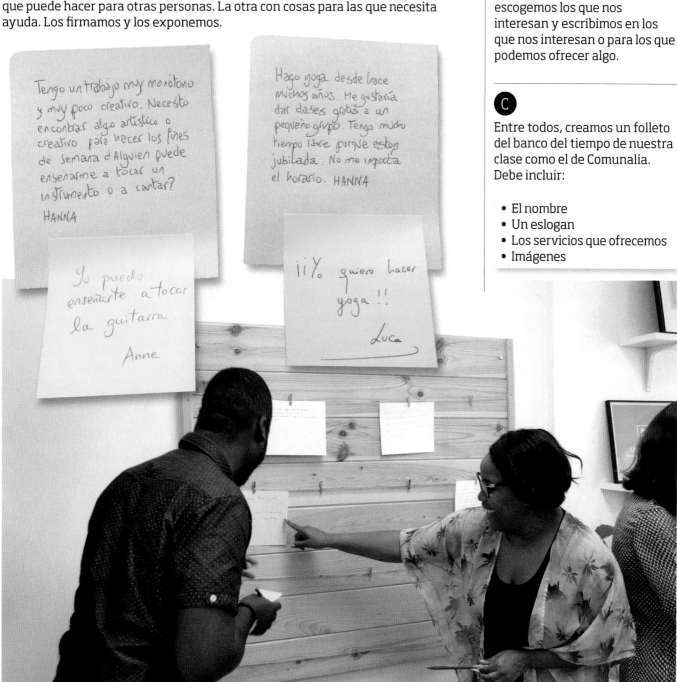

Tengo un trabajo muy monótono y muy poco creativo. Necesito encontrar algo artístico o creativo para hacer los fines de semana. ¿Alguien puede enseñarme a tocar un instrumento o a cantar?
HANNA

Hago yoga desde hace muchos años. Me gustaría dar clases gratis a un pequeño grupo. Tengo mucho tiempo libre porque estoy jubilada. No me importa el horario. HANNA

Yo puedo enseñarte a tocar la guitarra.
Anne

¡¡Yo quiero hacer yoga!!
Luca

MUÑECAS, CAMIONES Y PUZLES

PUNTO DE PARTIDA

Nube de palabras
Jugar

Nos fijamos en el título. ¿Qué tienen en común las muñecas, los camiones y los puzles?

Buscamos en la nube cosas a las que se puede jugar o con las que se puede jugar y damos ejemplos.

> 66
> —¡Juego de mesa!
> —¿Por ejemplo?
> —El Scrabble.
> 99

¿Qué es para nosotros jugar? Completamos el gráfico con palabras y expresiones de la nube u otras ideas que se nos ocurran.

bueno

Para mí jugar es...

Vídeo
Juegos de mesa

¿Cómo responde Joaquín Dorca a estas preguntas? Las respondemos individualmente y comparamos nuestras respuestas con las de un compañero.

1. ¿En qué época de la vida se juega?
2. ¿Por qué nos gusta jugar?
3. ¿Cómo son los juegos de mesa actualmente? ¿Son mejores que antes?
4. ¿Son iguales los juegos de mesa y los juegos de ordenador?
5. ¿A todo el mundo le gusta jugar a lo mismo?

▶ campus.difusion.com

¿Estamos de acuerdo con lo que dice?

¿A QUÉ JUGAMOS?

Todos los niños juegan... y en todas las culturas. La mayor parte de su tiempo están jugando: juegan con su cuerpo, con los objetos que están a su alrededor, con otros niños o con adultos. Y es que el juego es la actividad principal que realizan los seres humanos en la infancia para aprender y desarrollarse. Por medio del juego los niños exploran sus sentidos, descubren las cualidades de los objetos y las posibilidades de su cuerpo, descubren las reglas de la sociedad en la que viven, y aprenden a comunicarse y a cooperar con los demás.

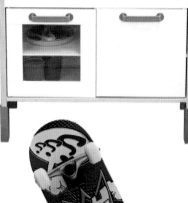

RECOMENDACIONES PARA UN CONSUMO RESPONSABLE DE JUGUETES

1.
Los juguetes transmiten una visión del mundo y los niños, al jugar, imitan los papeles de los adultos. En la actualidad siguen fabricándose juguetes diferentes para niñas y para niños, que reproducen roles estereotipados. Para ellas, juguetes de color rosa, muñecas y cocinas. Para ellos, coches, balones y pistolas.

2.
Los psicólogos y los educadores no se ponen de acuerdo sobre los peligros de jugar "a matar". Algunos opinan que es necesario canalizar la agresividad del niño. Otros, que una pistola de juguete prepara al niño para usar una de verdad.

3.
Es importante que los niños no sean víctimas del bombardeo publicitario. Además, la publicidad no debería dar una imagen falsa del juguete.

4.
Algunos juguetes muy sofisticados convierten al niño en espectador, que no tiene que hacer nada. Es bueno que el niño sea el protagonista del juego y desarrolle su imaginación y su creatividad.

5.
No podemos aislar a los niños de la tecnología omnipresente en la vida de los adultos. Pero algunos expertos dicen que los juegos de ordenador fomentan el aislamiento, el individualismo y la vida sedentaria. Es necesario que los niños jueguen con otros niños y estén en contacto con la naturaleza. Por eso, debemos buscar una proporción equilibrada entre juguetes digitales y no digitales.

6.
Los juguetes deberían durar y deberían reutilizarse. Muchos juguetes se rompen o se estropean muy rápido y terminan pronto en la basura. Siempre es mejor comprar menos juguetes, pero que sean de calidad.

7.
Muchos niños en los países desarrollados tienen demasiados juguetes. Se acostumbran a querer algo y a abandonarlo al cabo de poco tiempo. Es imprescindible que los padres sepan decir "no" y que sean menos consumistas.

01
¿A QUÉ JUGAMOS?

Antes de leer
La importancia de jugar

A

¿Por qué jugar es importante para los niños? Hacemos una lluvia de ideas.

Texto y significado
Otras razones

B

Leemos la introducción. Añadimos otras razones por las que jugar es importante.

Texto y significado
Juegos y juguetes

C

Leemos el texto "Recomendaciones para un consumo responsable de juguetes" y buscamos qué párrafo corresponde a cada una de estas preguntas.

1. ¿Tienen demasiados juguetes los niños de hoy?
2. ¿Deberían jugar los niños y las niñas con los mismos juguetes?
3. ¿Hay juguetes que no sirven para jugar?
4. ¿Qué hacemos con los juguetes viejos?
5. ¿Manipula a los niños la publicidad de los juguetes?
6. ¿Los juegos de ordenador fomentan el individualismo y la vida sedentaria?
7. ¿Son perjudiciales los juguetes bélicos?

D

Leemos las siguientes afirmaciones, escribimos nuestro grado de acuerdo y hablamos con los compañeros sobre ello. Podemos tomar ideas del texto o partir de nuestras propias opiniones.

A todos los niños les gusta jugar con otros niños.
Los niños y las niñas necesitan juguetes diferentes.
Los juguetes bélicos no fomentan la violencia.
Todos los juguetes desarrollan la creatividad.
Los juegos de ordenador aíslan a los niños.
Los niños tienen demasiados juguetes.
La publicidad manipula a los niños.
Los niños tienen que jugar al aire libre todos los días del año.
Se fabrican muchos juguetes de mala calidad.

—*Estoy totalmente de acuerdo.*
—*Estoy de acuerdo, pero...*
—*Depende. Si...*
—*No estoy nada de acuerdo.*

Texto y significado
Regalos de reyes

E

¿Qué les regalan estas personas a sus hijos y sobrinos? ¿Por qué?

Texto y lengua
Es bueno que...

F

Observamos la siguiente frase del texto. ¿Podemos encontrar en el texto construcciones similares? ¿Qué tienen de especial?

—*Es bueno que el niño sea protagonista del juego.*

Reglas y ejemplos
Presente de subjuntivo: regulares

 RG / P.182

Miramos cómo se forma el presente de subjuntivo de los verbos regulares y conjugamos el paradigma de un verbo de cada conjugación.

	hablar	comer	vivir
Yo	habl**e**	com**a**	viv**a**
Tú	habl**es**	com**as**	viv**as**
Él/ella/usted	habl**e**	com**a**	viv**a**
Nosotros/nosotras	habl**emos**	com**amos**	viv**amos**
Vosotros/vosotras	habl**éis**	com**áis**	viv**áis**
Ellos/ellas/ustedes	habl**en**	com**an**	viv**an**

Palabras para actuar
Valorar: es + adjetivo + infinitivo/subjuntivo

 RG / P.183

Observamos estos ejemplos y marcamos la opción correcta.

Es + adjetivo + infinitivo

—*Es bueno comprar juguetes de calidad.*
   importante
   interesante
   necesario
   esencial
   mejor

La acción de **comprar** se refiere a...
☐ todo el mundo o a cualquier persona.
☐ un sujeto concreto.

Es + adjetivo + **que** + subjuntivo

—*Es bueno que los padres compren juguetes de calidad.*

La acción de **comprar** se refiere a...
☐ todo el mundo o a cualquier persona.
☐ un sujeto concreto.

> ❗ Funcionan igual las valoraciones con sustantivos como **es un problema**, **es una tontería**, **es una vergüenza**, etc.

Reglas y ejemplos
Presente de subjuntivo: irregulares

 RG / P.182

Leemos las reglas y completamos las formas.

> ❗ Los verbos con irregularidades **e-ie / o-ue / u-ue** en presente de indicativo mantienen esas mismas irregularidades en presente de subjuntivo en las mismas personas.

querer	poder	jugar	volver	empezar
qu**ie**ra	p**ue**da	j**ue**gue		
qu**ie**ras	p**ue**das	j**ue**gues		
qu**ie**ra	p**ue**da	j**ue**gue		
queramos	podamos	juguemos		
queráis	podáis	juguéis		
qu**ie**ran	p**ue**dan	j**ue**guen		

> ❗ Algunos verbos tienen formas especiales:
> **saber → sepa...** **haber → haya...** **ser → sea...**
> **ir → vaya...** **dar → dé...** **ver → vea...**

> ❗ Muchos verbos que presentan una irregularidad en la primera persona del presente de indicativo tienen esa misma irregularidad en todas las personas del presente de subjuntivo. Esto incluye los verbos con cambio vocálico **e-i** (**pedir**, **seguir**, **reír**...) y con cambio **z-zc** (**conocer**).

tener	**teng**o	**teng**a...
hacer	**hag**o	**hag**a...
conocer	**conozc**o	**conozc**a...
poner	**pong**o	
salir	**salg**o	
venir	**veng**o	
decir	**dig**o	
oír	**oig**o	
pedir	**pid**o	

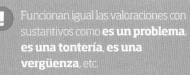

TALLER DE USO

En grupos
¿A qué jugábamos de pequeños?

  A 13-14

¿A qué jugábamos nosotros de pequeños? ¿Juegan a lo mismo los niños de ahora? En grupos hacemos una lista de los tres juegos o juguetes que más marcaron nuestra infancia.

—A mí lo que más me gustaba era jugar a construir cosas. —A mí también, me encantaban los legos.

En grupos
Es importante

B

En grupos, formulamos cinco ideas sobre los regalos que hacemos a los niños. Prestamos atención a la elección de subjuntivo o infinitivo.

- **importante**
- **urgente**
- **vital**
- **ridículo**
- **terrible**
- **genial**
- **mejor**
- **peligroso**

- **necesario**
- **extraño**
- **estúpido**
- **recomendable**
- **triste**
- **raro**
- **fantástico**
- **un error**

- **bueno**
- **normal**
- **una tontería**
- **difícil**
- **preocupante**
- **un problema**

Es importante...   Es importante que los padres...   Es importante que los niños...

Es importante comprar juguetes no sexistas.
Es fundamental que los padres expliquen a sus hijos por qué algunos juguetes no son buenos.
Es un problema que los niños solo tengan juegos de ordenador.

 C

Cada grupo lee sus ideas y escogemos las cinco más interesantes.

TE TOCA A TI

Hablamos con una experta en juegos de mesa y presentamos algunos de los juegos más populares en España y Latinoamérica.

¿Jugar no es cosa de niños?

No, a los adultos también nos gusta jugar. Y mucho. Los juegos de mesa están de moda.

¿Tenemos demasiado tiempo libre y jugamos para no aburrirnos, para pasar el rato...?

No solo. Sabemos que siempre ha habido juegos, al menos desde hace 5 000 años. Está claro que al ser humano le gusta jugar y lo ha hecho siempre. De hecho, muchos juegos tradicionales antiguos se han convertido en nuestros deportes actuales.

¿Es verdad que los jóvenes prefieren los juegos de ordenador?

Sí, muchos, pero eso no es malo. Juegan en línea con otros, compiten con sus amigos frente a la pantalla, juegan en grupo... En el fondo, es lo mismo si no nos aislamos de una manera patológica. Eso sí que puede ser peligroso.

En algunas empresas se hace jugar a los empleados.

¡Y eso es genial! El juego es una magnífica manera de reducir tensiones y de favorecer el trabajo en equipo. Y además, nos hace más creativos.

Entonces, ¿hay que poner salas de juegos en las oficinas?

Eso es. Está demostrado que en las empresas en las que se juega se trabaja mejor, más creativamente y con mejor ambiente.

Dicen que jugar aumenta los niveles de endorfinas.

Sí, como comer chocolate, tomar el sol, bailar o escuchar música. Es evidente que jugar no es perder el tiempo, es saludable.

¿Y jugar en familia? Los típicos juegos de mesa del domingo por la tarde...

Claro, los adultos y los niños juegan juntos, y eso es muy bueno.

¿Y a qué debemos jugar?

A las cartas, a juegos de mesa, con la videoconsola... No importa a qué. Jugando aprendemos a comunicarnos, a expresarnos y a resolver conflictos.

Pero en la mayor parte de los juegos, competimos.

¡Pero eso no es malo!... En la vida competimos, y hay que aprender a competir de forma sana.

¿Y usted a qué juega?

Al mus. Es el póquer de los españoles. Y a veces, con mis hijos, a la Play. Aunque siempre me ganan...

¿Puede darnos un consejo?

Es recomendable tener en casa un armario lleno de juegos. Pero también puedes jugar con un boli y un papel: a los barquitos, al tres en raya...

> "Necesitamos jugar a todas las edades. Jugar no es perder el tiempo".
>
> **Iria Fuentes Feijoo.** Creadora de juegos de mesa

JUEGOS TRADICIONALES

Las cartas: la baraja española

En España es muy típico jugar a las cartas en casa, con la familia o en el bar. Muchas celebraciones o comidas familiares terminan con una partida. En la baraja española hay cuatro palos: oros, copas, espadas y bastos. Se utiliza en España y Latinoamérica y también en Portugal y en Italia. Algunos de los juegos más populares son: el mus, el tute o la brisca.

El mus: el póquer español

El mus se juega en toda España y Latinoamérica. Se usa la baraja española. Generalmente se juega por parejas (una pareja contra otra). Los torneos de mus están muy extendidos por toda España. En este juego, los jugadores utilizan un código de señas que permiten transmitir al compañero qué cartas tenemos.

Dominó

Muy popular en España y en los países latinoamericanos, particularmente en el Caribe, es un juego típico de hombres mayores en los bares de los pueblos o entre adultos y niños.

El juego de la rana (en España y Chile), juego del sapo (en Perú y Argentina), tiro al sapo (en Bolivia) o simplemente rana (en Colombia)

Se tiran fichas o discos de hierro ("tejos" en España) en agujeros que existen en la mesa de la rana. Se suele jugar en la calle.

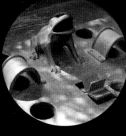

02
TE TOCA A TI

Antes de leer
¿Cosa de niños?

 A 🔊 **15**

En nuestra cultura, ¿jugar es solo cosa de niños? ¿Juegan los adultos? ¿A qué?

> 66
> —Aquí mucha gente juega a las cartas. —Sí, y con el ordenador.
> 99

Texto y significado
El juego para los adultos

 B

¿Cómo justifica la experta la importancia del juego para los adultos? Extraemos tres razones de la entrevista.

Texto y significado
Juegos tradicionales

C 🔊 **16-17**

Leemos el texto sobre los juegos tradicionales. ¿Hay juegos parecidos en nuestro país? ¿Cuáles son los más populares? ¿Quién juega? ¿Dónde? ¿Cuándo?

Texto y lengua
Es verdad, está demostrado...

D 📹 **8**

Leemos estas frases. ¿Qué verbos destacados en azul están en indicativo y cuáles en subjuntivo?

1. **Está claro que** al ser humano le gusta jugar.
2. **Es bueno que** el niño sea el protagonista del juego.
3. **Está demostrado que** en las empresas en las que se juega se trabaja mejor.
4. **Es necesario que** los niños jueguen con otros niños.
5. **Es evidente que** jugar no es perder el tiempo.
6. **Es imprescindible que** los padres sepan decir "no".

02
AGENDA DE APRENDIZAJE

Reglas y ejemplos
Impersonales con indicativo y subjuntivo

1 🎥 9 📄 18·19·20·21   R / P.183

Observamos las siguientes expresiones. ¿Funcionan como las del grupo 1 o como las del 2? Las clasificamos.

☐ Es necesario que...　　☐ Es preferible que...

☐ Es importante que...　　☐ Es horrible que...

☐ Es lógico que...　　　　☐ Es incuestionable que...

☐ Es seguro que...　　　　☐ Es obvio que...

☐ Es cierto que...　　　　☐ Es una vergüenza que...

1. Afirmamos algo (= decimos que es verdad)

Está claro	
Está demostrado	**que** + indicativo
Es evidente	

> Las estructuras que introducen una afirmación van seguidas de subjuntivo si aparecen negadas:
> **No está demostrado que** jugar a videojuegos **sea** malo.

2. Valoramos algo (recomendamos, criticamos, elogiamos...).

Es mejor	**que** + presente de subjuntivo
Es recomendable	
Es bueno	+ infinitivo

Palabras para actuar
Eso

2 📄 22·23   R / P.161

Observamos estos usos de **eso** y terminamos las frases o reaccionamos ante ellas con nuestras propias opiniones.

Retomar lo dicho por otro o uno mismo (para comentarlo, reaccionar, etc.)
—*A Almudena le han dado una beca.*
—*¡Eso es genial! ¡Qué bien!*

—*Rodrigo se pasa el día leyendo.*
—*Pero eso no es malo...*

—*Algunos adolescentes se aíslan con sus juegos de ordenador y eso puede ser peligroso.*

Reafirmar algo dicho
—*¿Quieres decir que no puedes venir?*
—*Eso (es).*

Algunas empresas tienen espacios para jugar en sus oficinas...

Pasarlo bien jugando aumenta la producción de endorfinas...

- Hay padres que dan a los niños todo lo que piden.
-
- Entonces, lo que dices es que no estás de acuerdo, ¿no?
-

Palabras para actuar
Explicar reglas, dar instrucciones

3 🎥 10 📄 24·25·26·27·28·29·30

Formas impersonales
—*Se juega con un tablero y 24 fichas.*
—*Tienes 12 fichas y las mueves en diagonal.*
—*Puedes saltar una ficha del otro jugador y "comértela".*

No vale / no se puede
—*No vale / no se puede ir hacia atrás.*

Si, solo si
—*Si no puedes mover tu ficha, robas una carta.*
—*Solo puedes empezar si sacas un cinco en el dado.*

Cada, alguien
—*Cada jugador tiene doce fichas.*
—*Si alguien consigue tres ases, gana.*

Quien / el que
—*Pierde la partida quien se queda sin fichas.*
—*Empieza a jugar el que tiene las fichas blancas.*

Establecer el turno de juego
—*Me toca (a mí).*　　　　—*Nos toca (a nosotros/as).*
—*Te toca (a ti).*　　　　 —*Os toca (a vosotros/as).*
—*Le toca (a él/ella).*　　—*Les toca (a ellos/ellas).*

02
TALLER DE USO

En parejas o en grupos
Jugar al tutti frutti

 **A**

Escuchamos la grabación y completamos las reglas del tutti frutti. Luego, si tenemos dudas, preguntamos al profesor.

- **Pueden jugar … personas…**
- **Cada jugador / cada uno…**
- **Gana quien…**
- **Pierde quien…**

	Marcas de Coches	Frutas y Verduras	Animales	Profesión
M	Mercedes	Melón	Mono	Médico
D	Dacia	Dátil	Delfín	Dentista

 B

Ahora jugamos nosotros al tutti frutti.
Podemos usar las siguientes categorías u otras.

**cosas que puedes encontrar en una casa
actividades cotidianas
ciudades y países
actividades de tiempo libre
cosas que huelen bien
cosas que tienen ruedas
nombres y/o apellidos de origen hispano
cosas que puedes llevar puestas**

En parejas o en grupos
Regalamos juguetes

 C 31-32-33

Tenemos 500 euros para gastar en la ludoteca de un pequeño pueblo en el que viven 8 niños y 14 niñas de entre 4 y 12 años. Discutimos qué vamos a comprar.

"

—Yo compraría una consola: a los niños les encanta.
—Pero es mejor que jueguen al aire libre, ¿no? ¿No es mejor comprar balones de fútbol? "

 D

En páginas web en español, buscamos los juguetes que hemos pensado. Elaboramos una lista teniendo en cuenta el presupuesto y la presentamos justificando nuestras elecciones.

ARCHIVO DE LÉXICO

Palabras en compañía
Jugar, juego, juguete

1 🎬 **12** 📄 **34-35-36**

Continuamos las series.

jugar → con muñecas → con el ordenador
con otros niños
a las cartas → al ajedrez
al escondite → al baloncesto

un juego → de mesa → de cartas
de niños → de adultos
divertido → aburrido

un juguete → didáctico → caro
para bebés
de plástico

un partido → de fútbol → de tenis

una partida → de ajedrez → de cartas

ganar → perder → empatar → **el partido** → **la partida**

¡Haces trampas!

La gramática de las palabras
Ser, estar

2 📄 **37-38**

¿Dónde colocaríamos las palabras de la lista para formar expresiones de valoración?

	Es + adjetivo	**Es** + **un/una** + sustantivo	**Está** + participio/ adverbio
necesario	☒	☐	☐
evidente	☐	☐	☐
probado	☐	☐	☒
esencial	☐	☐	☐
estupidez	☐	☒	☐
mejor	☐	☐	☐
tontería	☐	☐	☐
urgente	☐	☐	☐
vital	☐	☐	☐
ridículo	☐	☐	☐
terrible	☐	☐	☐
genial	☐	☐	☐
peligroso	☐	☐	☐
bien	☐	☐	☐
bueno	☐	☐	☐
curioso	☐	☐	☐
mal	☐	☐	☐
catástrofe	☐	☐	☐
triste	☐	☐	☐
demostrado	☐	☐	☐
prohibido	☐	☐	☐

PROYECTOS

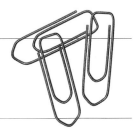

Proyecto en grupo
Inventamos un juego

Vamos a crear entre todos la baraja para un juego de mesa. Formamos equipos de 2 a 4 miembros, elegimos un nombre para el equipo y un color o ficha que nos represente.

Retos y pruebas
(cada equipo diseña 7 cartas)
Inventamos y diseñamos las cartas con las pruebas que tienen que realizar los jugadores. Pueden ser:
- Definir: una palabra o expresión sin decirla. El profesor la tiene que adivinar.
- Mimar: una palabra o expresión. El profesor tiene que adivinarla.
- Contar: una historia con tres palabras determinadas.
- Memorizar: una serie de cuatro palabras relacionadas que aparecen en la carta y escribirlas sin mirar la carta.
- Completar: una frase en la que falta una palabra.
- Contestar: a una pregunta de cultura española o latinoamericana.

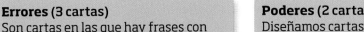
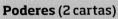

MIMO:

PREFERIR

CONTESTAR:

¿QUÉ ES
EL MUS?

MEMORIZAR:

- FICHA
- PARTIDA
- GANAR
- TIRAR EL DADO

Errores (3 cartas)
Son cartas en las que hay frases con errores. Pueden ser errores de léxico, de gramática, de ortografía…

ES IMPORTANTE QUE LOS JUGUETES SON DE CALIDAD.

Poderes (2 cartas)
Diseñamos cartas que dan poderes.

ME PUEDO EQUIVOCAR Y NO PIERDO PUNTOS.

PUEDO CONSULTAR EN INTERNET.

AVANZO TRES CASILLAS CADA VEZ QUE ACIERTO.

PUEDO PEDIR AYUDA AL PROFESOR O A UN COMPAÑERO.

B

Barajamos todas las cartas que hemos fabricado y jugamos.

Reglas del juego

- Con un dado decidimos qué equipo empieza: sale el que saca más puntos.
- Con los dados, por turnos, avanzamos casillas, cogemos una carta y pasamos la prueba. Si no la superamos, volvemos cinco casillas hacia atrás.
- Si sacamos una carta con un "PODER" la podemos usar inmediatamente o guardarla para cuando la necesitemos y coger otra carta.
- En caso de duda, el profesor es el árbitro.
- Gana el equipo que llega el primero a la meta.

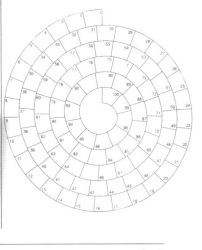

RICO Y SANO

PUNTO DE PARTIDA

Nube de palabras
Platos y comidas

A

¿Qué podemos decir sobre un plato o una comida? Completamos con palabras o expresiones de la nube.

Es

carne,

Está

Lleva

B

¿Cómo se dice en español...?

1. Persona que cocina.
2. Lugar público donde se sirven comidas y bebidas a cambio de dinero.
3. Grupo de alimentos al que pertenecen el tomate, la lechuga, los pimientos, etc.
4. Comida que no contiene carne.
5. Tener una reacción física contra un alimento o una sustancia.

C

Buscamos en la nube las palabras anteriores.

D

¿Qué otras palabras de la nube se refieren a alimentos o a platos?

Vídeo
Perú sabe

E

¿Qué significados puede tener el verbo **saber**? Hablamos con los compañeros.

F

Vemos el vídeo sin sonido. ¿En qué orden aparecen las siguientes cosas?

Una escuela de cocina ☐

Las ruinas incas de Machu Picchu ☐

Alimentos de la cocina peruana ☐

Adrià prueba el plato de un estudiante ☐

Un congreso de gastronomía ☐

Viaje en tren a los Andes ☐

Mujeres preparando platos tradicionales ☐

El río Amazonas y la Amazonía ☐

▶ campus.difusion.com

G

Volvemos a ver el vídeo. Según Gastón Acurio, ¿para qué se utiliza el poder de la cocina? ¿Qué crees que quiere decir? ¿Estás de acuerdo?

H

Después de las imágenes que hemos visto, ¿cómo creemos que es Perú? ¿Qué cosas nos llaman la atención? Hablamos con los compañeros.

ORIGEN: ESPAÑA

El escritor Josep Pla dijo una vez que "la cocina de un país es su paisaje puesto en la cazuela". Seguramente es cierto, y por eso la cocina de España es tan variada como sus paisajes. Los productos estrella de la gastronomía española son también muy variados, pero hay algunos ingredientes que están presentes en casi todas las regiones. Estos son cinco de los más representativos.

EL JAMÓN

Un consejo para quien visita España: no te vayas de España sin probar un buen jamón ibérico. No hace falta que gastes mucho dinero en un restaurante: ve a un mercado o a una tienda especializada y compra cien gramos de buen jamón.

Los rusos tienen el caviar, los franceses, el *foie-gras*, y los italianos, las trufas, mientras que los españoles tienen el jamón. El más exquisito de los productos españoles es la pata del cerdo curada de manera natural. Los mejores jamones son los de cerdo ibérico o pata negra. Y mejor todavía si el animal se ha criado en libertad. Los más famosos son los de Andalucía Occidental, Extremadura y Salamanca. Una curiosidad: el jamón ibérico tiene el llamado "quinto sabor" o *umami*.

LAS LEGUMBRES

Un consejo para consumirlas: las legumbres pueden quedar muy duras si no pasan unas horas en remojo. No las cuezas directamente, déjalas en remojo un mínimo de 8 horas.

Los guisantes, las judías, las lentejas, los garbanzos, las habas... son parte esencial de la dieta mediterránea. Las legumbres se consideran muy saludables porque tienen proteínas vegetales, hierro, fibra y muchos otros nutrientes. Además, son la base de muchos potajes considerados "plato único", como las lentejas con chorizo, los garbanzos con bacalao o la fabada. ¡Y son baratas!

EL AJO

Tal vez para algunas personas su olor es demasiado fuerte, pero el ajo tiene muchas cualidades: es un antibiótico natural, reduce el colesterol y previene la depresión.

Dos consejos: para pelar los ajos, ponlos antes 2 minutos en el microondas. Y si tienes una cita importante, no comas ajo crudo.

El TOMATE

Un consejo: nunca compres tomates verdes, el tomate tiene muchos antioxidantes, ¡pero solo cuando es rojo!

El tomate llegó de América en el siglo XVI, pero durante algunos siglos no se usó en la cocina. Hoy en día, en cambio, es casi imposible hacer un menú español y no usar tomate en algún plato: es la base de cientos de salsas; es el rey de las ensaladas; está presente en miles de platos de carne, pescado y verdura, e incluso se usa para hacer mermeladas.

EL ACEITE DE OLIVA

Dos consejos básicos para cocinar con aceite de oliva: compra siempre aceite virgen. No lo mezcles con otros aceites y no lo calientes nunca por encima de los 180°.

El aceite de oliva es la base de la cocina mediterránea y Andalucía es, desde la época de los romanos, la región productora más importante del mundo. En España, el aceite de oliva se usa para todo: para freír, para aliñar las ensaladas, en casi todos los platos de carne, pescado y verduras y en muchas recetas de pastelería.

01
ORIGEN: ESPAÑA

Antes de leer
Productos estrella

 A

Miramos el mapa. ¿Sabemos cómo se llaman los alimentos que lo forman? ¿Conocemos otros platos y productos típicamente españoles?

66
—Esto es gazpacho, creo.
—¿Y qué es?
—Una sopa fría de tomate y verduras. Está muy buena. 99

 B

¿Qué sabemos del aceite de oliva, de las legumbres, del ajo, del jamón y del tomate? Lo comentamos en parejas.

**historia
propiedades
platos que los llevan
otros usos
...**

Texto y significado
Cinco productos

 C

¿Cómo interpretamos la frase "La cocina de un país es su paisaje puesto en la cazuela"?

 D

¿Coinciden nuestras respuestas anteriores con las ideas del texto introductorio?

 E 2-3-4

Leemos el texto sobre los productos. ¿Hay cosas que no sabíamos? Lo ponemos en común con el resto de los compañeros.

66
No sabía que el ajo es un antibiótico natural. 99

Texto y significado
En casa siempre tienen...

 F 12-14  5-6-7

Tres personas nos dicen qué alimento tienen siempre en su casa y para qué lo usan. Tomamos notas y comentamos si coincidimos con alguna de sus costumbres.

Texto y lengua
El imperativo

 G

En los consejos del texto, señalamos los verbos en imperativo y los clasificamos en afirmativos y negativos.

 H

¿Hemos visto ya estas formas antes?

01
AGENDA DE APRENDIZAJE

Reglas y ejemplos
Imperativo afirmativo

 RG / P.185

Miramos cómo se forma el imperativo afirmativo, completamos las reglas y escribimos el paradigma de tres verbos de nuestra elección.

	comprar	comer	añadir
Tú	compr**a**	com**e**	añad**e**
Usted	compr**e**	com**a**	añad**a**
Vosotros/as	compr**ad**	com**ed**	añad**id**
Ustedes	compr**en**	com**an**	añad**an**

—*Carlos, compra tomates, por favor.*

Las formas para **usted** y **ustedes** son las mismas que las del _____	Los pronombres átonos van siempre _____ - El aceite, **póngalo** al final. - El libro, **dáselo** a Ana.

Reglas y ejemplos
Imperativo negativo

   RG / P.185

Miramos las formas y completamos las reglas.

	comprar	comer	añadir
Tú	no compr**es**	no com**as**	no añad**as**
Usted	no compr**e**	no com**a**	no añad**a**
Vosotros/as	no compr**éis**	no com**áis**	no añad**áis**
Ustedes	no compr**en**	no com**an**	no añad**an**

—*Carlos, no compres tomates, que aún tenemos.*

Todas las formas del imperativo negativo son las mismas que las del _____.	Los pronombres átonos van siempre _____. - **No te compres** un bocadillo. - El aceite, **no lo ponga** aún. - El libro, **no se lo des** a Ana.

Palabras para actuar
Experiencias y gustos

Completamos los siguientes enunciados con nuestros gustos y experiencias.

_____ me chifla.
Las hamburguesas _____ me chiflan.
_____ me apasiona.
_____ me apasionan.
_____ me encanta.
_____ me encantan.
_____ no me gusta mucho.
_____ no me gustan mucho.
El pescado crudo _____ no me gusta nada.
_____ no me gustan nada.
_____ me sienta mal.
_____ me sientan mal.
_____ me da asco.
_____ me dan asco.

No puedo comer _____
porque _____
Nunca he comido/probado _____
Soy alérgico/a a _____
Me gustaría comer/probar _____

Ya sabes que muchos verbos funcionan como el verbo **gustar**. Son, por ejemplo, **chiflar**, **apasionar**, **entusiasmar**, **encantar**, **dar asco**...

En grupos
Salud y alimentación

Les damos consejos o trucos (en imperativo afirmativo y positivo) a las personas que tienen estos problemas. Luego los ponemos en común.

- **Tengo problemas para dormir.**
- **Me ha subido el colesterol. Tengo que vigilar la comida.**
- **Suelo tener dolores de cabeza y no quiero tomar medicamentos.**
- **Siempre estoy muy cansado.**
- **Mis hijos no quieren comer pescado, pero yo creo que es sano...**
- **Tengo la tensión un poco alta.**
- **Este mes he engordado dos kilos...**

Pensamos en un problema de salud real o inventado, pedimos consejos a varios compañeros de nuestra clase y los escribimos. Cada uno debe darnos al menos uno. Escogemos el que más nos convence.

PROBLEMA:

CONSEJOS:

En grupos
Dime lo que comes...

En grupos de tres, hablamos sobre nuestros gustos y hábitos alimenticios. Tomamos notas para decidir qué tipo de persona es cada uno en relación con la comida.

- **La comida muy picante**
- **La comida mexicana**
- **El foie-gras**
- **Las hamburguesas de grandes cadenas**
- **La comida precocinada**
- **Los garbanzos**
- **Las pizzas del supermercado**
- **El caviar**
- **La comida vegetariana**
- **Las ostras**
- **Los mangos**
- **La Coca-Cola**
- **El cava**
- **Las palomitas**
- **El pulpo**
- **El jamón ibérico**
- **El queso azul**
- **La comida de la abuela**
- **Los dulces**

—¿Te gusta la comida picante?
—Sí, me encanta, le echo guindilla a todo.

Anotamos los nombres de los compañeros en la casilla correspondiente.

	Nombre	Nombre
1. Come de todo, no tiene manías.		
2. Es más bien conservador en sus gustos.		
3. Cuida su dieta.		
4. Tiene gustos muy sofisticados.		
5. Otro:		

Informamos a la clase dando ejemplos para justificar nuestra decisión.

EL ÉXITO DE LA COCINA PERUANA

Rica, milenaria, variada, sana… Y una de las que están más de moda. Estas son cuatro de las claves de su éxito.

Una gran variedad de climas y regiones

Perú está situado en los trópicos, tiene más de 2400 km de costa y una variedad de paisajes única en el mundo; es por todo eso uno de los países con mayor biodiversidad y variedad de climas del mundo. Hace miles de años en Perú se empezaron a cultivar plantas como el maíz, la yuca y muchas variedades de patatas; cereales como la quinua o el amaranto; frutas y hortalizas como la chirimoya, el tomate, la calabaza, el aguacate; legumbres como los frijoles; frutos secos como el cacahuete y cientos de hierbas aromáticas. Los peruanos de la costa, además, siempre han comido mucho pescado y marisco y los de la selva amazónica, muchas frutas y vegetales. También fabrican desde siempre cerveza de maíz (chicha) y de yuca (masato).

Una historia fascinante

La cocina inca ya era rica y variada. Los españoles llevaron algunas técnicas de cocina (como freír), los lácteos, carnes como la de buey o la de cerdo y los huevos. Llevaron también productos como la cebolla, el ajo o el limón. Así nació la cocina criolla. Los esclavos africanos, que cocinaban para los españoles, introdujeron algunos guisos. Más tarde, la migración china del siglo XIX introdujo los sabores agridulces, la salsa de soja y el arroz, que desde entonces es el acompañamiento típico peruano. La migración italiana trajo las pastas, las empanadas y los dulces. Y por último, la migración japonesa de fines del siglo XIX tuvo una gran influencia en la cocina peruana y llevó nuevas técnicas y maneras de cortar los alimentos. Como dice Acurio: "Durante los últimos quinientos años, se fueron instalando distintos pueblos venidos de Japón, China, África, España, Italia y el mundo árabe. Todos ellos trajeron consigo sus nostalgias, costumbres y productos. Y todos fueron hermosamente asimilados en un ejemplo de tolerancia único".

Un cocinero mediático

La cocina peruana tiene también un chef estrella: Gastón Acurio es, según la revista *Restaurant*, uno de los mejores cocineros del mundo. Posee restaurantes en siete países de América Latina y en España y es una estrella en su país. Su restaurante Astrid y Gastón es un ejemplo perfecto de la cocina peruana más moderna: ingredientes y recetas locales fusionados con técnicas y sabores de todo el mundo. En las cartas de sus restaurantes destacan los ceviches, los arroces y los pescados.

Una nueva realidad social… y una película

Cuando el chef español Ferran Adrià, considerado entonces el mejor cocinero del mundo, llegó a Perú en 2011, se encontró con un país en el que había 80 000 jóvenes que estudiaban para ser cocineros. Adrià quedó impresionado por la maravillosa cocina peruana y por esta nueva realidad social en la que la cocina era fuente de progreso.

Adrià y Gastón Acurio viajaron durante un mes por todo el Perú e investigaron sobre las raíces de la cocina peruana, pero también sobre los cambios sociales que se están produciendo en el país gracias a la cocina. El resultado de este viaje es el documental *Perú sabe: la cocina, arma social*.

UN PLATO ESTRELLA

El ceviche es el plato más conocido de la cocina peruana y, hoy en día, se puede encontrar en cartas de restaurantes de todo el mundo.

INGREDIENTES

- 1 kilo de pescado blanco (por ejemplo, corvina o mero)
- 1/2 kilo de limones
- 3 dientes de ajo picados
- 4 cebollas cortadas a lo largo
- 200 gramos de rocoto molido o ají limo (un tipo de chile)
- 2 ramitas de cilantro picado fino
- sal y pimienta

Antes de leer
Cocina peruana

 A

¿Sabemos algo de la cocina de Latinoamérica? ¿Y de la peruana? ¿Hay restaurantes latinoamericanos en nuestra ciudad?

Texto y significado
Una receta

B 13-14-15

En grupos de cuatro, nos repartimos los fragmentos del texto. Cada uno lee una parte y la resume a los demás. Luego escribimos cinco razones por las cuales la cocina peruana es interesante.

Texto y lengua
Alimentos

 C

Buscamos en los textos y en las imágenes diferentes alimentos y los clasificamos.

Bebidas

Pescados

Hortalizas

Carnes

Frutas

Legumbres

Otros

Texto y lengua
La receta del ceviche

D 16-17

¿Conocemos estos verbos? Buscamos su significado o preguntamos al profesor o los compañeros.

- **mezclar**
- **poner/echar**
- **cortar**
- **congelar**
- **quitar**
- **añadir**
- **servir**
- **comer**
- **dejar marinar**

E  9 18

A continuación, completamos la receta del ceviche con los verbos anteriores en la forma de **usted** del imperativo. Algunos puedes usarlos más de una vez.

- Recuerde: el ceviche es pescado crudo. No lo _____ si es usted alérgico al anisakis, o bien _____ lo al menos unas 15 horas a una temperatura de -35°C antes de prepararlo.
- En un recipiente de vidrio, _____ el zumo de limón (o lima), la sal, la pimienta, el ajo y el rocoto o ají y _____ lo todo.
- _____ el pescado en dados de 2 o 3 cm aproximadamente y _____ los a la mezcla. _____ el pescado unos 25-30 minutos.
- Cuidado: si no le gusta el picante, no _____ mucho ají y _____ las semillas, que es lo que más pica.
- _____ la cebolla en tiras muy finas y _____ la con el pescado cuando esté marinado.
- _____ el cilantro cuando vaya a servir el plato.
- _____ el ceviche con hojas de lechuga enteras (haciendo de base), yuca hervida, patatas o aguacate.

F 15

Comprobamos escuchando la receta.

Reglas y ejemplos
Hablar del futuro: cuando, hasta que + subjuntivo

 19-20   R / P.183

Observamos los ejemplos y terminamos las frases de manera lógica.

—*Cuando las patatas estén cocidas, añada el pescado.*
voy a añadir el
pescado.

—*No añadas el pescado hasta que las patatas estén cocidas.*

> **!** Las construcciones subordinadas temporales que se refieren al futuro con las partículas **cuando**, **hasta que**... se construyen siempre con presente de subjuntivo.

Voy a seguir estudiando español hasta que...

Avísame cuando...

En español y en otras lenguas
Acciones simultáneas: mientras (tanto)

 21   R / P.183

Leemos los ejemplos en voz alta y nos fijamos en las pausas y la entonación. ¿Cómo se dicen las palabras marcadas en nuestra lengua?

                                              En mi lengua

—*Yo ordeno la cocina.*
Mientras tanto, tú ve a
comprar, ¿vale?

—*Yo ordeno la cocina.*
Mientras, tú ve a comprar.

—*Mientras yo ordeno la*
cocina, tú ve a comprar.

Mis ejemplos:

Palabras para actuar
Secuenciar acciones

 10 **22**

Completamos la receta de la tarta de escalivada con los conectores que faltan.

—*Primero / Para empezar...*   —*Cuando...*
—*Mientras...*   —*Hasta que...*
—*Mientras tanto...*   —*Por último...*
—*Luego/Después...*

1. _____ caliente el horno a 180°C.

2. _____ lave las verduras.

3. _____ ponga las verduras en el horno.

4. _____ estén blandas, puede sacarlas.

5. _____ pele y corte las verduras _____ meta en el horno el hojaldre (en un molde).

6. _____ llene el hojaldre con verdura.

7. _____ ,si lo desea, _____ sirva la tarta, añada un poquito de aceite de oliva y sal.

02
TALLER DE USO

En grupos
Reconstruimos la receta

 A

Nos ponemos de acuerdo en el orden más adecuado de los pasos de la receta de pescado al horno.

PESCADO AL HORNO
DURACIÓN: 50 MINUTOS

INGREDIENTES PARA DOS PERSONAS
- 1 dorada u otro pescado blanco
- 2 patatas grandes
- 1 cebolla tierna
- 3 dientes de ajo
- aceite de oliva
- sal
- 1 vaso de vino blanco
- laurel
- 2 tomates

Meter en el horno durante 15 minutos a 170 grados. ☐

Echar el vaso de vino blanco. ☐

Precalentar el horno a 180 grados. ☑

Pelar, partir y lavar las patatas. ☐

Poner el laurel, la sal y un poco de aceite. ☐

Añadir los ajos, la sal y el aceite de oliva. ☐

Salarlas. ☐

Dejarlo en el horno durante unos 20 minutos. ☐

Colocar el pescado sobre las verduras. ☐

Pelar y partir la cebolla tierna y los tomates, y ponerlos encima de las patatas. ☐

 B

Ahora escribimos la receta en imperativo (añadimos los conectores o marcadores temporales necesarios).

Precaliente el horno a 180 grados.

 C

Comparamos nuestra receta con la de los otros grupos.

En parejas
Productos estrella

 D 🔊 23·24·25

Buscamos productos estrella de nuestro país o nuestra región. Escribimos pequeños textos para presentarlos.

—*Se cultiva en…*
—*Se hace/elabora con…*
—*Se usa para…*
—*Es perfecto para…*
—*Es típico de…*
—*Se come/bebe/toma en…*

QUESO MINAS
El queso Minas es uno de los quesos más conocidos de Brasil, es típico de Minas Gerais y se hace con leche de vaca. Es un queso blanco y suave. Es perfecto para tomar en el desayuno, con fruta, o para hacer bocadillos con jamón, pollo, lechuga… ¡Y se usa también para hacer el pan de queso!

 E

Creamos el mapa de los "productos estrella" con los textos acompañados de fotografías, y lo exponemos en clase o en nuestro espacio virtual compartido.

ARCHIVO
DE LÉXICO

En español y en otras lenguas
Meter, tirar, echar, guardar, poner

 26-27

Traducimos a nuestra lengua o a otra que conozcamos bien las siguientes frases. Nos fijamos en los verbos y las preposiciones.

En mi lengua

- Este vino está caliente. ¿Lo **meto/pongo** un rato **en** el congelador?

- ¿**Echo/Pongo** ya sal a las patatas?

- ¿**Guardo/Pongo** los platos **en** el armario?

- La carne está en mal estado. **Tírala a** la basura.

- ¿Puedes **poner** estas botellas **en** la mesa?

Mis palabras
Mis prototipos

 28

¿Cuál es la primera imagen que nos viene a la cabeza si pensamos en las siguientes cosas? Comparamos nuestras imágenes mentales con las de los compañeros. ¿Coinciden?

- **Una verdura**
- **Una fruta**
- **Un tipo de carne**
- **Un árbol**
- **Un pescado**

- **Un dulce**
- **Una bebida**
- **Una comida casera**
- **Algo para comer en la calle**

Palabras en compañía
Alimentos y platos

 11 **29-30-31-32**

Completamos las series y escribimos sobre nuestros platos favoritos.

ensalada ▶ mixta

sopa ▶ fría

carne ▶ hecha ▶ poco hecha

▶ tierna ▶ sabrosa

▶ al horno ▶ a la brasa ▶ en salsa

pescado ▶ crudo ▶ cocido

▶ al horno ▶ a la brasa ▶ en salsa

fruta ▶ verde ▶ madura

▶ fresca ▶ tropical

ensalada de ▶ lechuga ▶ pasta ▶ arroz

sopa de ▶ verduras ▶ pescado

carne de ▶ ternera ▶ buey

salsa de ▶ tomate ▶ mostaza

Mis tres platos favoritos:

1. Los espaguetis con tomate de mi madre. Es un plato muy sencillo. Lleva

2.

3.

PROYECTOS

Proyecto en grupo
La cocina de nuestro país

 A

Vamos a investigar sobre la comida de un país latinoamericano.

- Formamos pequeños grupos y escogemos un país.
- Nos repartimos estos temas:
  - Orígenes e influencias
  - Productos estrella
  - Cocineros famosos
  - Hábitos cotidianos
- Buscamos información (textos, imágenes, vídeos, etc.) en internet.

> **!** Para nuestras búsquedas podemos poner en el buscador: **comer en Argentina/Chile**, etc.

—En España se come mucho pescado.
—Y marisco, ¿no?

 B

Ponemos en común la información y preparamos una presentación (un póster, una presentación digital, etc.).

 C

Un portavoz de cada grupo presenta el resultado de su trabajo. Los demás hacen preguntas.

Proyecto en grupo
Menú de fiesta fusión

 D 📄 **33**

Vamos a organizar una comida multicultural. Cada uno propone dos platos que combinen productos hispanos con otros de la propia cultura.

 E 📄 **34-35-36**

Presentamos nuestros platos y, entre todos, escogemos el menú (tienen que ser platos que coman todas las personas de la clase).

—De primero, podemos hacer una ensalada de endivias con queso Cabrales…
—Lo siento, soy alérgica al queso.
—Vale, pues podemos poner el queso aparte.
—Y de postre, podría estar bien una tarta *tatin* con plátanos de Canarias.

 F

Podemos preparar los platos en casa y grabarnos mientras los hacemos para compartir el proceso en nuestro espacio virtual.

LA HISTORIA Y LAS HISTORIAS

ALFOMBRA MÁGICA
LOBO FEROZ **SALVAR**
ENAMORARSE DE
PRINCESA **HADA**
HABÍA UNA VEZ
SALVAR
ESPEJO **REY** UNOS AÑOS DESPUÉS
BOSQUE
ENCONTRAR
LÁMPARA MÁGICA
HACE MUCHO
ALFOMBRA MÁGICA
UN DÍA
HACE MUCHO
ENTONCES
CASARSE CON
DESPUÉS
CASARSE CON
PRINCESA
MADRASTRA ALFOMBRA MÁGICA
VIVIR FELICES BOSQUE
ENCONTRAR
HADAREINA
DESPUÉS **LOBO FEROZ**
LÁMPARA MÁGICA UNOS AÑOS DESPUÉS
ENAMORARSE DE
HABÍA UNA VEZ **LOBO FEROZ**
SALVAR ENCONTRAR
MADRASTRA
REY **HADA**
HADA **CAZADOR CASARSE CON**
HACE MUCHO MADRASTRA REINA
HADA DESPUÉS BRUJA
REINA **BOSQUE** HABÍA UNA VEZ

REINA
CAZADOR
LÁMPARA MÁGICA SALVAR **HACE MUCHO**
VIVIR FELICES ENAMORARSE DE **ALFOMBRA MÁGICA**
UN DÍA HABÍA UNA VEZ
UNOS AÑOS DESPUÉS MADRASTRA
ENCONTRAR **DESPUÉS**
HADA **ESPEJO**
CASARSE CON **VIVIR FELICES**
ENTONCES LOBO FEROZ
ENAMORARSE DE CASARSE CON
LOBO FEROZ ENTONCES
UN DÍA BRUJA
UNOS AÑOS DESPUÉS
BRUJA
VIVIR FELICES
PRINCESA
UN DÍA
MADRASTRA

UNA VEZ HABÍA
ENCONTRAR HADA
ESPEJO ENC ESPEJO

PUNTO DE PARTIDA

Nube de palabras
Cuentos

Estos son algunos cuentos clásicos que se han hecho universales. ¿Son conocidos en nuestra cultura? ¿Cómo se llaman?

• **Cenicienta**
• **Caperucita Roja**
• **La Bella Durmiente**
• **Blancanieves**
• **Los tres cerditos**
• **Aladino y la lámpara mágica**

Asociamos cada uno de los cuentos que conocemos con palabras de la nube.

¿Hay en nuestras culturas algún otro cuento muy popular? ¿De qué trata? Se lo resumimos a los compañeros.

—*Es la historia de un rey que quiere casarse.*
—*Un día conoce a una chica...*
—*Entonces su madre...*
—*Y al final se casan.*

Vídeo
Un cuento moderno

Vemos el vídeo y terminamos las frases según nuestra interpretación y la información que recordamos.

▶ campus.difusion.com

Había una vez, hace mucho tiempo, un hombre que ....

Iba andando por el bosque cuando de golpe ....

El hombre, para destruir la seta venenosa, le dio un puntapié y entonces ....

El duende de la suerte le dijo: ....

El hombre no sabía ....

El duende solo le daba 5 minutos para ....

Como no se decidía, al final le pidió ....

Comparamos nuestras notas con las de un compañero y las mejoramos.

¿ME CUENTAS UN CUENTO?

En todas las sociedades se cuentan cuentos. Lo curioso es que en culturas muy diferentes los cuentos se parecen. ¿De dónde vienen esos elementos comunes? Parece que el origen de muchos cuentos está en los ritos de iniciación de las sociedades primitivas. Al cumplir una cierta edad, los niños tenían que separarse de su familia e ir solos al bosque o a un lugar peligroso por primera vez (como Caperucita Roja, por ejemplo). Entonces, los hechiceros de la tribu, vestidos con ropa y máscaras terroríficas, les hacían pasar pruebas difíciles. Para superarlas, les daban armas (en los cuentos, los seres sobrenaturales dan objetos mágicos a los protagonistas). Después de superar el rito, los adolescentes volvían a casa y estaban preparados para casarse (casi todos los cuentos terminan en boda).

LOS ZAPATOS VOLADORES
(CUENTO ARGENTINO)

Hace mucho tiempo, en la pampa, al este de la cordillera de los Andes, vivían los tehuelches, gobernados por el cacique Calfucir. Al otro lado de la cordillera, estaba el reino de los araucanos. Su rey era Rayén. Un día, Rayén, mientras viajaba por la pampa, vio a la hija de Calfucir, la princesa Ocrida, y se enamoró de ella. Enseguida decidió pedir su mano al cacique Calfucir, pero este no se la dio.

— ¡Ocrida se va a casar con un joven de su pueblo y no con un enemigo araucano! —exclamó enfadado.

Rayén, muy ofendido, regresó a su reino y, para vengarse, decidió atacar el reino de Calfucir. Unos días más tarde, miles de araucanos cruzaron los Andes y, una tarde, cuando el sol se estaba poniendo, atacaron a los tehuelches y raptaron a la princesa Ocrida. Entonces, Calfucir, desesperado, ofreció la mano de su hija y la mitad de su reino al valiente capaz de rescatar a la princesa.

Durante un tiempo, muchos jóvenes tehuelches intentaron llegar a las tierras de Arauco, pero los soldados de Rayén los descubrieron y los mataron a todos. Un día, un pastor llamado Catiel se enteró de lo que había sucedido y fue a ver a Calfucir. Cuando le dijo que quería rescatar a su hija, Calfucir contestó:

— Si consigues salvar a mi hija, te doy su mano y parte de mi reino.

Catiel salió aquella misma tarde y, después de varios días de viaje, llegó a los Andes. Intentó cruzar las montañas varias veces, pero estaban cubiertas de nieve y los soldados araucanos las vigilaban continuamente. Cuando casi había perdido toda esperanza, se sentó a descansar, y mientras se preguntaba qué hacer, apareció de pronto una viejecita india, que le dijo:

— ¡Yo te ayudaré a rescatar a la hermosa Ocrida!

— Catiel la miró sorprendido.

— Pero... ¿cómo? —preguntó.

La hechicera señaló a un cóndor que volaba sobre ellos y dijo:

— ¡Vas a poder llegar al país de Arauco volando como ese cóndor!

Y, al decir esto, aparecieron unos zapatos.

— ¿Qué es esto? —preguntó el muchacho.

— ¡Son tus alas! —contestó la anciana—. Si te los pones, vas a volar como un cóndor y los soldados no te van a ver llegar.

Después de decir esto, la misteriosa mujer desapareció. Catiel se puso los zapatos e, inmediatamente, salió volando. Enseguida atravesó las montañas y llegó al castillo de Rayén. Entró sin ser visto y encontró a la princesa llorando. Se acercó a ella lentamente, le dijo que se llamaba Catiel y que venía a rescatarla, la abrazó y ambos salieron volando. Poco tiempo después, llegaron a la corte de Calfucir. Este, cuando vio a su hija, la abrazó y, con lágrimas en los ojos, felicitó a Catiel por su valor. Unos días después, Catiel se casó con Ocrida y vivieron felices durante el resto de sus vidas.

01
¿ME CUENTAS UN CUENTO?

Antes de leer
Los cuentos y yo

A

¿Nos contaban historias cuando éramos pequeños? ¿Qué cuentos infantiles o personajes de cuento recordamos?

> 66
> A mí, mi padre me contaba historias de miedo por la noche. Mi preferida era la de una bruja que...
> 99

B

Miramos el título del cuento y las imágenes. Imaginamos de qué puede tratar.

Texto y significado
Analizamos cuentos

C

¿Conocemos cuentos que cumplen con lo que describe el texto de introducción?

Texto y significado
Analizamos el cuento

D

Leemos "Los zapatos voladores" y clasificamos los elementos del cuento.

- **Personajes buenos**
- **Personajes malos**
- **Seres con poderes mágicos**
- **Objetos (mágicos, importantes, etc.)**
- **Pruebas o desafíos del protagonista**
- **Final**

> 66
> —La prueba es rescatar a la princesa, ¿no?
> —Sí, ¿y el objeto mágico? 99

Texto y lengua
El estilo indirecto

E

Observamos las siguientes frases y reconstruimos las palabras literales del protagonista.

Catiel le dijo a Calfucir que quería rescatar a su hija.

Le dijo que se llamaba Catiel y que venía a rescatarla.

01
AGENDA DE APRENDIZAJE

Reglas y ejemplos
El estilo indirecto

1  RG / P.184

Miramos los ejemplos y reescribimos las intervenciones en estilo indirecto.

Estilo directo		**Estilo indirecto**
Presente	→	Pretérito imperfecto

1. Afirmación: dijo/comentó/explicó/...
que + imperfecto

-Ella dijo ....

2. Pregunta con pronombre interrogativo:
preguntó + **qué/cuándo/cómo/...** + imperfecto

-Él le preguntó ....

3. Pregunta con respuesta sí/no:
preguntó + **si** + imperfecto

-Él le preguntó ....

> **!** Además de los verbos, pueden cambiar otros elementos: posesivos, demostrativos, marcadores temporales y espaciales, pronombres...
> **Este** señor es **mi** jefe.
> > Me contó que **aquel** señor era **su** jefe.

En español y en otras lenguas
Mientras, cuando, al + infinitivo

2 RG / P.180, 183

Leemos los ejemplos y los traducimos a nuestra lengua.

En mi lengua

a. al + infinitivo, indefinido
—*Al entrar, me saludó.* ....

b. cuando + indefinido, indefinido
—*Cuando entró, me saludó.* ....

c. cuando + imperfecto, indefinido
—*Cuando era pequeño, se cayó de un árbol.* ....

d. mientras + imperfecto, indefinido
—*Mientras cocinaba, llegó Ruth.* ....

e. mientras + imperfecto, imperfecto
—*Mientras cocinaba, veía la tele.* ....

f. cuando + imperfecto, imperfecto
—*Cuando cocinaba, veía la tele.* ....

g. cuando + imperfecto, imperfecto
—*Cuando era joven, llevaba gafas.* ....

3 **7** **8-9-10-11-12** RG / P.180

¿A qué esquema y explicación gramatical corresponden los ejemplos anteriores? Escribimos las letras en cada caso.

1. Dos acciones simultáneas o consecutivas:

.........................

2. Durante el desarrollo de una acción sucede otra:

.........................

3. Dos acciones o estados que se desarrollan paralelamente:

....

01
TALLER DE USO

Dictado cooperativo
El flautista y los automóviles

Vamos a escuchar el cuento "El flautista y los automóviles", de Gianni Rodari. Antes de escucharlo, nos fijamos en las ilustraciones. ¿Qué creemos que pasa? Anotamos palabras que podrían aparecer y las ponemos en común.

Problema: ciudad llena de coches.

Ahora escuchamos el cuento. Anotamos todo lo que entendemos y lo compartimos con un compañero.

Escuchamos el cuento otra vez y anotamos todas las palabras o expresiones que podemos.

D 13-14-15-16

En pequeños grupos, a partir de las notas de cada uno, escribimos un único texto. Luego lo comparamos con la transcripción de la grabación. Podemos utilizar estos recursos:

—*Hace mucho tiempo...*   —*Un día...*
—*Enseguida...*   —*Una tarde...*
—*Después de...*   —*De pronto...*

—*Al llegar...*   —*Un poco después...*
—*Cuando...*   —*Entonces...*
   —*Inmediatamente...*

LOS NIÑOS

DE LA GUERRA

Durante la guerra civil española (1936-1939), el Gobierno republicano y la Cruz Roja Internacional evacuaron a más de 33 000 niños al extranjero. Esos niños son conocidos en España como "los niños de la guerra". Los países que los acogieron fueron Francia, la Unión Soviética, Bélgica, Reino Unido, Suiza y México. Al acabar la Guerra Civil (y empezar la Segunda Guerra Mundial), algunos de esos niños volvieron a España con sus familias o a orfanatos. Los Gobiernos de la Unión Soviética y México se negaron a enviarlos de vuelta.

LA TRAMA DEL TIEMPO

Tenía cinco años cuando se fue.

Creció en otro país, habló otra lengua.

Cuando regresó, ya había vivido mucha vida.

Felisa Ortega llegó a la ciudad de Bilbao, subió a lo alto del monte Artxanda y anduvo el camino, que no había olvidado, hacia la casa que había sido su casa.

Todo le parecía pequeño, encogido por los años; y le daba vergüenza que los vecinos escucharan los golpes de tambor que le sacudían el pecho.

No encontró su triciclo, ni los sillones de mimbre de colores, ni la mesa de la cocina donde su madre, que le leía cuentos, había cortado de un tijeretazo al lobo que la hacía llorar. Tampoco encontró el balcón, desde donde había visto los aviones alemanes que iban a bombardear Guernica.

Al rato, los vecinos se animaron a decírselo: no, esta casa no era su casa. Su casa había sido aniquilada. Esta que ella estaba viendo se había construido sobre las ruinas.

Entonces, alguien apareció, desde el fondo del tiempo. Alguien que dijo:

—Soy Elena.

Se gastaron abrazándose.

Mucho habían corrido, juntas, en aquellas arboledas de la infancia.

Y dijo Elena:

—Tengo algo para ti.

Y le trajo una fuente de porcelana blanca, con dibujos azules.

Felisa la reconoció. Su madre ofrecía, en esa fuente, las galletitas de avellanas que hacía para todos.

Elena la había encontrado, intacta, entre los escombros, y se la había guardado durante cincuenta y ocho años.

Eduardo Galeano

02
LOS NIÑOS DE LA GUERRA

Antes de leer
¿Quiénes son los niños de la guerra?

A

En el texto "Los niños de la guerra" aparecen estas palabras. ¿De qué creemos que trata?

> guerra civil española   evacuar
>
> acoger   enviar de vuelta   orfanatos

Texto y significado
Los niños de la guerra

B

Leemos la introducción del texto y comprobamos nuestras hipótesis. ¿Conocemos otros momentos de la historia en los que la gente ha tenido que exiliarse?

—*Aquí, en los años 20 del siglo pasado, sucedió algo parecido...*
—*Durante la crisis, mucha gente tuvo que emigrar.*
—*Antes/después de la guerra, mucha gente se exilió.*

Texto y significado
La historia y las historias

C 📖 18-19-20-21-22

Leemos el cuento de Galeano. Identificamos sus cuatro partes y relacionamos cada una de ellas con uno de estos títulos.

La casa ☐

El camino hacia la casa ☐

Reencuentro con Elena ☐

El pasado de Felisa ☐

D 🔊 17

Cerramos el libro, escuchamos el relato y anotamos las palabras que nos parecen más relevantes en la historia.

Texto y lengua
Pretérito pluscuamperfecto

E 📖 23-24-25

En el relato aparece un nuevo tiempo verbal: el pretérito pluscuamperfecto. Buscamos todas las frases en las que aparece este tiempo e intentamos entender para qué se usa.

> "Cuando regresó, ya había vivido mucha vida".
>
> = Primero vivió mucha vida. →
> Después regresó.

F

Ahora reconstruimos cronológicamente los hechos. ¿Qué pasó primero? ¿Qué pasó después?

1. Antes de la guerra, *Felisa vivía con su madre en Bilbao.*

2. Durante la guerra,

3. Después de la guerra,

4. Muchos años después,

02
AGENDA DE APRENDIZAJE

Reglas y ejemplos
Pretérito pluscuamperfecto

 RG / P.181

Observamos el uso y la conjugación del pretérito pluscuamperfecto. Luego, creamos nuestros propios ejemplos con los verbos de abajo.

—Oye, ¿cuando os fuisteis a vivir a China ya teníais hijos?
—Sí, Ana ya había nacido. Carlitos nació después.

Yo	había	
Tú	habías	estudi**ado**
Él/ella/usted	había	conoc**ido**
Nosotros/nosotras	habíamos	viv**ido**
Vosotros/vosotras	habíais	
Ellos/ellas/ustedes	habían	

abrir   morir
hacer   ser

Palabras para actuar
Para relacionar dos momentos

  R / P.174

Observamos los recursos para relacionar momentos en el tiempo. Luego, relacionamos los dos hechos en las vidas de Julia y Luis de dos maneras diferentes (hacemos las transformaciones necesarias).

—dos horas/días/meses después   —tres días/meses/años antes
—poco/mucho (tiempo) después   —poco/mucho (tiempo) antes

—Empecé Derecho en 2013, pero tres años después, lo dejé.

—Dejé Derecho en 2016. Había empezado la carrera tres años antes.

2017: Julia y Luis se casaron.   2015: Julia y Luis tuvieron una hija.

En 2015 ....

En 2017 ....

Palabras en compañía
Situar en el tiempo

 33-34-35-36-37 R / P.174

Situamos algún suceso de nuestra vida o de nuestra familia con los siguientes recursos.

—en (el año) 1999
—en los (años) 80

—durante la guerra
      los años 80

—antes de la guerra
      acabar la guerra

—después de la guerra
      acabar la guerra

—al volver a su país
      terminar la carrera

—cuando volvió a su país
      terminó la carrera

—a partir de ese momento

70 | setenta

TALLER DE USO

Entre todos
Recomponer un relato

A

Con un compañero, ordenamos los fragmentos del relato "La hora del chocolate". Luego, comparamos nuestro orden con el de los demás.

Yo, de pequeño, vivía en un barrio cerca de una fábrica de chocolate.	☐
Las calles olían a chocolate y era maravilloso ir andando al colegio por las mañanas.	☐
Todos los viernes me invitaba a su casa a merendar bombones de chocolate.	☐
Un día, después de merendar, Mariano se quitó el reloj y me lo dio.	☐
Ya no volví a verlo, pero todavía tengo aquel reloj.	☐
Unos días después la fábrica se incendió y Mariano se quedó sin trabajo.	☐
Como en el pueblo no había trabajo, se fue a Madrid.	☐
Me dijo: "Ahora, el reloj es tuyo".	☐
Tenía un reloj que, según él, era mágico, porque siempre daba la hora del chocolate.	☐
En la fábrica trabajaba Mariano. Era un hombre de unos 60 años, tranquilo y callado que nos quería mucho a mí y a toda mi familia.	☐

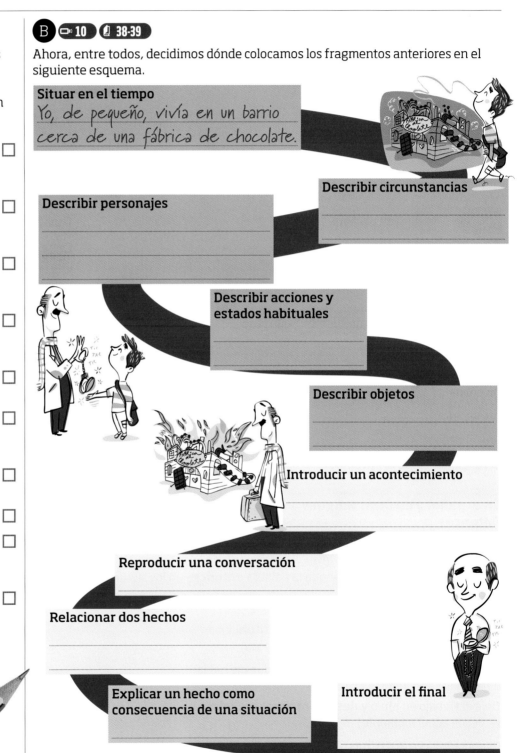

B 📹 10 📄 38-39

Ahora, entre todos, decidimos dónde colocamos los fragmentos anteriores en el siguiente esquema.

Situar en el tiempo
Yo, de pequeño, vivía en un barrio cerca de una fábrica de chocolate.

Describir circunstancias

Describir personajes

Describir acciones y estados habituales

Describir objetos

Introducir un acontecimiento

Reproducir una conversación

Relacionar dos hechos

Explicar un hecho como consecuencia de una situación

Introducir el final

ARCHIVO DE LÉXICO

Palabras en compañía
Verbos de lengua

 📹 11 📄 40-41-42-43

Continuamos las series. Luego imaginamos con qué verbos pueden combinarse los elementos de debajo.

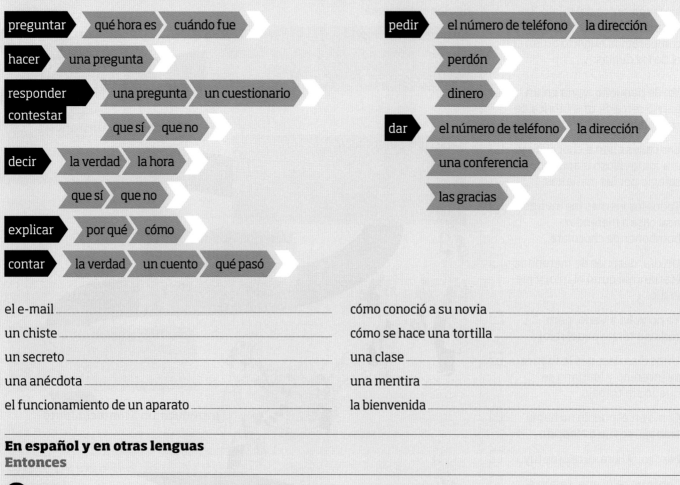

preguntar ▸ qué hora es ▸ cuándo fue ▸▸

hacer ▸ una pregunta ▸▸

responder / contestar ▸ una pregunta ▸ un cuestionario ▸▸

que sí ▸ que no ▸▸

decir ▸ la verdad ▸ la hora ▸▸

que sí ▸ que no ▸▸

explicar ▸ por qué ▸ cómo ▸▸

contar ▸ la verdad ▸ un cuento ▸ qué pasó ▸▸

pedir ▸ el número de teléfono ▸ la dirección ▸▸

perdón ▸▸

dinero ▸▸

dar ▸ el número de teléfono ▸ la dirección ▸▸

una conferencia ▸▸

las gracias ▸▸

el e-mail _____

un chiste _____

un secreto _____

una anécdota _____

el funcionamiento de un aparato _____

cómo conoció a su novia _____

cómo se hace una tortilla _____

una clase _____

una mentira _____

la bienvenida _____

En español y en otras lenguas
Entonces

 📄 44

¿Cómo se traduce a nuestra lengua la palabra **entonces** en los siguientes ejemplos?

En mi lengua

Me fui a estudiar a Salamanca en 2000. **Entonces** mi familia vivía en el campo. (= en aquella época)

_____

Salí de casa y **entonces** me di cuenta de que me había dejado las llaves dentro. (= en aquel momento)

_____

Dejé el trabajo en junio y **desde entonces** soy feliz. (= desde aquel momento)

_____

Conocí a Julia en 2010, **hasta entonces** nunca había pensado en tener hijos. (= hasta aquel momento)

PROYECTOS

Proyecto en grupo
Concurso de cuentos

A

En pequeños grupos, vamos a escoger un cuento tradicional (o uno que conozcamos todos) para actualizarlo y reescribirlo adaptándolo a nuestros días. Tenemos que hacer una lista de los cambios que vamos a hacer.

Lugar o lugares:
Personajes buenos:
Personajes malos:
Seres con poderes mágicos:
Objetos (mágicos, importantes, etc.):
Pruebas o desafíos del protagonista:

> —Podemos reescribir *Caperucita Roja*. El lugar puede ser Berlín, ¿no?
> —Sí, y el lobo podría ser un mafioso que...

B

Escribimos el cuento y se lo leemos a los compañeros o lo colgamos en nuestro espacio virtual compartido.

CIUDADES
Y PUEBLOS

PUNTO DE PARTIDA

Nube de palabras
Pueblo o ciudad

¿Qué palabras y expresiones de la nube relacionamos con los pueblos? ¿Cuáles con las ciudades? ¿Por qué? Podemos ponerlas en las dos columnas.

Vivir en una ciudad	Vivir en un pueblo

> 66
> —Yo he puesto "sostenible" en "ciudad" porque creo que la vida en las ciudades es más sostenible.
> —¿Tú crees?
> 99

Añadimos a la lista otras palabras y expresiones.

Vídeo
La Huerta de Tetuán

Vamos a ver un reportaje sobre una iniciativa de un barrio de Madrid. Primero lo vemos sin sonido y, luego, ponemos en común la información que hemos extraído.

campus.difusion.com

Vemos de nuevo el vídeo, esta vez con sonido, y contestamos entre todos a las siguientes preguntas.

1. ¿Cómo era antes la Huerta de Tetuán? ¿Qué había?
2. ¿Qué han hecho?
3. ¿Para qué la usan los vecinos?
4. ¿Qué ventajas tiene este proyecto?

¿CAMPO

O

CIUDAD?

Mientras las ciudades siguen creciendo, son cada día más las personas que, cansadas de los problemas urbanos, deciden irse a vivir al campo. Son los "neorrurales", que desean recuperar la tranquilidad y tener más espacio para vivir. Es a menudo gente joven con hijos que quiere estar cerca de la naturaleza y busca nuevas formas de vida. Muchos de ellos se dedican al turismo rural, a la agricultura ecológica, a la artesanía o tienen algún tipo de teletrabajo. Saben que tanto la ciudad como el campo tienen ventajas e inconvenientes, pero deciden probar suerte. Para muchos, en cambio, es más importante que haya servicios cerca (hospitales, colegios, tiendas...) y más oportunidades económicas. Todo eso compensa el estrés de la ciudad. Hemos recogido algunas opiniones.

IRENE

Yo me mudé hace dos años con mi marido y mis hijos a un pueblo de los Pirineos. Yo no estaba muy convencida, pero insistieron tanto, que decidí probar. En la ciudad era tan difícil encontrar trabajo que decidimos abrir nuestro propio negocio. Ahora vivimos en una aldea de 50 habitantes y tenemos una casa rural. La vida aquí es muy dura, sobre todo en invierno. Me siento más controlada, por ejemplo, porque todo el mundo me conoce y sabe lo que hago. Es extraño. Por un lado, conoces a todo el mundo, pero por otro, no es fácil hacer amigos, encontrar gente con tus mismos intereses. Además, como no hay servicios, necesitas el coche para todo y eso es bastante pesado: para hacer la compra, para ir al médico, para llevar a los niños al colegio, que está a 10 kilómetros... ¡Para todo necesitas el coche! Al final, paso tantas horas en el coche que no tengo tiempo de disfrutar de la tranquilidad.

ERNESTO

A mí, la vida en una gran ciudad me parece demasiado estresante: tanta gente, tanto coche, tanto ruido..., pero en un pueblo de 50 personas me aburriría muchísimo, la verdad. Yo vivo en un pueblo de 15 000 habitantes y hay de todo: escuelas, parques, un centro de salud, un teatro, un centro comercial... Además, la vivienda es mucho más barata, así que es más fácil encontrar casa. Y, si te aburres, coges el coche y en un rato estás en la ciudad. Para mí es magnífico poder disfrutar de lo mejor de los dos sitios. Realmente me siento muy a gusto aquí, pero supongo que depende de dónde te has criado y a qué estás acostumbrado.

ROBERTO

Nosotros vivimos en un pueblo que está a media hora de Madrid. Es perfecto porque podemos ir a menudo a la ciudad, pero la vida es mucho más tranquila. Está bastante bien comunicado y hay tren y autobús cada hora. También hay dos colegios, un centro de salud y algunas tiendas básicas. Nos mudamos cuando nació nuestro segundo hijo y para ellos es maravilloso: hacen excursiones por la montaña, disfrutan de la naturaleza y son mucho más independientes que en la ciudad. Yo lo recomiendo, sin duda, sobre todo si tienes un hijo.

ESTHER

Yo trabajaba en una galería de arte de Madrid, pero quería ser mi propia jefa, así que decidí abrir un taller de restauración. En el campo la vida es mucho más barata, así que puedo trabajar de restauradora, aunque voy mucho a Madrid para ir al cine o a exposiciones y para que los clientes no se olviden de mí. Si no, enseguida te sientes aislado. Para mí es fantástico ser mi propia jefa y tener más tiempo libre, pero la verdad es que gano mucho menos dinero y es difícil conseguir nuevos clientes; no sé si podré seguir así mucho tiempo. También es cierto que el invierno es duro y la vida puede ser a veces un poco aburrida: no hay ni cines ni teatros ni conciertos… En fin, de momento disfruto de las cosas buenas. En el futuro, ¡ya veremos!

01
¿CAMPO O CIUDAD?

Antes de leer
¿Campo o ciudad?

A

Pensamos en ventajas e inconvenientes de vivir en el campo o en la ciudad, los comentamos con los compañeros y elaboramos una lista.

Texto y significado
¿Campo o ciudad?

B **1-2-3-4**

Leemos el texto y extraemos ideas que completen nuestra lista.

Texto y significado
Cambios

E **18-21** **4** **9**

Escuchamos a las personas del artículo y escribimos el número de quien habla.

Irene ☐
Roberto ☐
Ernesto ☐
Esther ☐

Texto y significado
Experiencias personales

C **5-6**

Leemos los testimonios. ¿Quién podría decir estas cosas?

	Roberto	Esther	Ernesto	Irene
En el campo te sientes más solo y la vida es tan estresante como en la ciudad.	☐	☐	☐	☐
Eres más independiente y no necesitas trabajar tanto, pero la vida no es tan divertida.	☐	☐	☐	☐
En un pueblo mediano tienes todo lo que necesitas, pero no a todo el mundo le gusta. Depende de la experiencia de cada uno.	☐	☐	☐	☐
Para los niños es magnífico estar en contacto con la naturaleza.	☐	☐	☐	☐

D **7-8**

¿Con qué ideas de los testimonios estamos más de acuerdo?

—*Yo también creo que…*
—*Yo también pienso que…*
—*Yo lo veo como…*

Texto y lengua
Tan… que…

F

¿Qué significan las palabras destacadas en las siguientes frases? ¿Podemos decir lo mismo con otras palabras?

—*La vida en la ciudad se ha hecho tan estresante que nos gustaría mudarnos al campo.*
—*Yo no estaba muy convencida, pero insistieron tanto que decidí probar.*
—*Paso tantas horas en el coche que no tengo tiempo de disfrutar de la tranquilidad.*

Ciudades intelig

La Organización de las Naciones Unidas prevé que el 70 % de los seres humanos vivirá en ciudades en el año 2050. Esto genera ya problemas de muchos tipos: falta de servicios sanitarios y educativos, contaminación, redes de transporte insuficientes, problemas de inseguridad y marginación. Por eso, es fundamental gestionar los recursos de manera eficiente: se habla cada vez más de las ciudades inteligentes o *smart cities*, es decir, ciudades que apuestan por el desarrollo económico sostenible, la participación ciudadana y el uso de las nuevas tecnologías para mejorar la calidad de vida de sus habitantes.

SOSTENIBILIDAD
LOS HUERTOS URBANOS DE ALTEA

Situación: Alicante, España
Población: 25 000 habitantes
Principales recursos económicos: turismo, agricultura, pesca

Hoy en día, en Altea hay ya 200 personas que cultivan sin herbicidas ni pesticidas. Algunos, con cuarenta metros cuadrados, producen para dos familias. Hay huertos en todos los institutos y colegios, y también en muchos solares privados o municipales que estaban abandonados. El proyecto de Huertos Urbanos quiere revalorizar espacios que no se utilizaban y estaban llenos de basura. Así, si el propietario está de acuerdo, el Ayuntamiento limpia y prepara el solar para que los ciudadanos interesados cultiven su huerto. Gracias a esta iniciativa, los solares abandonados y sucios, que antes solo causaban problemas, ahora son una fuente de agricultura ecológica. El objetivo es mejorar la calidad de vida de la gente.

TECNOLOGÍA
8 APLICACIONES PARA LOGRAR CIUDADES MÁS INTELIGENTES

- Herramientas que permiten a los ciudadanos comunicar al Ayuntamiento cualquier problema y geolocalizarlo: una avería, un lugar sucio, un problema de tráfico, un lugar inseguro…

- Redes sociales para compartir coches y los gastos del viaje entre los ciudadanos

- Webs para que los ciudadanos alquilen sus viviendas cuando no las necesiten

- Aplicaciones que geolocalizan las plazas de aparcamiento libres

- Aplicaciones que dan recomendaciones sobre la accesibilidad en calles y locales públicos, tiendas, restaurantes, etc. a las personas discapacitadas o que llevan bebés

- Aplicaciones que geolocalizan bicicletas y coches eléctricos de alquiler a disposición de los ciudadanos.

- Webs de participación ciudadana para que los ciudadanos puedan votar todas las iniciativas del gobierno de la ciudad.

- Aplicaciones con información del estado del transporte a tiempo real: duración del viaje, hora de llegada, etc.

02
CIUDADES INTELIGENTES

Antes de leer
"Inteligente" para nosotros es…

¿Hemos oído hablar de las ciudades inteligentes? ¿Sabemos qué son? En parejas, anotamos características.

— *Una ciudad inteligente es una ciudad en la que…*

Texto y significado
Ciudades inteligentes

 16-17

Leemos el texto introductorio. ¿Se mencionan las características que hemos pensado?

Leemos los textos y buscamos iniciativas o aplicaciones que sirvan para lo siguiente:

1. Para que las personas en silla de ruedas puedan desplazarse más fácilmente.
2. Para que haya menos tráfico.
3. Para poder planificar desplazamientos por la ciudad.
4. Para que los vecinos puedan cultivar sus propias frutas y verduras.
5. Para avisar al Ayuntamiento de los problemas de la ciudad.
6. Para aparcar más fácilmente.
7. Para que la gente pueda compartir sus casas.

D **18-19**

¿Nos parecen buenas ideas? ¿Son aplicables? En parejas, elegimos las tres que creemos que necesita nuestra ciudad.

— *Lo de los huertos me parece una idea genial. Así la gente…*
— *Lo de compartir coche lo veo muy bien.*
— *Lo de los coches eléctricos lo encuentro un poco difícil de aplicar.*

Texto y lengua
Para, para que

Observamos estos fragmentos de frases en las que se expresa finalidad. Describimos con la misma estructura la finalidad de otras herramientas de los textos.

— *Solares para que los ciudadanos cultiven sus huertos.*
— *Webs para que los ciudadanos alquilen sus viviendas.*

Texto y significado
Cosas buenas y cosas malas

 22-24 **8**

Escuchamos a varias personas que hablan sobre su ciudad y tomamos notas.

Qué cosas buenas tiene.
Qué problemas hay.
Qué se debería hacer.
Qué iniciativas existen.

ARCHIVO
DE LÉXICO

Palabras en compañía
Cambios

 1 ◻ **11** 📄 **26-27**

Completamos las series y escribimos nuestros propios ejemplos.

mudarse ▶ al campo | a otra ciudad ▶

de casa | de ciudad ▶

irse a vivir ▶ al campo | a Valencia ▶

dejar ▶ el trabajo | la ciudad ▶

Mis ejemplos:

_____

_____

En español y en otras lenguas
Aldea, pueblo, ciudad

 2

¿Qué es una aldea, un pueblo pequeño, etc., en nuestro idioma?

	En España	En mi país
una aldea	hasta 50 habitantes aproximadamente	_____
un pueblo pequeño	entre 100 y 1000 habitantes	_____
un pueblo grande	entre 10 000 y 40 000 habitantes	_____
una ciudad pequeña	hasta 100 000 habitantes	_____
una ciudad mediana	aproximadamente medio millón de habitantes	_____
una gran ciudad	a partir de un millón de habitantes	_____

Palabras en compañía
Pueblos y ciudades, localidades

 3 ◻ **12** 📄 **28-29-30-31**

Completamos las series y rellenamos las fichas con pueblos o ciudades que cumplen esas características.

un pueblo ▶ pequeño | turístico | abandonado ▶

con encanto ▶

de montaña | de pescadores | de costa ▶

bien/mal comunicado ▶

que merece la pena visitar ▶

Un pueblo con encanto

_____

Un pueblo que merece la pena visitar

_____

una ciudad ▶ cosmopolita | inteligente | industrial ▶

con mucha vida cultural ▶

que merece la pena visitar ▶

bien/mal conservada ▶

Una ciudad cosmopolita

_____

Una ciudad que merece la pena visitar

_____

PROYECTOS

Proyecto en grupo
Propuestas para mejorar nuestra ciudad

 A

Vamos a elaborar una encuesta para evaluar la calidad de vida y los problemas de nuestra ciudad. Seguimos estos pasos.

- Hacemos individualmente una lista de temas que nos interesan.
- Seleccionamos entre los miembros del grupo aquellos temas que queremos incluir en la encuesta.
- Formulamos las preguntas.

 B

Pasamos nuestra encuesta a los miembros de otros dos grupos para que la respondan por escrito.

ENCUESTA

	Sí	No
1. ¿Te parece que hay demasiado tráfico?	III	
2. ¿Crees que hay que dejar espacios para el arte urbano?		

 C

Recogemos las encuestas y sacamos conclusiones. ¿Cuáles son los problemas más importantes?

 D

Nos ponemos de acuerdo en medidas o iniciativas para solucionarlos y las compartimos con el resto de la clase. ¿Cuáles nos parecen mejores?

—La mayoría piensa que hay que dejar espacios para el arte urbano.
—Sí, yo también lo veo así. Habría que dejar a los artistas…

Proyecto individual
Escribimos en un foro

 E

Escribimos una entrada con propuestas para mejorar nuestra ciudad (explicando el problema, reclamando soluciones y proponiendo alternativas). Podemos compartir nuestro texto en nuestro espacio virtual.

¿CIENCIA O FICCIÓN?

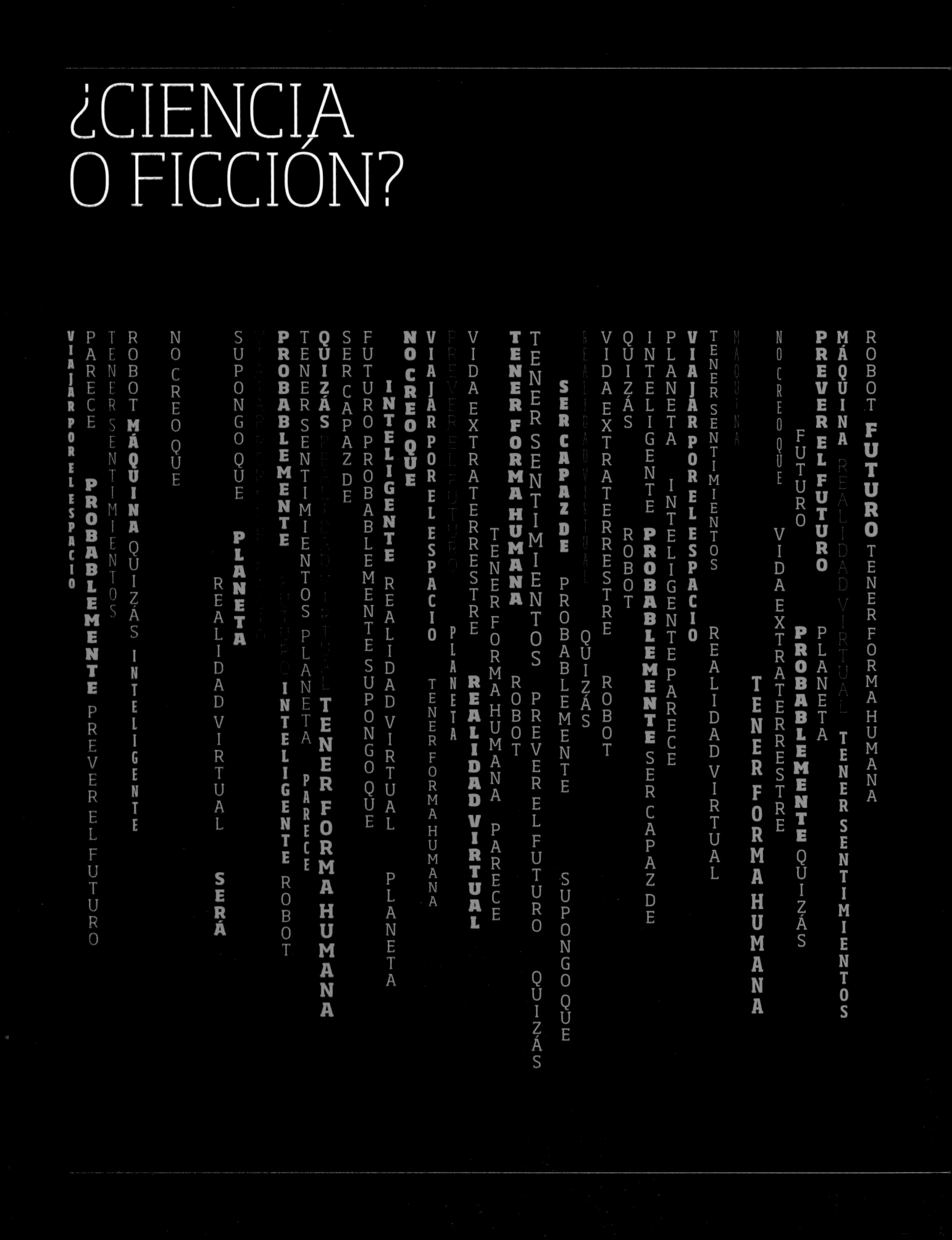

PUNTO DE PARTIDA

Nube de palabras
¿Ciencia o ficción?

A

Buscamos en la imagen palabras y grupos de palabras que sirven para opinar o hacer hipótesis. Añadimos después a la lista otras que conocemos.

Quizás

B

Buscamos en la nube de palabras vocabulario para completar estas frases de manera lógica.

1. Creo que en el futuro todo el mundo tendrá en casa un ....

2. Probablemente, descubriremos vida en otros ....

3. Dentro de unos años, podremos utilizar naves espaciales para ....

4. En pocos años, la .... estará muy presente en nuestras vidas.

5. Yo creo que un robot no podrá nunca ....

Vídeo
Fabricantes de robots

C

Escuchamos a Alexandre Saldes, un experto que nos habla de robots. Tomamos notas y las compartimos con un compañero para responder a estas preguntas.

1. ¿Qué trabajos harán los robots que hoy hacen los seres humanos?
2. ¿Un ser humano y un robot podrán ser amigos?

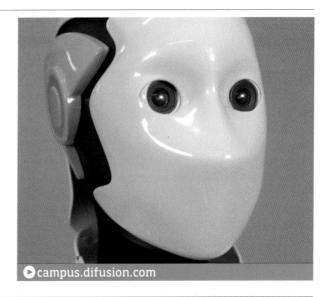

campus.difusion.com

Cuando pensamos en un robot, casi todos imaginamos los robots de las películas, máquinas con forma humana, capaces de hablar y de actuar de manera muy parecida a una persona. Pero, en realidad, en nuestra vida cotidiana ya estamos rodeados de robots: los túneles de lavado de coches, algunos sistemas de transporte de mercancías, muchos aparatos domésticos, algunas cadenas de montaje de fábricas, los coches sin conductor, etc.
Y esto es solo el principio: en un futuro inmediato, las fronteras entre el hombre y los robots, esos compañeros inseparables, estarán cada vez menos claras.

LOS ROBOTS DEL FUTURO

Robots y trabajo

En todos los sectores, máquinas y robots están empezando a hacer el trabajo de los seres humanos. En no mucho tiempo, teleoperadores, bibliotecarios, taxistas, administrativos y hasta médicos no especializados, por citar algunos ejemplos, podrán quedarse sin trabajo. Solo los trabajos creativos o los que se basan en las relaciones sociales están a salvo.
Y es que en un futuro no muy lejano, las máquinas superarán a los humanos en su capacidad de razonamiento. Para el año 2030 podrán ver, actuar de forma inteligente y hablar.

¿Qué papel tendrán?

Ya no serán esas máquinas que solo vemos en las películas, sino que nos ayudarán en muchas tareas cotidianas, ya que serán eficientes, flexibles y capaces de atender nuestras necesidades y resolver muchos problemas. Según muchos expertos, autobuses, metros, taxis y hasta aviones, por ejemplo, serán en pocos años completamente automáticos y no necesitaremos tener un coche propio.

En casa, por ejemplo, nos ayudarán en el trabajo doméstico e incluso en la educación de nuestros hijos. Podrán trabajar las 24 horas del día, y, además, podrán hacerlo en ambientes peligrosos, estresantes o poco saludables para los humanos.

01
LOS ROBOTS DEL FUTURO

Antes de leer
¿Qué es un robot?

 A

¿Qué es para nosotros un robot? En pequeños grupos, comentamos cada una de estas definiciones y preparamos la nuestra propia.

Para mí, un robot es algo que te ayuda a limpiar, cocinar y hacer otras tareas sencillas. ☐

Para mí, un robot es una máquina capaz de aprender. ☐

Para mí, un robot es un ser mitad máquina, mitad humano. ☐

Para mí, un robot es cualquier máquina. ☐

Para mí, es algo que solo existe en las películas. ☐

Para mí... ☐

Texto y significado
Robots del futuro

 B ▣3 ▢1

Leemos el texto introductorio. ¿Cumplen con nuestra definición los robots que se mencionan?

Texto y significado
Los robots del futuro

 C

Leemos el texto *Los robots del futuro*. En parejas, hacemos una selección de siete palabras o expresiones clave.

❝

—Yo pondría "quedarse sin trabajo".
—Sí, yo también.

❞

 D

Resumimos cada apartado en una frase: "Robots y trabajos", "¿Qué papel tendrán?", "Robots y medicina".

—Según el texto...
—El texto dice que...

Robots y medicina
Dentro de poco será posible, por ejemplo, sustituir miembros u órganos del cuerpo humano: podremos tener brazos o corazones mecánicos, cámaras con mejor visión que los ojos o tatuajes con sensores para controlar o mejorar nuestra salud.

Texto y significado
Q.bo

 E ▣4 ▢2-3

Miramos la imagen de Q.bo e imaginamos qué es y para qué sirve.

—Yo me imagino que es...
—Yo supongo que...
—A mí me parece que...
—Parece un...

 F ◀)25 ▢4

Escuchamos el audio y anotamos qué es Q.bo, cómo es, qué es capaz de hacer y cuánto cuesta.

—Se puede usar para/como...
—Es capaz de/sabe/puede...

 G

¿Nos parece útil Q.bo? ¿Lo compraríamos? Hablamos con un compañero.

Texto y lengua
El futuro

 H

En el texto aparece un nuevo tiempo verbal para hablar del futuro. Marcamos las formas. ¿De qué verbo viene cada uno? ¿Podemos deducir cómo se forma este tiempo?

serán (ser)

01
AGENDA DE APRENDIZAJE

Reglas y ejemplos
El futuro imperfecto

 RG / P.182

Observamos cómo se forma el futuro y los ejemplos,
y marcamos las opciones adecuadas en la regla.

Yo	hablar**é**
Tú	hablar**ás**
Él/ella/usted	hablar**á**
Nosotros/nosotras	hablar**emos**
Vosotros/vosotras	hablar**éis**
Ellos/ellas/ustedes	hablar**án**

—*Pronto descubriremos una vacuna contra la malaria.*
—*Muchos puestos de trabajo desaparecerán en poco tiempo.*

Las formas regulares del futuro se forman con...
☐ la raíz del verbo.   ☐ el infinitivo.

y con...
☐ las mismas terminaciones para todos los verbos.
☐ terminaciones diferentes para cada conjugación.

Reglas y ejemplos
Verbos irregulares en futuro

 RG / P.182

Miramos las formas irregulares del futuro y completamos
el paradigma de los siguientes verbos.

hacer	**har**é	*harás,*
querer	**querr**é	
saber	**sabr**é	
poder	**podr**é	
decir	**dir**é	
tener	**tendr**é	
haber	**habr**á	

Palabras para actuar
Marcadores del futuro

Nos fijamos en estos marcadores del futuro
y escribimos ejemplos sobre nuestra vida.

—*dentro de poco/unos años/algunos siglos*

—*en poco tiempo*
—*en no mucho tiempo*
—*muy pronto*

—*nunca*

Mis ejemplos:
*En poco tiempo me tendré que cambiar
de coche.*

Palabras para actuar
Describir un objeto: usos y capacidades

Leemos los recursos para describir un objeto
y escribimos nuestro propio ejemplo.

—*Se puede usar para limpiar la casa.*
                      como mascota.

—*Es capaz de pensar por sí mismo.*
—*Sabe hablar.*
—*Puede vigilar la casa.*

Mi objeto:

01
TALLER DE USO

Entre todos
¿Cuándo pasarán estas cosas?

Con un compañero, discutimos si creemos que sucederán estas cosas y cuándo. Tenemos que utilizar los marcadores temporales y conjugar los verbos en futuro.

- Dejar de usar dinero.
- Identificarnos en todas partes con huellas biométricas.
- Pasar las vacaciones en el espacio.
- Dejar de usar gasolina.
- Frenar el cambio climático.
- Curar la mayoría de las enfermedades.
- Llevar chips implantados en el cerebro.
- Tener sentimientos los robots.

Ponemos en común nuestras opiniones con el resto de la clase y las comentamos. Luego extraemos conclusiones sobre lo que piensa la mayoría del grupo.

—*La mayoría (de)...*
—*Todos...*
—*Nadie...*
—*Menos de la mitad...*

La mayoría de la clase piensa que muy pronto dejaremos de usar dinero.

En parejas
Nuestro robot particular

En parejas, nos imaginamos un robot útil para nuestra vida. Primero, pensamos qué cosas no nos gusta hacer o nos gustaría que nos ayudaran a hacer.

—Yo odio limpiar los cristales.
—Sí, y yo, y los trámites burocráticos.

A continuación, imaginamos nuestro robot. Lo dibujamos, escribimos un texto sobre cómo será y qué sabrá hacer, le ponemos un nombre y lo presentamos a la clase.

ROBOTÍN

Robotín será un robot muy útil porque podrá ayudarnos a fregar los platos y lavar la ropa. Pero, además de ayudarnos con las tareas domésticas, nos hará compañía y podrá charlar con nosotros. También...

EL FUTURO
SEGÚN LA
CIENCIA FICCIÓN

Para muchas personas, la "ciencia ficción" son solo películas de acción o historias fantásticas. Sin embargo, a lo largo de la historia, muchas ideas de sus autores se han hecho realidad. Quizás el caso más famoso es el de Julio Verne, que anticipó en más de 100 años los viajes a la Luna. Arthur C. Clark, en *2001: Una odisea del espacio*, describe una videoconferencia con la Tierra desde una estación espacial, 20 años antes del lanzamiento del primer satélite de comunicaciones. Otro caso es el de William Gibson, padre del *ciberpunk*, quien usó por primera vez la palabra *ciberespacio* y previó internet y la realidad virtual. Todo eso sucedió en la década de 1980. Muchas otras ideas de las novelas y las películas de ciencia ficción todavía no se han puesto en práctica, pero podrían convertirse en realidad algún día...

1984
Un gobierno totalitario vigila las vidas de sus ciudadanos.

1984

EL DÍA DE MAÑANA
El calentamiento global provoca una nueva era glacial.

2014

12 MONOS
Los humanos viven bajo tierra y viajan al pasado.

2035

BLADE RUNNER
Los replicantes (androides) se rebelan contra los seres humanos. Algunos llegan a tener sentimientos y pueden enamorarse de un humano.

2019

ALIEN
En viajes a otros mundos se descubren formas de vida extraterrestre.

2122

MATRIX
Los seres humanos, que han sido esclavizados por las máquinas y viven solo en un mundo virtual, se rebelan para recuperar su libertad.

2129

WALL-E
La Tierra está cubierta de basura y se ha vuelto inhabitable.

2805

LA FUNDACIÓN
Existe una ciencia, la psicohistoria, capaz de predecir la historia.

18000

LA GUERRA DE LAS GALAXIAS
En un galaxia muy lejana conviven muchas civilizaciones y se enfrentan las fuerzas del bien y del mal.

27000 a.BY

13 PREDICCIONES DE LA CIENCIA FICCIÓN

Estas son algunas de las predicciones más repetidas que aparecen en diferentes obras de ciencia ficción. ¿Se harán realidad?

1 Haremos viajes por el espacio.

2 Nos comunicaremos por telepatía.

3 Todo el conocimiento humano cabrá en un chip que se actualizará continuamente.

4

5 Descubriremos vida inteligente en el universo.

6 El agua será tan cara como lo es hoy el petróleo.

7 Podremos viajar al pasado.

8 Será posible clonar seres humanos.

9 Habrá vacunas contra el sida y el cáncer.

10 La Tierra será inhabitable por la contaminación y habrá que buscar otros planetas donde vivir.

11 No tendremos libros ni discos; toda la información estará en internet y accederemos a ella inmediatamente.

12 Habrá ciudades bajo la tierra y bajo el mar.

13 Viviremos en sistemas totalitarios en los que las máquinas tendrán el poder.

Todos hablaremos la misma lengua.

02 EL FUTURO SEGÚN...

Antes de leer
Ciencia ficción

A

¿Nos gustan las películas o novelas de ciencia ficción? ¿Cuáles? Hablamos con los compañeros.

Texto y significado
Las predicciones de la ciencia ficción

B

Leemos el texto introductorio y comentamos con nuestras palabras las predicciones que aparecen.

—*Julio Verne* ya hablaba de...
—*En* 2001 ya aparecía...

C

Ahora leemos las predicciones y las situaciones de las películas. ¿Cuáles creemos que pasarán? ¿Cuáles no? ¿Cuáles están pasando ya? Lo discutimos.

—*Yo creo que* ya...
—*A mí me parece que* todavía no...
—*Yo creo que* dentro de...
—*Yo pienso que* no es posible que...
—*Me parece probable que*...

—Probablemente, dentro de unos años la Tierra estará cubierta de basura, como en *Wall-E*.
—¿Tú crees?

Texto y significado
Las predicciones de tres personas

D

Anotamos de qué hablan y sus opiniones. ¿Pensamos lo mismo?

—*Sería fantástico poder* comunicarse por telepatía.
—*Pues* a mí no me gustaría. *No podríamos* tener secretos.

Reglas y ejemplos
Oraciones condicionales

 **1** 📹 8 📄 19-20-21

Miramos cómo se construyen las frases condicionales y continuamos las frases con nuestra opinión.

Si + presente, futuro
—*Si hacemos robots muy inteligentes, dominarán el mundo y tendremos menos libertad.*

> **!** **Si** + presente o futuro de indicativo: **Si** vienes, te veré.
> **Cuando** + subjuntivo: **Cuando** vengas, te veré.

Mis ejemplos:

Si se acaban los recursos naturales, ...

Reglas y ejemplos
Indicativo y subjuntivo

 2 📄 22-23-24

Nos fijamos en los ejemplos y escribimos los nuestros en nuestro cuaderno.

Seguramente/a lo mejor + indicativo
—*A lo mejor no tardamos mucho en descubrir vida alienígena.*
—*Seguramente descubriremos vida en otros planetas.*

Quizás/Probablemente + indicativo/subjuntivo
—*Quizás descubriremos/descubramos vida en otros planetas.*
—*Probablemente tardaremos/tardemos en descubrir vida alienígena.*

Construir la conversación
Especular sobre el futuro

 3 📹 9 📄 25-26-27

Colocamos estos recursos en el esquema.

—*Sí, seguro.*
—*¿No te parece que la medicina avanza rapidísimo?*
—*Supongo que sí...*
—*Eso me parece una tontería.*

Plantear el debate
—*Yo creo que pronto podremos curar la mayoría de las enfermedades.*
—*Seguramente no tardaremos en encontrar la cura de la mayoría de las enfermedades, ¿no?*
—

Expresar acuerdo rotundo
—*Sí, claro que sí.*
—*Por supuesto que...*
—*Sí, además...*
—

Argumentar el acuerdo
—*Cada día se investiga más.*
—*La medicina ha avanzado mucho en los últimos años.*

Expresar acuerdo parcial
—*Puede ser...*
—*A lo mejor...*
—*Quizás...*
—

Matizar
—*Pero siempre aparecerán nuevas enfermedades.*

Expresar escepticismo
—*¿Tú crees?*

Argumentar el desacuerdo
—*Ahora hay más gente con cáncer que hace 50 años, por ejemplo.*

Expresar desacuerdo rotundo
—*Yo creo que no.*
—*Yo no creo que la medicina avance tan rápido.*
—*Bueno, en realidad...*
—

En español y en otras lenguas
Ya, todavía (no)

 4 📄 28-29 RG / P.180

Miramos cómo se utilizan **ya**, **todavía** y **todavía no**. ¿Cómo se traducen a nuestra lengua u otras lenguas que conocemos?

—*Ya se puede viajar a la Luna.*
—*Todavía no podemos viajar a Marte.*
—*Los seres humanos son todavía más inteligentes que las máquinas.*

Entre todos
Cadena de condiciones

Entre todos, vamos a hacer una cadena de oraciones condicionales a partir de una predicción. Nos fijamos en este ejemplo.

 —Algún día las abejas se extinguirán.

 —Si se extinguen las abejas, no tendremos fruta.

 —Si no tenemos fruta, tendremos que fabricarla en los laboratorios.

 —Si empezamos a fabricar fruta en los laboratorios...

Dictado cooperativo
Un microcuento

B 29 10

Vamos a escuchar un microcuento de ciencia ficción. Escuchamos y comentamos las respuestas a las siguientes preguntas.

- ¿Quién habla?
- ¿Dónde está?
- ¿Qué ha pasado?
- ¿Qué cree el protagonista que va a pasar?
- ¿Con quién está?

C 29

Escuchamos de nuevo el relato y tomamos notas de todo lo que podemos.

D 29

Por grupos, comparamos nuestras notas. Luego volvemos a escuchar una última vez y tratamos de reconstruir el relato lo más fielmente posible.

E

Constrastamos nuestra versión con la transcripción que nos dará el profesor.

ARCHIVO DE LÉXICO

En español y en otras lenguas
Parecer

 11 **30-31-32-33**

Observamos qué significa el verbo **parecer** en estos ejemplos y escribimos el equivalente en nuestra lengua u otra que conocemos.

En mi lengua

—*Parece un pingüino.*
(= Tiene un aspecto similar al de un pingüino.)

—*¿Qué es aquello?*
—*Parece un pingüino…*
(= Podría ser un pingüino.)

—*Me parece que está hecho en Lima.*
(= Creo que está fabricado en Lima, pero no estoy seguro.)

—*A mí los pingüinos me parecen muy graciosos.*
(= Los considero graciosos.)

—*Se parecen mucho, ¿no?*
(= Son casi iguales.)

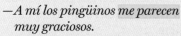

Mis palabras
Mi futuro

  34-35

¿Cómo imaginamos que será nuestro futuro? Lo escribimos aquí.

Mi trabajo

Mis aficiones

Mi casa

Mis viajes

Mi salud

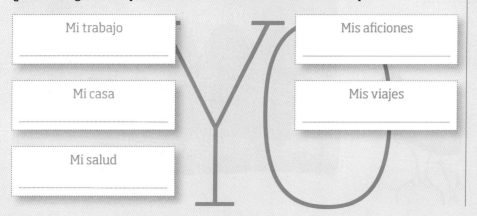

En español y en otras lenguas
Saber, poder

3 **36**

¿Cómo se traducen a nuestra lengua u otras que conocemos los verbos destacados en las siguientes frases? Luego marcamos la opción correcta en cada regla de uso.

—*¿Sabes cocinar?*
—*Sí, he trabajado en un restaurante.*
—*No, se me da fatal la cocina.*

—*¿Puedes cocinar hoy?*
—*No, hoy no voy a casa a comer.*
—*Sí, estoy todo el día en casa.*

Saber se usa cuando nos referimos a…
☐ tener un conocimiento.
☐ tener la posibilidad.

Poder se usa cuando nos referimos a…
☐ tener un conocimiento.
☐ tener la posibilidad.

En español y en otras lenguas
Tiempo empleado: tardar

4   **12**

¿A qué corresponde el verbo **tardar** en nuestra lengua?

—*Yo tardo cada día dos horas en llegar al trabajo.*

—*¿Cuánto tardas/tardarás en terminar el trabajo?*

—*No tardaremos mucho en fabricar órganos artificiales.*

PROYECTOS

Proyecto individual y en grupo
Tecnología y futuro

A

En pequeños grupos tratamos de formular, sobre cada predicción,
un argumento a favor de su cumplimiento y otro en contra.

—*Seguramente... porque...*
—*Yo creo que no es probable que...*

En 2050 habrá 200 millones de refugiados climáticos

La primera causa de muerte en el mundo en 2050 serán los microbios resistentes a los medicamentos

Los niños de hoy trabajarán en profesiones que todavía no existen

En diez años habrá ciudades flotantes

En diez años los coches sin conductor circularán por todas las ciudades y carreteras

En poco tiempo los drones serán un medio de transporte habitual

En 2025 más de la mitad de los países sufrirán escasez de agua

La medicina podrá detener muy pronto el envejecimiento

Las mujeres tendrán más poder que los hombres en 2050

B

Elegimos uno de los temas, buscamos información para argumentar si lo vemos probable o no.

C

Un portavoz de cada grupo presenta sus conclusiones de forma estructurada ante la clase para que cada uno dé su opinión.

—*Nosotros creemos que...*
—*Pensamos que es probable que...*
—*A lo mejor...*
—*Por una parte, ...*
—*Por otra parte, ...*
—*Además, ...*

D

Luego discutimos entre todos sobre las ventajas y los inconvenientes de cada predicción.

—*Lo bueno es que...*
—*Lo malo es que...*

INSUFICIENTE, NOTABLE Y SOBRESALIENTE

SACAR BUENAS NOTAS MATEMÁTICAS
UN GENIO EDUCACIÓN
HACER UN EXAMEN
ALUMNOS APROBAR COLEGIO HACER UN EXAMEN
CLASE TOMAR NOTAS APROBAR
COLEGIO
CLASE
EDUCACIÓN ASIGNATURA FAVORITA SACAR BUENAS NOTAS CLASE
UN GENIO HACER UN EXAMEN DAR CLASES DE
MATEMÁTICAS ALUMNOS COLEGIO COLEGIO
UN GENIO CLASE SUSPENDER
EDUCACIÓN ESTAR MOTIVADO APROBAR
CLASE DEBERES TENER BUENOS RECUERDOS DE
COLEGIO MANDAR DEBERES ASIGNATURA FAVORITA
SER MUY BUENO EN VACACIONES
MATEMÁTICAS TENER MALOS RECUERDOS DE
CREATIVIDAD PROFESOR DE LITERATURA
SER MUY BUENO EN UN GENIO
TENER BUENOS RECUERDOS DE CLASE
TOMAR NOTAS TENER BUENOS RECUERDOS DE
VACACIONES HACER UN EXAMEN SACAR BUENAS NOTAS HACER UN EXAMEN SUSPENDER
ALUMNOS
MANDAR DEBERES
ESTAR MOTIVADO
PROFESOR DE LITERATURA
SACAR BUENAS NOTAS

MANDAR DEBERES CLASE CREATIVIDAD COLEGIO
SER MUY BUENO EN DAR CLASES DE DAR CLASES DE SER MUY BUENO EN
UN GENIO APROBAR SUSPENDER VACACIONES
ASIGNATURA FAVORITA TOMAR NOTAS SACAR BUENAS NOTAS ALUMNOS
HACER UN EXAMEN ESTAR MOTIVADO PROFESOR DE LITERATURA CREATIVIDAD
CREATIVIDAD APROBAR TOMAR NOTAS
TOMAR NOTAS EDUCACIÓN ALUMNOS
MATEMÁTICAS APROBAR

PROFESOR DE LITERATURA ASIGNATURA FAVORITA TENER MALOS RECUERDOS DE TENER MALOS RECUERDOS DE
DAR CLASES DE DAR CLASES DE SUSPENDER MATEMÁTICAS
CREATIVIDAD EDUCACIÓN ESTAR MOTIVADO CREATIVIDAD
TOMAR NOTAS ALUMNOS TENER MALOS RECUERDOS DE SER MUY BUENO EN
ASIGNATURA FAVORITA VACACIONES TENER BUENOS RECUERDOS DE
TENER BUENOS RECUERDOS DE MANDAR DEBERES UN GENIO MATEMÁTICAS
SACAR BUENAS NOTAS PROFESOR DE LITERATURA COLEGIO
ESTAR MOTIVADO ASIGNATURA FAVORITA

PUNTO DE PARTIDA

Nube de palabras
Insuficiente, notable y sobresaliente

Leemos el título de la unidad. ¿Para qué creemos que se usan esas palabras? ¿A qué equivalen en nuestro idioma?

Terminamos estas frases de manera lógica con palabras de la nube.

1. Yo, en la escuela, tenía muy buenas notas. Siempre sacaba _____ , excepto en educación física, que siempre _____ .

2. Muchos niños tienen estrés. En el cole les ponen demasiados _____ .

3. Yo _____ mi profesora de francés. Era fantástica y conseguía motivar a toda la _____ .

4. En España, las _____ duran de finales de junio a principios de septiembre.

5. Hay que motivar a los alumnos para desarrollar su _____ .

6. Yo, para recordar algo, tengo que escribirlo. Por eso siempre _____ .

7. En mi clase había un chico que era _____ para los idiomas: ¡hablaba cinco!

Vídeo
Un colegio público en España

Vemos el vídeo y completamos con la información que da el profesor.

- Se llama...
- Es profesor de...
- El horario del centro es...
- Las asignaturas son...
- El objetivo es...

campus.difusion.com

¿Qué dicen Lara y David sobre estos temas?

**Su asignatura favorita
Su mejor nota del año
Algo divertido que han hecho en clase**

DIARIO DE UN MAESTRO

Lunes, 15 de septiembre

¡Hoy ha empezado el curso! La verdad es que el primer día los chavales siempre están contentos de volver a verse. Tenían ganas de hablar de las vacaciones, así que han escrito una redacción sobre el verano en la clase de Lengua. Les ha gustado mucho leer lo que han escrito sus compañeros. En Conocimiento del Medio hemos visto cómo son los lugares donde han estado. Gimnasia y Música, como siempre, bien. Mates, no tanto…

Miércoles, 26 de octubre

Hoy hemos dado el sistema solar y lo hemos pasado genial: hemos hablado del universo, la Vía Láctea, el *big bang*, la evolución, Dios… Hemos visto un documental, hemos investigado en internet… ¡Me encanta la tecnología! ¡Y a ellos también! Y, sin embargo, David sigue tan callado como siempre. No sé qué le pasa a ese chaval…

Lunes, 14 de diciembre

Hoy he puesto las notas de la primera evaluación… Realmente se me da fatal. La verdad es que no me gusta nada reducirlo todo a insuficiente, notable, sobresaliente…. ¡Y todo eso 32 veces! Demasiados alumnos, demasiado trabajo, ¡demasiadas horas en el colegio! Tengo ganas de que lleguen las vacaciones de Navidad…

Lunes, 10 de enero

Hoy he recordado lo que me contaba mi padre de su escuela: que estaban siempre sentados, que la maestra no hablaba nunca con ellos y que solía pegarles con la regla. ¡Cuánto hemos avanzado! Yo intento que mis alumnos me conozcan, les pido que me respeten por mi trabajo, no por mi autoridad… La verdad es que cada vez me llevo mejor con esta clase. Algunos incluso me cuentan sus problemas personales y me piden que les dé consejo. Creo que estas cosas son las que hacen tan especial mi trabajo.

Jueves, 7 de febrero

Hoy ha pasado algo estupendo. Cuando ha sonado el timbre del recreo, David, que hasta hace poco no quería leer nada, ha sacado de la mochila un libro de *Los tres investigadores* y se lo ha llevado al patio. Se ha pasado todo el recreo leyendo. La verdad es que es un alumno atípico: nunca toma apuntes en clase, no subraya los libros ni participa mucho, pero me parece que le fascina aprender y que estudia a su manera. Y para el dibujo es un genio.

01
DIARIO DE UN MAESTRO

Antes de leer
La escuela

 A

¿Qué asociamos con la escuela? Hacemos una lluvia de ideas.

> **cosas positivas**
> hacer amigos
>
> _____
>
> _____

> **cosas negativas**
> clases
> aburridas
>
> _____
>
> _____

Texto y significado
Un maestro y una escuela

B **1-2-3-4**

Leemos las entradas del diario. ¿Cómo es el profesor que lo escribe? ¿Y la escuela donde trabaja? En parejas, elaboramos un retrato completo y lo justificamos con fragmentos del texto.

— Yo creo que el profesor _es moderno/divertido/comprensivo/autoritario..._
está motivado/cansado/quemado/preocupado...
utiliza las nuevas tecnologías/libros de texto...

— La escuela _es mixta/moderna/tradicional/religiosa/laica..._
está bien equipada...
tiene muchos alumnos/problemas de...

— En la escuela _se hace/n..._
se aprende/n...

C **5-6**

¿La escuela que refleja el diario es parecida o diferente a las de nuestro país? ¿En qué?

Martes, 4 de abril

Hoy he discutido con los padres de Eva. Dicen que mando demasiados deberes y me piden que mande menos trabajo para casa. Me parece increíble que cuestionen todo lo que hacemos en clase solo porque su hija no quiere trabajar en casa. ¡Pero si es fundamental!

Viernes, 12 de mayo

Desde que visitamos el Museo de América, David se interesa mucho por la Historia y participa más. Me está volviendo loco a preguntas; le interesan desde la Prehistoria hasta la Guerra Fría. Hoy me ha preguntado por qué los rusos no descubrieron América si estaban tan cerca. ¡Es genial!

Viernes, 20 de junio

¡Por fin vacaciones! Las necesito...

Texto y significado
Recuerdos del cole

D **3**

En parejas, describimos las tres ilustraciones: dónde están esas personas, qué están haciendo, cómo es el ambiente, etc.

1.

2.

3.

E **30-32**

Escuchamos tres testimonios y sintetizamos las ideas principales. ¿Con qué ilustración relacionamos cada uno?

Texto y lengua
Me piden que...

F **7-8**

En el texto, ¿en qué forma aparecen los verbos que van después de las siguientes estructuras? ¿Podemos imaginar por qué?

1. Dicen que...
2. Me piden que...

AGENDA DE APRENDIZAJE

Reglas y ejemplos
Verbo + que + verbo: indicativo/subjuntivo

 RG / P.184

Observamos las reglas y escribimos nuestros propios ejemplos.

Referir una información
decir que + indicativo

Profe, nos mandas demasiados deberes.
> Los alumnos **dicen que mando** demasiados deberes.

> [!] Funcionan como **decir** todos los verbos de lengua como: **explicar**, **comentar**, **contar**…

Referir una orden o una petición
decir/pedir/querer que + subjuntivo

¡Profe, mándanos menos deberes!
> Mis alumnos me **dicen/piden que (yo) mande** menos deberes.

> [!] Funcionan como **decir** todos los verbos que pueden expresar peticiones u órdenes, como: **pedir**, **exigir**, **ordenar**, **mandar**…

Expresar un deseo o una petición
querer que + subjuntivo

Quiero que mis estudiantes **aprendan**.
Quiero que me **entreguéis** los trabajos el lunes.

> [!] Funcionan como **querer** todos los verbos que expresan el deseo de que el otro sujeto realice algo: **desear**, **esperar**…

Lo que me piden mis padres:

Lo que quieren mis amigos:

Lo que me dice mi jefe:

La gramática de las palabras
Recordar, olvidar, acordarse de, olvidarse de

Nos fijamos en cómo se usan estos verbos y escribimos sobre los temas que aparecen a continuación.

Recordar/olvidar algo
—¿Qué cosas recuerdas de tu colegio?
—Pues he olvidado muchas cosas, pero recuerdo que me gustaba.

Acordarse/olvidarse de algo/alguien
—¿Te acuerdas de tu profe de Latín?
—Sí, me acuerdo de su cara, pero me he olvidado de su nombre.

> [!] El verbo **acordar** (sin el pronombre reflexivo) tiene otro significado: (= **pactar**).

Los cumpleaños de mis amigos:

Los nombres de las personas que me presentan:

Los finales de las películas:

Tu mejor amigo de la infancia:

Palabras para actuar
Expresar habilidades y aptitudes para hacer algo

Miramos los ejemplos y escribimos sobre nuestras habilidades.

—Lola es muy buena en Física.
—Carla es muy buena negociando.

—Laura es un genio para la música.

—Soy un desastre para la cocina.
—Soy un desastre cocinando.

—A Ana se le da muy bien dibujar.
—A mí se me da fatal el deporte.
—A Eva se le dan genial las ciencias.
—No se me da mal la cocina.

Dibujar:

Hablar en público:

Contar chistes:

Contar mentiras:

Los idiomas:

Otros:

01
TALLER DE USO

En parejas o en grupos
Nuestros recuerdos de la escuela

Usamos estos principios de frases para evocar nuestros recuerdos sobre los temas de la ficha.

—*Yo recuerdo sobre todo...*
—*Me acuerdo (perfectamente) de...*
—*Tengo buenos/malos recuerdos de...*
—*Mi peor recuerdo de la escuela es cuando...*
—*El mejor recuerdo que tengo es...*
—*A mí me marcó...*
—*Cuando yo iba a la escuela, no había...*
       teníamos...
       solíamos...

—*Odiaba la clase de...*
—*Me gustaba...*
—*La comida del cole era...*
—*Yo salía a las...*
—*En mi clase había niños de...*
—*Yo me llevaba muy mal con...*
—*Se me daba bien/mal...*

- **los profesores**
- **nuestros amigos**
- **la comida**
- **las actividades**
- **las asignaturas**
- **las instalaciones**

Nos contamos nuestros recuerdos en pequeños grupos.

Yo recuerdo perfectamente las clases de Plástica. Creo que, en parte, por ellas me hice arquitecta. 99

En grupos
Nuestros deseos

En pequeños grupos nos ponemos de acuerdo sobre al menos tres cosas que queremos que pasen en estos ámbitos. Usamos **querer** + subjuntivo.

En el mundo

Queremos que se frene el cambio climático.

En nuestro país

En nuestra escuela

En ...

Ponemos nuestros deseos en común. Escogemos entre todos los deseos más importantes para cada ámbito y hacemos un muro de deseos de la clase.

Entre todos
El juego de las órdenes

E

Jugamos al juego de las órdenes siguiendo estos pasos.

- Cada uno escribe dos mensajes para un compañero con órdenes o peticiones.
- Recogemos los mensajes y los distribuimos.
- Cada uno representa la orden o la petición que le ha tocado y el resto intenta adivinarla.

Levántate.

Quiero que salgas de clase.

Te han pedido que te levantes... 99

GRANDES CAMBIOS EN LA VIDA

Entrevista con María García Zambrano. Profesora en el IES Gran Capitán de Madrid

María, tú eres…
Profesora de Secundaria en un instituto de Madrid.

¿Y hace mucho que eres profesora?
Pues soy profesora desde 2008, cuando aprobé la oposición. O sea, que llevo en la educación pública nueve años.

Y ahora das clases de… ¿literatura?
Ahora doy clases de Lengua y Literatura, sí. De Lengua castellana y Literatura.

Pero antes de ser profesora, ¿qué hacías?
Pues mira, yo no siempre he sido profesora. De hecho, mi formación es en periodismo. Soy licenciada en Ciencias de la Información, en la rama de Periodismo. Pero cuando terminé la carrera, estuve un tiempo trabajando en el campo de la fotografía, de la edición gráfica, porque me gustaba mucho la fotografía, o sea,

que enfoqué mi carrera profesional hacia ese ámbito. Y la verdad es que me gustaba mucho, he trabajado en agencias de fotografía muy buenas. Fueron unos años buenos.

¿Y por qué decidiste cambiar si eran años buenos y te gustaba tanto?
Porque, bueno, mi gran pasión es la literatura, y un verano estaba ordenando los apuntes de Bachillerato, o sea, leyendo esos apuntes y trabajos que había hecho hacía muchos años, y vi comentarios de texto que había escrito, reseñas de libros, etc. Y me llamaron la atención las anotaciones de la profesora de literatura que tenía en ese momento. Eran muy motivadoras, decían cosas como: "Has visto cosas en el comentario del poema que yo no había visto", "Enhorabuena, qué buen comentario…", etc. Y es que algunos comentarios de los profesores motivan muchísimo. Y bueno, yo soy poeta, me gusta mucho la literatura, así que pensé: "¡Qué lejos está mi profesión de esto que me gusta tanto…! ¿Por qué no unirlas?".

Es decir, que en ese cambio de rumbo fue fundamental tu profesora, una profesora que te marcó…
Sí, sin duda. De hecho, ella ha sido luego una persona fundamental en mi vida. Es más, todavía seguimos en contacto después de muchísimos años. Y es que, parece un tópico, pero los profesores te pueden cambiar la vida, y yo he tenido

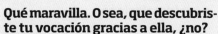

profesores así. O sea, que en mi caso no es un tópico. Esta profesora de literatura me abrió la puerta a la poesía.

Qué maravilla. O sea, que descubriste tu vocación gracias a ella, ¿no?
Sí, sí, sí. Es que, por lo que sea, uno empieza a estudiar algo que lo lleva por un camino y parece que no te puedes salir de él. Y yo me tiré a la piscina: dejé un trabajo indefinido para aventurarme. No sabía lo que iba a pasar, pero cuando haces algo que te gusta tanto… Y a mí me encanta estudiar… (estudiar así, en abstracto, y si es literatura, pues más todavía). En fin, todo salió bien y ahora soy feliz. Soy muy feliz. Realmente es lo mejor que he hecho en mi vida.

¿Y qué le dirías a un chaval o qué les dices a tus chavales que tienen ahora 15 o 16 años cuando los ves

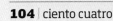

«DESCUBRÍ MI VOCACIÓN GRACIAS A UNA PROFESORA»

02
GRANDES CAMBIOS EN LA VIDA

Antes de leer
La vocación es...

 A

¿Qué relacionamos con la palabra **vocación**? Hacemos una lluvia de ideas. ¿Nosotros tenemos una vocación?

Texto y significado
Decisiones y cambios de vida

 B 📖 21-22

Leemos la historia de María y señalamos dónde da estas informaciones.

1. El trabajo como periodista le gustaba.
2. En su decisión influyó su profesora de Literatura.
3. María piensa que hay que tener sueños.
4. María está satisfecha con su cambio de vida.
5. Su decisión fue una aventura.
6. Se dio cuenta después de muchos años de que siempre se le había dado muy bien la literatura.

 C

Comentamos estas cuestiones.

1. ¿Hizo bien María en dejar su trabajo?
2. ¿Conocemos a alguien con una historia parecida?
3. ¿Qué nos parece el consejo que da María a sus estudiantes?

 D 🔊 33-35 📹 6

Escuchamos a tres personas y anotamos la siguiente información de cada una.

1. ¿Qué decisión o experiencia cambió su vida? ¿Cómo fue?
2. ¿Por qué fue importante?
3. ¿En qué consistió el cambio?

 E

En parejas, compartimos nuestras notas, escuchamos de nuevo y resumimos las historias.

un poco perdidos y notas que todavía no han descubierto su vocación?
Pues yo siempre les digo que se imaginen en el futuro, que se intenten imaginar dónde les gustaría estar. Pero, además, que lo hagan a lo grande. Luego, para recortar siempre hay tiempo.

Qué bonito.
Sí, les aconsejo que vayan a lo máximo, o sea, que se imaginen, por ejemplo, pilotando un avión, o en un hospital.... Luego ya veremos si en el hospital eres médico, celador, enfermera o administrativo, pero primero vamos a imaginar. Pero les digo que vayan a lo máximo, en todos los aspectos de la vida: en la vocación, en las notas, en las relaciones con los demás. Hay que aspirar a lo más alto.

Me parece un consejo maravilloso. Gracias, María.

«HAY QUE ASPIRAR A LO MÁS ALTO»

Texto y lengua
Recursos para la conversación

 F 📖 23

Buscamos frases en las que María utiliza estas palabras. ¿Para qué se usan?

- **Pues**
- **O sea**
- **De hecho**
- **Bueno**

AGENDA DE APRENDIZAJE

Palabras para actuar
Conectar la conversación

¿A qué corresponden estos recursos o conectores en nuestra lengua u otra que conocemos?

Invitar a completar una información
—*Y ahora das clases de... ¿Literatura?*
—*Sí, en un instituto.*

—*Tú eres...*
—*Profesora de instituto.*

Pedir confirmación
—*Eres profesora, ¿no?*
—*Eres profesora, ¿verdad?*

Reafirmar una información dada por el otro
—*Tú eres profesora...*
—*Profesora, sí.*

Reformular o sacar conclusiones
—*Doy clases a adolescentes, o sea, en un instituto.*
—*Es importante tener una vocación, es decir, saber lo que quieres.*

Mostrar acuerdo rotundo con una opinión
—*La educación es fundamental.*
—*(Sí,) sin duda.*
—*(Sí,) claro.*
—*(Sí,) desde luego.*
—*(Sí,) por supuesto.*

Introducir una explicación o argumentación
—*¿Por qué empezaste a dar clases?*
—*Pues mira... Un día me ofrecieron dar clase en...*

Ganar tiempo para conectar ideas
—*Y bueno...*
—*Pues...*
—*Entonces...*

Introducir la causa o las razones
—*Cambié de trabajo. Y es que necesitaba probar otras cosas.*
   La verdad es que necesitaba probar otras cosas.

Introducir una consecuencia
—*Me quedé sin trabajo. Así que me puse a estudiar.*

Presentar un argumento de compensación
—*Ahora gano menos. Pero, bueno, me gusta lo que hago.*

Concluir una argumentación
—*En fin, no me arrepiento del cambio.*

Reglas y ejemplos
Estar + gerundio en pasado

RG / P.178

Completamos los paradigmas y observamos cómo funciona la construcción **estar** + gerundio en pasado.
Luego pensamos en momentos de nuestra vida y creamos nuestros propios gráficos.

	pretérito indefinido	gerundio	pretérito imperfecto	gerundio
Yo			estaba	
Tú				
Él/ella/usted			estaba	
		viviendo		viviendo
Nosotros/nosotras	estuvimos			
Vosotros/vosotras			estabais	
Ellos/ellas/ustedes	estuvieron			

2000 — 2010
Markus **estuvo viviendo** en París de 2000 a 2010.

Cuando **conoció** a Isabelle,
Sergio **estaba estudiando** Derecho.

TALLER DE USO

Entre todos
Nuestras vidas

 A

Le hacemos las siguientes preguntas a un compañero y anotamos sus respuestas.

- ¿Qué decisión o experiencia cambió tu vida?
- ¿Cómo fue?
- ¿Por qué fue importante?
- ¿En qué consistió el cambio?
- ¿Cómo eran las cosas antes?
- ¿Qué pasó después?

— *En ese momento, estaba viviendo/trabajando...*
estaba en paro.
tenía una novia/un novio...

— *Antes había trabajado/vivido...*

 B

Escribimos un resumen de lo que hemos descubierto de nuestro compañero.

 C

Formamos parejas, nos distribuimos los textos y le ponemos un titular a cada uno. Luego podemos compartirlos en la clase o en nuestro espacio virtual.

ELKE FREIGNER:
"DEJÉ LA MEDICINA Y ME FUI A ESTADOS UNIDOS"

La vida de Elke cambió cuando dejó los estudios de Medicina que estaba realizando en Viena y se fue a estudiar un año a Estados Unidos. Siempre había querido ser médico, pero allí empezó a escribir un blog y...

En grupos
Analizamos dos transcripciones

 D 🔊 36

Escuchamos una conversación y contestamos a las preguntas.

- ¿Qué decisión o experiencia cambió su vida?
- ¿Por qué fue importante?
- ¿En qué consistió el cambio?

E 📹 9 📄 29-30-31-32

Leemos la transcripción y subrayamos aquellos recursos que nos parecen típicamente orales. ¿Se parece a una conversación en tu lengua?

–Oye, ¿y tú tienes un momento también que, que cambió tu vida?
–A ver, yo creo que sí. Mira, yo creo que, probablemente, si... si pienso en un momento que cambió realmente mi vida, puede ser cuando conocí a Christine, que...
–¿Quién es?
–... que era una chica, era una chica francesa que conocí cuando, nada, cuando era muy joven, yo tendría como dieciséis años, más o menos. Y... nada, pues yo creo que me enamoré... Creo que me enamoré como...
–¿Con dieciséis años?
–Sí, de ella, como un tonto. Pero, pero lo, lo bueno de esa relación, o lo que, o lo que realmente cambió mi vida, es que hasta el momento yo ya había tomado unas decisiones, estaba estudiando Formación Profesional, estaba haciendo algo que me conducía a un lugar muy distinto del que estoy hoy. Y, no sé, gracias a ella, pues, pues, no sé...
–Pero y ¿por qué?, ¿qué te hizo... en qué te hizo cambiar?
–No sé, nuestras conversaciones, lo que compartimos, lo que, lo que hablábamos, lo que me hizo... no sé... me hizo...
–Y...
–... darme cuenta de que realmente...
–Pero...
–... pues a mí me iban más las letras. Eh...
–Y dejaste... FP.
–Y... Sí, sí, dejé FP, la, la, sí, y me puse a estudiar Bachillerato y después de eso, la universidad. Y además, pues bien. Es que, es que, era mi vocación, de verdad.

 F

En parejas leemos en voz alta la conversación, fijándonos especialmente en la entonación, en las pausas, etc.

 G

En parejas convertimos esta entrevista oral en una entrevista escrita, como la que te encontrarías en una revista.

ARCHIVO DE LÉXICO

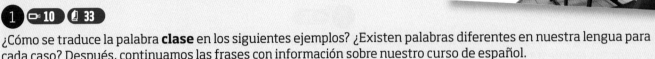

En español y en otras lenguas
La palabra clase

1 **10** **33**

¿Cómo se traduce la palabra **clase** en los siguientes ejemplos? ¿Existen palabras diferentes en nuestra lengua para cada caso? Después, continuamos las frases con información sobre nuestro curso de español.

En mi lengua

Nunca he leído un libro de autoayuda. Es que esa **clase** de libros no me gusta. (= tipo, categoría)

Esta tarde estamos en la **clase** de al lado de la biblioteca. (= sala, aula)

Los martes tengo **clase** de alemán. (= curso, asignatura, materia)

En mi **clase** hay más niños que niñas. (= grupo de alumnos)

Este mes he faltado a cuatro **clases** de alemán. (= sesión)

Mi curso de español:

Me da clase de español

La **clase** es

En la **clase** hay

Mis compañeros de clase son

Voy a clase _____ veces por semana.

Este curso **he faltado a clase** _____ veces.

Palabras en compañía
Léxico relacionado con la escuela

2 **34-35-36-37**

Completamos las series y añadimos vocabulario en cada categoría.

educación → infantil → primaria → pública → concertada

colegio / escuela → público/a → concertado/a → laico/a → mixto/a → de chicos

instituto → de secundaria

universidad → pública

lugares
- la clase de 3º A
- el aula 206
- el patio
- la cafetería
-

personas
- profesor
- maestro
- alumno
- conserje
-

asignaturas
- Historia
- Inglés
- Lengua y Literatura
-

material educativo
- libro de texto
- libro digital
- libro de Matemáticas
- pizarra digital
-

cosas que hace el profesor
- mandar/poner deberes
- corregir
- poner notas
-

cosas que hacen los alumnos
- hacer un examen
- tener un examen
- aprobar/suspender
- sacar buenas/malas notas
-

PROYECTOS

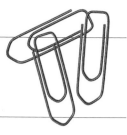

En pareja o en grupo
El mejor profesor

Cada uno piensa en cómo era su profesor preferido. Estas características nos pueden ayudar, pero podemos pensar en otras.

- **tener un enfoque original**
- **darle importancia al orden / al uso de la tecnología / al trabajo en equipo / a la reflexión**
- **probar cosas nuevas**
- **organizar excursiones/proyectos/ debates/discusiones en clase**
- **dar clase fuera del aula / en pequeños grupos**
- **explicar muy bien**
- **motivar a los estudiantes**

—*Mi mejor/peor profesor fue...*
—*Yo tenía un profesor que...*
—*Me gustaba porque...*
—*En sus clases solíamos...*
—*Era muy...*
—*Tenía una manera de...*
—*Me ayudó a...*
—*Me enseñó a...*
—*Siempre decía que...*

A partir de nuestros recuerdos, escribimos el perfil del profesor ideal.

EL PROFESOR IDEAL

El buen profesor quiere que sus alumnos estén motivados. Además, les pide que...

En pareja o en grupo
La escuela del siglo XXI

Nos ponemos de acuerdo en cinco características que debería tener la escuela del siglo XXI. Podemos hablar sobre estos temas u otros.

- ¿Cómo tendrían que ser las clases?
- ¿Qué número máximo de alumnos debería haber?
- ¿Tiene que haber exámenes?
- ¿Cuál es el papel de las herramientas digitales?
- ¿Cómo se puede motivar a alumnos diferentes?
- ¿Cómo habría que tratar a alumnos con necesidades especiales?
- ¿Qué horario debe tener la escuela?
- ¿Cuántos años debe durar la enseñanza obligatoria?
- ¿Los alumnos deberán aprender cosas de memoria o solo aprender a buscarlas en internet?

—Yo quiero una escuela que fomente la creatividad.
—Sí... Para empezar, es fundamental que haya menos alumnos por aula.
—Sí, y también tiene que cambiar lo que se enseña y cómo se enseña.

SEGUNDO
DERECHA

PUNTO DE PARTIDA

Nube de palabras
Convivencia

 A

Clasificamos las palabras y expresiones de la página de entrada.

Para formular reglas y normas

Para formular peticiones

Lugares

 B

¿Convivimos con otras personas? Escribimos algunas normas de convivencia que tenemos en los siguientes lugares.

• **en casa**
• **en mi comunidad de vecinos**
• **en mi grupo o club de...**

Se puede

No se puede

Está permitido

Es obligatorio

Está prohibido

No es obligatorio, pero es

recomendable

Vídeo
Vecinos

  C

Vemos el vídeo y contestamos a estas preguntas.

1. ¿En qué tipo de vivienda viven las personas entrevistadas?
2. ¿Qué relación tienen con sus vecinos?

campus.difusion.com

LA VUELTA AL MUNDO EN 80 SOFÁS

Antigua. Guatemala

Couchsurfing (de *couch*, 'sofá' en inglés), es una red que ha transformado el concepto de viajar. Si nos registramos en alguna de las webs, podremos encontrar a miles de personas en todo el mundo dispuestas a alojarnos en sus casas. Son los llamados "anfitriones".

Cada anfitrión tiene su ficha de presentación con toda la información acerca de sí mismo, de la ubicación de su casa, de sus gustos y sus aficiones y, lo más importante, opiniones de los huéspedes que ha alojado ya. Totalmente gratuito, el alojamiento se agradece colaborando con las tareas domésticas o invitando al anfitrión en alguna de las salidas por la ciudad.

El éxito de este tipo de redes es impresionante: según las estadísticas de una organización pionera (www.couchsurfing.org), más de 5 000 000 personas ofrecen actualmente alojamiento gratuito en algún lugar del planeta.

Está claro que es mucho más que un intercambio de sofás. "Es una manera incomparable de viajar. Puedes convivir con la gente del país y saber cómo vive. Eso no lo haces si te alojas en un hotel", afirma Sonia Ribas, miembro de Bewelcome, otra de las organizaciones existentes.

ESTOS SON LOS PERFILES DE TRES ANFITRIONES EN MADRID

DIEGO PERETTI

Número máximo de invitados: 1.
Duración máxima de la estancia: 4 días.
Vivo: con mi abuela.
Por favor, trae: toallas.
¿Qué les ofrezco a mis invitados? Compartir una habitación con dos camas.
¿Qué puedo hacer por mi invitado? Acompañarlo por la ciudad, salir a caminar, unos espaguetis buenísimos...
Transportes públicos: el piso está en una zona céntrica.
Restricciones: nada de drogas ni tabaco.
Manías: no soporto el desorden ni la suciedad.
Me gusta: charlar.
No me gusta: que mis invitados lo dejen todo desordenado o que fumen.

JUAN PEDRO ALBA

Número máximo de invitados: 1.
Duración máxima de la estancia: una semana.
Vivo: solo.
Por favor, trae: algún producto vegano típico de tu país. Una infusión, por ejemplo.
¿Qué les ofrezco a mis invitados? En una casa adosada, una pequeña habitación individual, pero deberemos compartir el baño.
¿Qué puedo hacer por mi invitado? Acompañarlo a visitar los museos de arte.
Transportes públicos: vivo en las afueras, pero en una zona bien comunicada.
Restricciones: soy vegano, o sea, que no uso ni consumo nada de origen animal. Y no me gusta que se cocinen en casa productos no veganos.
Manías: necesito mucha tranquilidad y mucho silencio a mi alrededor, sobre todo por las tardes, mientras hago meditación.
Me gustan: las personas espirituales.
No me gusta: que se cocinen en casa productos no veganos.

01
LA VUELTA AL MUNDO EN 80 SOFÁS

Antes de leer
La vuelta al mundo...

 A

Leemos el título del dosier y miramos la fotografía principal. ¿Qué nos sugiere? ¿De qué puede tratar el texto?

Texto y significado
Una estrategia para leer

 B

Subrayamos todas las palabras que conocemos en el texto.

 C 1-2

Lo volvemos a leer. ¿Podemos deducir ahora el significado de palabras y grupos de palabras que no conocemos?

 D

Comentamos nuestras hipótesis. ¿Cómo hemos deducido el significado de las palabras nuevas?

> 66 Yo no conocía 'invitado', pero sí 'invitar'. 99

IDOIA GOMIS ZUMALACÁRREGUI

Número máximo de invitados: 2.
Duración máxima de la estancia: un fin de semana.
Vivo: con una familia de gatos, un canario y un camaleón.
Por favor, trae: cualquier cosa para compartir, bebida o comida. ¡Yo no sé cocinar!
¿Qué les ofrezco a mis invitados? El sofá de mi salón en mi apartamento, a compartir con los gatos.
¿Qué puedo hacer por mi invitado? Darle buena conversación, ir a pasear en bicicleta por la ciudad e ir a escuchar música en directo.
Transportes públicos: hay metro pero mi casa no es muy céntrica.
Restricciones: toco la trompeta en un grupo y ensayo varias horas al día. Si no soportas el ska, mi casa no es un sitio para ti.
Manías: me suelo acostar muy tarde. Si te molesta el tabaco, lo siento, pero soy fumadora. Hablo mucho.
Me gusta: que la gente me cuente cosas de su país y su cultura.
No me gusta: la gente superficial

Texto y significado
Una manera de viajar

 E

¿Conocíamos el *couchsurfing*? ¿Nos gustaría ser miembros de una red?

> 66 Yo no lo conocía, pero me parece muy interesante. Es barato, conoces gente... 99

 F 3-4-5

Leemos los perfiles de los tres anfitriones. ¿A casa de quién iríamos? ¿Por qué?

—*Yo preferiría ir a... porque parece (bastante) simpático/a.*
—*Yo nunca iría a casa de... Es que parece un poco raro/a.*
                                                    maniático/a.
—*A mí no me gustaría nada compartir casa con...*

Texto y significado
¿Qué tal te fue?

G 37-39 3 6-7-8-9

¿En casa de quién estuvieron: de Diego, de Juan o de Idoia? Escuchamos y tomamos notas.

Estuvo en casa de...	porque dice que...
1.	
2.	
3.	

Texto y lengua
No me gusta que...

H 4

¿Qué aparece detrás de **gustar** en estas frases? Si es un verbo, ¿en qué formas puede estar? ¿De qué depende?

1. Me gusta charlar.
2. No me gusta la gente superficial.
3. No me gusta que mis invitados fumen.

01
AGENDA DE APRENDIZAJE

Reglas y ejemplos
Sustantivas con subjuntivo: expresar gustos

 10-11   RG / P.184

Observamos cómo funcionan estas construcciones y escribimos nuestros ejemplos.

No me gusta No soporto	limpiar. cocinar.	mismo sujeto: infinitivo
Me gusta No soporto	**que** la casa **esté** limpia. **que** los niños **griten**.	sujetos diferentes: subjuntivo

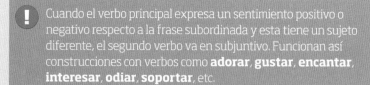
! Cuando el verbo principal expresa un sentimiento positivo o negativo respecto a la frase subordinada y esta tiene un sujeto diferente, el segundo verbo va en subjuntivo. Funcionan así construcciones con verbos como **adorar**, **gustar**, **encantar**, **interesar**, **odiar**, **soportar**, etc.

1. En casa **me gusta** _____
2. Por la noche **me encanta** _____
3. **Me gusta** que la gente _____
4. **Odio** que la gente _____

Palabras para actuar
Pedir permiso, darlo y denegarlo

  5 12

Observamos los recursos y les pedimos permiso a tres compañeros para hacer algo. Ellos deben reaccionar.

Pedir
poder + infinitivo
—¿Puedo tender la ropa en la terraza?

te importa/molesta... si + indicativo
—¿Te importa/importaría si traigo un amigo a cenar?
—¿Te molesta si enciendo la tele?

te importa/molesta... que + subjuntivo
—¿Te importa que traiga un amigo a cenar?
—¿Te molesta que encienda la tele?

Reaccionar
—Claro, por supuesto, no hay problema.

—Lo siento, pero (lo que pasa) es que está prohibido tender fuera.
—No me importaría, pero es que no tengo tiempo esta semana.

Palabras para actuar
Pedir acciones y favores

 13-14

Observamos estas diferentes maneras de pedir acciones. ¿Cuáles creemos que serían adecuadas en cada una de las tres situaciones de abajo?

—Pásame a buscar esta tarde.
—¿Me pasas a buscar esta tarde?
—¿Podrías pasarme a buscar esta tarde?
—Si no te importa, ¿podrías pasarme a buscar esta tarde?
—¿Te puedo pedir un favor? Es que me he quedado sin coche. ¿Te importaría pasarme a buscar esta tarde?

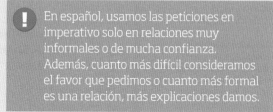
! En español, usamos las peticiones en imperativo solo en relaciones muy informales o de mucha confianza. Además, cuanto más difícil consideramos el favor que pedimos o cuanto más formal es una relación, más explicaciones damos.

1. Con un amigo con el que tengo mucha confianza. No es difícil para él pasarme a buscar.

2. Queremos pedir el favor cortésmente, pero no lo vemos como algo muy difícil.

3. No tenemos mucha confianza o sabemos que es un poco difícil para la otra persona pasarnos a buscar.

TALLER DE USO

En parejas
Invitados y anfitriones de *couchsurfing*

A

En parejas, preparamos pequeñas representaciones siguiendo los pasos de la ficha blanca. En las tarjetas azules tenemos algunas ideas de situaciones.

- Elegimos una situación y nos repartimos los papeles de anfitrión e invitado.
- Preparamos lo que vamos a decir de acuerdo con estas indicaciones:
  - uno pide algo y la otra persona pone pegas,
  - el primero insiste y la otra persona finalmente accede o plantea una solución.

Anfitriones
- El invitado no recicla las botellas y tú eres muy estricto en este aspecto.
- El invitado no se hace la cama nunca.
- Deja siempre los grifos abiertos.
- El invitado deja el baño muy sucio.
- Eres alérgico al pescado y el invitado cocina pescado.
- Te gusta echarte la siesta sobre las 16 h. Pero el invitado pone música.
- Otra situación: ....

Invitados
- Te has dejado en casa el secador de pelo.
- Te han robado el pasaporte y el dinero y tienes que ir a denunciarlo a la policía.
- Quieres preparar un plato típico de tu país para darle las gracias a tu anfitrión.
- Te duele la cabeza y no tienes ningún medicamento.
- La primera noche has pasado mucho frío en tu habitación.
- Otra situación: ....

—*¿Podrías dejarme/prestarme un cepillo para el pelo? Es que...*
—*Oye, una cosa... Si no te importa, lava los platos después de comer.*

—*Pues es que...*
—*No me importaría, pero es que...*

> **¿Podrías dejarme un cepillo para el pelo? Es que me he dejado el mío.**

B

Los compañeros comentan si les parece que han resuelto bien la situación, hacen preguntas, etc.

AQUÍ NO HAY QUIEN VIVA

LAS 18 NORMAS DE LA COMUNIDAD DE VECINOS

ZONAS COMUNES
1. No se pueden aparcar vehículos, bicicletas ni carritos en las zonas comunes.
2. No está permitido el uso de patines ni pelotas en el jardín.
3. Los portales deben estar siempre cerrados.
4. No está permitido hacer pícnic o barbacoas.

ASCENSORES
5. Los menores de 12 años deben ir acompañados por un adulto.

FACHADAS
6. No se podrán colocar anuncios publicitarios en las zonas comunes sin el permiso de la comunidad.
7. No se permite tender ropa ni colgar objetos en el exterior de las viviendas.

MOLESTIAS A LOS VECINOS
8. Los vecinos deben respetar la tranquilidad del edificio y evitar hacer ruidos que puedan molestar.
9. A partir de las 22.00 h, los vecinos no podrán poner la música ni la televisión a un volumen que moleste a los demás.

ANIMALES DOMÉSTICOS, SILVESTRES Y EXÓTICOS
10. Los animales domésticos no pueden andar sueltos por las zonas comunes.
11. Los propietarios podrán ser denunciados si su perro ladra por la noche.
12. La posesión de animales silvestres y exóticos no está permitida.

BASURAS
13. La basura debe ir en bolsas de plástico herméticas que deben depositarse en el interior de los contenedores.

GARAJES Y TRASTEROS
14. Está prohibido realizar cualquier reparación del vehículo o lavarlo en el garaje.

PISCINA
15. Está prohibido que los menores de 12 años utilicen la piscina si no están con un adulto.
16. No está permitido meter en el agua colchonetas y balones o cualquier otro objeto (excepto flotadores para la seguridad de los niños).
17. Se prohíbe el consumo de alimentos en la piscina y la utilización de envases de vidrio.
18. No está permitida la entrada de animales.

02
AQUÍ NO HAY QUIEN VIVA

Antes de leer
Relaciones entre vecinos

A 🖥 6

Completamos los enunciados y comparamos nuestras respuestas.

Yo creo que, en general, en mi país/cultura

- (no) conoces a los vecinos ....
- a un vecino (no) le puedes pedir prestado/a ....
- a un vecino (no) lo puedes invitar a ....
- con un vecino hablas de ....
- entras en casa de un vecino solo si ....

Yo, en concreto,

- me llevo bien con ....
- no tengo apenas relación con ....

B

En parejas, pensamos en tres reglas fundamentales en una comunidad de vecinos en nuestro país y las escribimos.

Texto y significado
Una casa de vecinos

C 📄 15-16-17-18   **D**

Leemos las normas de una comunidad de vecinos. ¿Aparecen las que hemos escrito? ¿Son parecidas las reglas de una comunidad en nuestro país? ¿Hay cosas que nos sorprenden?

Miramos la ilustración. ¿Quiénes no respetan una prohibición o una norma?

— *La señora de rojo lleva el perro suelto.*
— *La niña que está en la piscina tiene...*

E

¿Qué les podríamos decir a esas personas?

— *Oiga, perdone...*
— *Por favor, ...*

Texto y significado
Quién tiene razón

F 🔊 40-41   🖥 7   📄 19-20-21-22

Escuchamos a dos personas que cuentan sus problemas en la radio. ¿Qué problema tienen? ¿Tienen razón?

Palabras para actuar
Obligaciones y normas

 1

Observamos los recursos y escribimos tres reglas de nuestro entorno.

Normas impersonales
(= para todo el mundo)

se debe/n + infinitivo
—*Los envases se deben poner en el contenedor amarillo.*

haber que + infinitivo
—*Las botellas de plástico hay que ponerlas en el contenedor amarillo.*

ser obligatorio + infinitivo
—*Para entrar, es obligatorio ser socio del club.*

Normas personales
(= para alguien en concreto)

deber + infinitivo
—*Los vecinos deben cuidar las zonas comunes.*

tener que + infinitivo
—*Los vecinos tienen que cuidar las zonas comunes.*

Tres normas de mi entorno

....

....

....

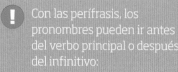

> ! Con las perífrasis, los pronombres pueden ir antes del verbo principal o después del infinitivo:
> - Los niños **deben poner<u>se</u>** el flotador.
> - Los niños **<u>se</u> deben poner** el flotador.

Reglas y ejemplos
Identificar

 2 23-24

Relacionamos las cuatro chicas con los recursos para identicarlas. Luego identificamos a tres personas de clase sin decir su nombre.

La de arriba a la derecha.
La de/del pelo largo.
La que lleva gafas.
La de negro.

> el de/el que   los de/los que
> la de/la que   las de/las que

R / P.160

Palabras para actuar
Prohibición

 3 10   25-26-27

Observamos los recursos y escribimos cosas que no están permitidas en nuestra escuela de español.

—*No está permitido el acceso.*
—*No está permitida la entrada.*

—*No está permitido aparcar.*
  Está prohibido...
  No se permite...
  No se puede...

> En un registro conversacional:
> - Aquí **no dejan** aparcar.

Mis ejemplos

....

....

Palabras para actuar
Solo, solamente, solo si

 4

Nos fijamos en los ejemplos y escribimos los nuestros.

—*Los niños solo pueden entrar acompañados por un adulto.*
—*Los niños solamente pueden entrar acompañados por un adulto.*
—*Los niños pueden entrar solo si están acompañados por un adulto.*

Reglas y ejemplos
Marcadores temporales

 5 28-29

RG / P.174

Leemos las frases y escribimos nuestros propios ejemplos con los marcadores.

—*A partir de las 21, h no se puede entrar.*
—*Se puede aparcar hasta las siete de la mañana. Luego, ya no.*
—*Desde las doce de la noche hasta las siete de la mañana, se debe cerrar con llave el portal.*

En parejas
Señales de tráfico

Miramos estas señales imaginarias. ¿Qué normas o prohibiciones pueden formular?

Está prohibido pasar y no comprarle una flor a alguien que quieres.

  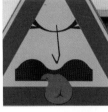

Con un compañero inventamos dos señales más y las enseñamos al resto de la clase, que debe interpretarlas.

En grupos
Las normas de la clase

C

Escribimos la lista de las normas de la clase y la compartimos con los compañeros. ¿Estamos de acuerdo con todas las normas?

En grupos
Nuestras anécdotas

¿Hemos tenido algún problema con un vecino, compañero de piso, de hotel...? Individualmente, completamos una ficha como esta.

Persona:
El vecino de arriba

Norma o normas afectadas:
Hacer ruido después de las 22.00 h

Qué pasó:
Mi vecino organizó una fiesta un martes y...

Cómo reaccionaste:
Fui a hablar con él y...

En pequeños grupos, por turnos, cada uno cuenta su historia y los demás le pueden hacer preguntas.

—Yo una vez tuve un problema con el vecino de arriba, porque organizó una fiesta con sus amigos... ¡un martes por la noche!
—Pero... ¿era su cumpleaños?

ARCHIVO DE LÉXICO

Palabras en compañía
Dejar

 📀 32-33

Completamos las series y pensamos qué significado tiene el verbo **dejar** en los ejemplos de la derecha.

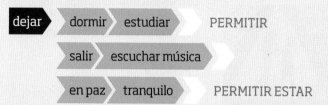

El ruido de los vecinos no me **deja** trabajar.
Los padres de Marta no la **dejan** salir de noche.
Déjame un rato tranquilo, por favor.

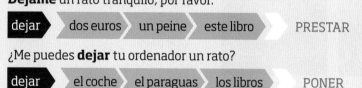

¿Me puedes **dejar** tu ordenador un rato?

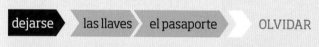

Puedes **dejar** el paraguas aquí mismo.

| dejarse | las llaves | el pasaporte | OLVIDAR |

¡No puede ser! ¡**Me he dejado** el pasaporte en casa!

> **!** Atención al funcionamiento de los pronombres **lo/la/los/las** y **le/les**:
> - No molestes a Carlos. **Déjalo dormir**.
> - ¿A Carlos **le dejan escuchar música** mientras trabaja?

1. ¿Me **dejas** 5 euros?

2. Cuando ha empezado la función, no **dejan** entrar en el teatro.

3. ¡No! ¡**Me he dejado** el bolso en el restaurante!

4. ¿Me **dejas** que te dé un consejo?

5. Si quieres, **deja** el abrigo aquí.

6. Pues no sé dónde están mis auriculares. Se los **dejé** a alguien el otro día y ahora no recuerdo a quién.

7. Por favor, **dejen** salir antes de entrar.

8. ¿Dónde **he dejado** mis gafas? Ahora no las encuentro.

9. ¡Eh! ¡Que **te dejas** los billetes de tren encima de la mesa!

Palabras en compañía
Relaciones personales

 📀 34-35-36

Continuamos las series y escribimos sobre nuestra relación con nuestros vecinos.

| tener una relación cordial/de amistad / una buena relación / un problema / confianza | con | el vecino de arriba | la jefa |

| llevarse bien/mal con | los vecinos | todo el mundo |

| no soportar a | Marcial | la gente pedante |

Mis relaciones:

PROYECTOS

Proyecto individual
Intercambiamos sofás

 A

Creamos nuestro perfil de anfitriones de *couchsurfing* con datos reales o imaginarios.

- Pseudónimo
- Número máximo de invitados
- Duración máxima de la estancia
- Vivo con…
- Por favor, trae…
- ¿Qué puedo ofrecerles a mis invitados?
- Puedo ofrecerle a mi huésped…
- Restricciones
- Manías
- Me gusta
- No me gusta

 B

Intercambiamos las fichas al azar. Imaginamos que hemos pasado unos días con el anfitrión que nos ha tocado y contamos nuestra experiencia. Podemos escoger entre:

- **una experiencia muy negativa**
- **una experiencia que empezó mal, pero acabó bien**
- **una experiencia que empezó bien y acabó mal**
- **una experiencia en la que pasó algo inesperado**

VALORACIÓN

Annie   ★½☆☆☆   **Caitlyn**

Mi experiencia fue un desastre. Yo dormía en un sofá cama del salón, y el anfitrión tenía un loro que hablaba toda la noche… Le pregunté si podía llevárselo a su habitación y me dijo que no. No pude dormir en tres días.

Proyecto en grupo
Normas de convivencia

 C 🎧 37

En parejas o en pequeños grupos, imaginamos que vamos a compartir piso en España durante un tiempo. Pensamos normas de convivencia y distribuimos las tareas.

- Horarios
- Usos de los espacios comunes (cocina, baño…)
- Mascotas
- Música
- Comida y cocina
- Tareas de la casa

 D

Colgamos nuestras normas en las paredes del aula o las compartimos en nuestro espacio digital.

1. En nuestra casa es obligatorio que cada inquilino tenga su propia mascota.

 E

Leemos las normas de los demás y escogemos una casa en la que podríamos vivir durante un mes y explicamos por qué.

— *Yo (no) podría vivir con… porque…*

SANIDAD, EDUCACIÓN Y CULTURA

ESPERANZA DE VIDA

SANIDAD
EL 75 %, DE
NECESIDADES BÁSICAS
UNO DE CADA TRES
EN CUANTO A
ESTAR POR DELANTE DE
EDUCACIÓN PÚBLICA
AUMENTAR
EXPORTAR
ESTAR POR DELANTE DE
EN RESUMEN
PRODUCIR
LA MITAD DE
TASA DE PARO
RECURSOS NATURALES

NO LO SABÍA
EDUCACIÓN PÚBLICA
PIB
EXPORTAR
SANIDAD
PRODUCIR
DISMINUIR

EL PENÚLTIMO
LA MAYORÍA DE
EL 75 % DE
NECESIDADES BÁSICAS
UNO DE CADA TRES
EN CUANTO A
ESTAR POR DELANTE DE

NECESIDADES BÁSICAS INVERTIR EN

UNIDAD 9

DOCUMENTOS
DOSIER 01
Felicidad Nacional Bruta
DOSIER 02
Colombia: un retrato

LÉXICO
• Economía y política
• Países y ciudades
• Bienestar y felicidad
• Verbos de cambio
  y evolución
• Siglas y acrónimos

GRAMÁTICA
• Los numerales ordinales
• Sustantivos y verbos:
  **-ción/-cción, -aje,
  -miento**, etc.
• **Me sorprende / Me llama
  la atención** + **que**
  + subjuntivo

COMUNICACIÓN
• Expresar acuerdo
• Situar en un *ranking*
• Hablar de cantidades
  y partes
• Hacer una exposición oral

CULTURA
• Situación actual de Colombia
• Algunos datos sobre
  Costa Rica
• Países del mundo

PROYECTOS
• Hacer una presentación
  sobre un país de habla
  hispana
• Hacer una encuesta sobre
  los factores que mide la
  felicidad de un país

PUNTO DE PARTIDA

Nube de palabras
Definiciones

Buscamos en la nube las palabras que significan...

1. **Vender productos a otro país.**
2. **Hacerse más pequeña una candidad.**
3. **Hacerse más grande una cantidad.**
4. **Un tercio.**
5. **Dedicar dinero a un proyecto o negocio.**
6. **Servicios destinados a la salud de los ciudadanos.**
7. **Educación, vivienda, alimentación, sanidad...**
8. **Porcentaje de personas sin trabajo.**

Completamos estas frase con palabras de la nube. ¿Cómo se dicen en nuestra lengua?

1. La _____ en algunos países en vías de desarrollo es de 40 años.

2. Nadie encuentra empleo, así que la _____ ha aumentado.

3. El _____ es el resultado de la actividad económica de un país.

4. En la última década, el Estado decidió _____ en energías renovables.

5. Los países hispanoamericanos son muy ricos en _____ : minerales, madera, petróleo, etc.

6. El Gobierno debe asegurar que estén cubiertas las _____ de la población.

Vídeo
La felicidad

Antes de ver el vídeo, ¿pensamos que la gente es feliz en España? ¿Por qué? Lo marcamos y discutimos nuestra visión.

☐ **Sí.** ☐ **No.**

☐ **Por el clima.**
☐ **Por la situación económica.**
☐ **Porque todo el mundo es muy sociable.**
☐ **Porque se trabaja mucho.**
☐ **Porque las familias se ayudan mucho.**

Vemos el vídeo. ¿Coincide la visión de los españoles con la nuestra?

FELICIDAD NACIONAL BRUTA

El Índice del Planeta Feliz (IPF) es un índice alternativo de desarrollo, bienestar humano y ambiental. Mide el desarrollo de los países según la expectativa de vida, la percepción subjetiva de la felicidad y la conservación del medio ambiente.

En la década de 1970, el rey de Bután, un pequeño reino del Himalaya, dijo que la Felicidad Interior Bruta es mucho más importante que el Producto Interior Bruto (PIB). Declaró que su objetivo y el de su gobierno era aumentar la felicidad de sus ciudadanos. Por eso creó la Comisión de la Felicidad Nacional Bruta, un organismo que se encarga de que todas las leyes e inversiones de la Administración pública sirvan para que los ciudadanos sean más felices. Desde entonces, Bután es considerado el origen de uno de los debates más interesantes sobre el bienestar social: ¿cómo se mide la calidad de vida? ¿Cómo se valora la felicidad de un pueblo? ¿Deberíamos dejar de utilizar el Producto Interior Bruto como medida de nuestro bienestar? Parece que, cuando las necesidades básicas están

Bután no pretende ser un ejemplo para otros países. Es una de las economías más pequeñas del mundo, y el 80 % de la población, budista, se dedica a la agricultura. También produce energía hidráulica y recibe turistas, pero depende mucho de la ayuda externa. La televisión llegó a Bután en 1999, al mismo tiempo que internet. La tasa de alfabetización es del 59,5 %, y la esperanza de vida, de 62,2 años. Es decir, su realidad socioeconómica no es exportable a otros contextos.

01
FELICIDAD NACIONAL BRUTA

Antes de leer
La gente es feliz cuando...

A

¿Con cuáles de estas afirmaciones estamos de acuerdo? Lo comentamos.

1. La gente es feliz cuando tiene cubiertas sus necesidades básicas y puede comprar muchas cosas.

2. Cuando aumenta el crecimiento económico, no siempre aumenta la felicidad.

3. No sabemos cuáles son los factores más importantes para medir la felicidad.

4. Hay países pobres donde la gente es más feliz que la de muchos países ricos.

— *Yo estoy más de acuerdo con...*

Texto y significado
La felicidad de un pueblo

B 1-2

Leemos el texto y la lista de países más felices. ¿Hace referencia a las ideas anteriores? ¿Dónde?

C 3

Después de la lectura, ¿mantenemos nuestras opiniones (apartado A)? Lo justificamos.

Con lápiz o ratón
Felices o desgraciados

D 4

Consultamos en internet la lista del planeta feliz y el índice de felicidad del programa de desarrollo de la ONU. ¿Qué lugar ocupa nuestro país? ¿Coinciden las listas? ¿Cuál se acerca más a nuestra percepción? ¿Por qué?

cubiertas, los pueblos no son más felices por poder consumir más. Es decir, la velocidad del crecimiento económico no es proporcional a la felicidad de la población. Desde hace unos años, varias organizaciones intentan averiguar qué hace felices a los miembros de una sociedad. Por ejemplo, la NEF (New Economics Foundation) publica el Índice del Planeta Feliz y el Instituto Legatum, el Índice de Prosperidad. Pero ¿cuáles son los criterios que se utilizan para elaborar cada uno? ¿Qué hay que preguntar a una sociedad para saber si es feliz? ¿Qué hay que cambiar en una sociedad para que los individuos sean más felices? Las grandes diferencias entre los estudios demuestran que todavía no es fácil llegar a conclusiones.

Texto y lengua
Colocaciones

E

Unimos los elementos de las dos columnas para formar combinaciones de palabras. Luego comprobamos cuáles aparecen en el texto.

1. conservación
2. crecimiento
3. bienestar
4. calidad
5. ayuda
6. esperanza
7. realidad
8. llegar a
9. necesidad

a. básica
b. social
c. del medio ambiente
d. económico
e. de vida
f. socioeconómica
g. conclusiones
h. de vida
i. externa

01
AGENDA DE APRENDIZAJE

Reglas y ejemplos
Ordinales

Observamos cómo se forman los ordinales y completamos los que faltan.

1.º/ª primer/o/a
2.º/ª segundo/a
3.º/ª tercer/o/a
4.º/ª cuarto/a
5.º/ª quinto/a
6.º/ª sexto/a
7.º/ª séptimo/a
8.º/ª octavo/a
9.º/ª noveno/a
10.º/ª décimo/a
11.º/ª décimo primer/o/a = undécimo
12.º/ª décimo segundo/a = duodécimo
13.º/ª décimo tercero
14.º/ª _____
15.º/ª _____
16.º/ª _____
17.º/ª _____
18.º/ª _____
19.º/ª _____
20.º/ª vigésimo/a

> **!** **El primer/tercer país** en producción de café. **El primero/tercero** de la lista.

> **!** En la lengua hablada, los ordinales se sustituyen con frecuencia por los cardinales: **la planta cinco**, **el puesto número trece**; su **cuarenta y cinco cumpleaños**, **el cincuenta aniversario**, etc.

Palabras para actuar
Situar en un *ranking*

Observamos los recursos para situar en un *ranking*. ¿Sabemos qué puesto ocupa nuestro país en algún tema?

— *Es el primer país del mundo en horas de lectura.*
— *Es el decimoprimero en producción de café.*
— *Es el cuarto país que más/menos lee.*
— *Es el penúltimo/último de la lista.*
— *Ocupa el puesto número catorce de la lista.*
— *Está por delante/detrás de otros países de la zona.*
— *Va después de muchos otros países.*

Reglas y ejemplos
Sustantivos y verbos

Escribimos el sustantivo correspondiente a estos verbos.

-CIÓN/-CCIÓN/-SIÓN	-AJE
producir < > **producción**	almacenar < > **almacenaje**
-MIENTO	**-A/-E/-O**
sufrir < > **sufrimiento**	desarrollar < > **desarrollo**
-ADO/-ADA/-IDO/-IDA	
salir < > **salida**	

- **mejorar** _____
- **respetar** _____
- **acceder** _____
- **consumir** _____
- **obtener** _____
- **exportar** _____
- **reducir** _____
- **cultivar** _____
- **aumentar** _____

- **gobernar** _____
- **crecer** _____
- **invertir** _____
- **cambiar** _____
- **disminuir** _____
- **transportar** _____
- **nacer** _____
- **elaborar** _____
- **debatir** _____

Palabras para actuar
Verbos de cambio y evolución

Observamos cómo se usan los verbos en los siguientes ejemplos y escribimos cómo ha cambiado nuestro país en los últimos 50 años.

↑ — *El porcentaje de población extranjera ha aumentado.*
— *Ha subido la tasa de alfabetización.*

↓ — *Ha descendido la tasa de natalidad.*
— *Ha bajado la tasa de natalidad.*
— *El analfabetismo ha desaparecido casi por completo.*

Los cambios en mi país:

_____
_____
_____

En parejas
Nuestra visión del mundo

A

Vamos a hacer un test para saber
cómo es nuestra visión del mundo.

1. En 1955 había en el mundo 1000 millones de niños de entre 0 y 4 años. En 2015, había 2000 millones. ¿Cuántos habrá según los expertos de la ONU en 2100?
   - 2 000 millones.
   - 3 000 millones.
   - 4 000 millones.

2. La esperanza de vida en España es de 83 años. ¿Cuál es la del mundo en promedio?
   - 70 años.
   - 60 años.
   - 50 años.

3. En conjunto los hombres de 25 han pasado 8 años en la escuela. ¿Y las mujeres de la misma edad?
   - 3 años.
   - 5 años.
   - 7 años.

4. ¿Qué porcentaje de niños de un año están vacunados contra el sarampión?
   - 30 %.
   - 60 %.
   - 80 %.

5. ¿Qué parte de la población del planeta tiene acceso a la electricidad?
   - 40 %.
   - 62 %.
   - 85 %.

6. ¿Qué porcentaje de las niñas tienen acceso a la escuela primaria?
   - 34 %.
   - 72 %.
   - 91 %.

7. En los últimos 20 años, la población que vive en la extrema pobreza...
   - ha aumentado un 20 %.
   - se ha mantenido.
   - se ha dividido por dos.

8. En 1965, la cifra de bebés nacidos por cada mujer era, de media en el mundo, de 5. ¿Cuántos son actualmente?
   - 4.
   - 3.
   - 2,5.

B

Nuestro profesor nos va a dar las soluciones. ¿Hay cosas que nos sorprenden? ¿Somos optimistas, realistas o pesimistas?

En grupos
Medir la felicidad

C

Observamos el ejemplo y completamos individualmente la lista de maneras de referirnos a cuestiones sociales. Luego, comentamos nuestras propuestas.

la seguridad ● **sentirse seguro** ● **que la gente se sienta segura**

la libertad ● .... ● ....

la educación ● .... ● ....

.... ● tener un buen sistema sanitario ● ....

la paz ● vivir en paz ● ....

el respeto a las minorías ● .... ● ....

el derecho a la educación ● .... ● ....

.... ● tener acceso a información ● ....

la protección del medio ambiente ● .... ● ....

.... ● tener cubiertas las necesidades básicas ● ....

D

Decidimos cuáles de las cuestiones de C u otras nos parecen los cinco factores más importantes en los siguientes ámbitos y lo escribimos.

El trabajo   **El amor**
La familia   **La amistad**

Para nosotros, lo más importante en el amor es ser sincero. Nos parece fundamental que en la pareja nadie mienta.

COLOMBIA: UN RETRATO

Desde el clima y la geografía hasta su cultura, Colombia es un país exuberante, rico y variado. Pero, además, es uno de los países emergentes más atractivos para la inversión extranjera.

COLOMBIA EN DATOS

Colombia ha vivido una gran transformación en las últimas décadas: ha dejado de estar marcada por la violencia y se ha convertido en una de las seis economías emergentes más interesantes para los inversores de todo el mundo. En la última década, el Producto Interior Bruto (PIB) de Colombia ha aumentado de media casi un 6 % y su deuda pública ha disminuido. Pero es necesario que se consolide el proceso de paz para que los fondos que se destinan a defensa y seguridad puedan dedicarse a la educación, la agricultura o las infraestructuras.

SOCIEDAD

Población: 49 millones (cuarto país más poblado de América, tras México, Brasil y Estados Unidos). **Esperanza de vida:** 75 años. **Mortalidad infantil:** 15,02 ‰. **Acceso a agua potable:** 93 % de la población. Tres cuartas partes de la población vive en zonas urbanas. **Diversidad étnica:** 48 % mestizos, 38 % blancos, 10,6 % afrocolombianos, 3,4 % indígenas. **Acceso a servicios sanitarios:** 86 %. **Trabajo infantil:** 13 %. **Principales problemas:** conflicto armado, narcotráfico, inseguridad en áreas rurales, desigualdad social, economía sumergida.

ECONOMÍA

Moneda: peso colombiano. **Principales industrias:** agricultura, floricultura, calzado, equipos mecánicos y de transporte, ganadería, minería, petrolera, química y textil. **Renta per cápita:** 6 014 euros. **Exportaciones:** 12,24 % del PIB (petróleo, carbón, productos químicos, oro, café, flores, níquel, banano, cacao).

EDUCACIÓN Y CULTURA

Población alfabetizada: 93 %. **Escolarización en la enseñanza primaria:** 90 %. **Resultados en el informe PISA:** Puesto 57 (de 70). **Acceso a internet:** 49 % de los hogares. **Tercer país en número de hispanohablantes:** 48 000 000, por detrás de México y España.

DOS VOCES DESTACADAS

Colombia me parece un buen resumen del mundo. Una élite prevalentemente blanca en el color de la piel, que constituye un poco menos del 10 % de la población total, que vive en los climas más fríos y ocupa las tierras más fértiles, es dueña del 80 % de la riqueza general (las minas, la agricultura, el ganado, los bancos, las industrias) y controla el poder político. Otro 40 % de la población, un poco más oscura en su aspecto exterior, trabaja duramente, más que para llegar a ser élite, para no caer en la pobreza del otro 50 % de la población, que vive en las tierras más cálidas y menos fértiles o en las partes más duras de las ciudades, que es negra, india, mulata o mestiza, y que nunca está del todo segura de poder comer o de tener agua limpia al día siguiente.

Héctor Abad Faciolince. Fragmento de *Colombia, boceto para un retrato.* (2009)

No nos aburrimos nunca, en mi país, pero yo aspiro a vivir en un país un poco más normal, menos interesante, un poco más aburrido. Debemos aspirar a ser normales, como los matrimonios normales, que son un poco aburridos.

Laura Restrepo. Fragmento de una entrevista publicada en *elhablador.com*

02
COLOMBIA: UN RETRATO

Antes de leer
Colombia

A

¿Qué sabemos de Colombia? Lo comentamos entre todos. Las imágenes del texto nos pueden ayudar.

Texto y significado
Colombia en datos

B 10·11·12·13·14

Leemos la sección "Colombia en datos", completamos la ficha y ponemos en común nuestras observaciones.

Me ha parecido curioso que en Colombia haya...
....

Me ha sorprendido que tenga...
....

Me ha llamado la atención que sea...
....

No sabía que Colombia era/tenía...
....

Texto y significado
Dos voces destacadas

C 15

Leemos la cita de Faciolince. ¿Cómo es la sociedad colombiana según este autor? ¿Con qué adjetivos la calificaríamos? ¿Por qué?

- **justa/injusta**
- **democrática/poco democrática**
- **rica/pobre**
- **igualitaria/ discriminatoria**

D

Leemos lo que dice Laura Restrepo. ¿Qué frase resume mejor lo que quiere para Colombia?

1. Que sea un país muy rico.
2. Que haya menos paro.
3. Que haya estabilidad.

E 42·43 16·17

Escuchamos a dos colombianas y tomamos notas sobre lo que dicen de estos temas.

- **Economía**
- **Educación**
- **Tecnología**
- **Empleo**
- **Sanidad**
- **Bienestar social**

Texto y lengua
Lenguaje socioeconómico

F

Observamos estas expresiones. ¿Qué palabras las acompañan en el texto? ¿Con qué otras palabras podríamos combinarlas?

1. Tener acceso a /al / a la...
agua potable,

2. Los principales problemas son

3. Estar marcado/a por

4. Destinar fondos a

5. Aspirar a

6. Llegar a ser

¿ENFADADO O DE BUEN HUMOR?

ESTAR ENFADADO
TENER BUEN CARÁCTER
ESTAR ENFADADO
TENER BUEN CARÁCTER
SER SOCIABLE
ENFADARSE
SER EGOISTA
ESTAR CONTENTO
ESTAR CONTENTO
EMOCIONES
SER SOCIABLE
SER EGOISTA
ENFADARSE
SER UN MALEDUCADO
ESTAR CONTENTO
ENFADARSE
PONERSE NERVIOSO
TOMARSE LAS COSAS CON CALMA
NO IMPORTA
SER UNA PERSONA MUY COMPRENSIVA
ESTAR DE BUEN HUMOR
PERDON
EMOCIONES
SER UN MALEDUCADO
AMABLE
SER SOCIABLE
TENER BUEN CARÁCTER
PONERSE DE MAL HUMOR
EMOCIONES
TOMARSE LAS COSAS CON CALMA
SER EGOISTA
ENFADARSE
TOMARSE LAS COSAS CON CALMA
EMOCIONES
SER EGOISTA
SER UN MALEDUCADO
ESTAR CONTENTO
ESTAR CONTENTO
EMOCIONES
PERDÓN
SER SOCIABLE
ESTAR ENFADADO
TENER BUEN CARÁCTER
PONERSE NERVIOSO
PONERSE NERVIOSO

PONERSE DE MAL HUMOR
ESTAR DE BUEN HUMOR
PONERSE DE MAL HUMOR
SER UNA PERSONA MUY COMPRENSIVA
ESTAR DE BUEN HUMOR
PERDÓN
EMOCIONES
ESTAR ENFADADO
NO IMPORTA
ESTAR CONTENTO
SER SOCIABLE
COMPRENSIVO
AMABLE
SER UN MALEDUCADO
PONERSE NERVIOSO
AMABLE
COMPRENSIVO
TENER BUEN CARÁCTER
ESTAR ENFADADO
AMABLE
PERDÓN
SER EGOISTA
SER UN MALEDUCADO
ESTAR CONTENTO
TENER BUEN CARÁCTER
SER UNA PERSONA MUY COMPRENSIVA
ENFADARSE
COMPRENSI
ESTAR DE BUEN HUMOR
PONERSE DE MAL HUMOR
PONERSE DE MAL HUMOR
ENFADARSE
PONERSE NERVIOSO
SER UNA PERSONA MUY COMPRENSIVA
ESTAR CONTENTO
ESTAR DE BUEN HUMOR
TOMARSE LAS COSAS CON CALMA
SER SOCIABLE
PONERSE NERVIOSO
SER UNA PERSONA MUY COMPRENSIVA
EMOCIONES
AMABLE
ENFADARSE
PONERSE DE MAL HUMOR
PERDÓN
ENFADARSE
TOMARSE LAS COSAS CON CALMA
TOMARSE LAS COSAS CON CALMA
SER UNA PERSONA MUY COMPRENSIVA
PONERSE NERVIOSO

PUNTO DE PARTIDA

Nube de palabras
¿Enfadado o de buen humor?

 A

Clasificamos las palabras o expresiones de la nube en estas tres categorías.

Estados de ánimo

Carácter y personalidad

Reacciones

 B

Escribimos cuatro cosas sobre nosotros utilizando palabras o expresiones de la nube y las comentamos con dos compañeros.

> Yo me pongo nervioso cuando conduzco.

C

¿Cómo nos sentimos o cómo reaccionamos en estas situaciones?

1. Cuando hago deporte,
me siento bien, relajada...

2. Cuando me levanto muy
temprano,

3. Cuando voy de compras,

4. Cuando pierdo en un juego,

5. Cuando tengo demasiado
trabajo,

6. Cuando estoy esperando a
alguien y llega muy tarde,

Vídeo
Vida de pareja

  D

¿Cómo se sienten los protagonistas?
¿Qué les pasa?

▶ campus.difusion.com

 E

¿Qué palabra repiten constantemente? En parejas, anotamos las expresiones que contienen esa palabra.

 F

Discutimos qué significan las distintas expresiones.

¿CONTROLAMOS NUESTRAS EMOCIONES?

Es viernes por la tarde. Miguel ha tenido una semana muy dura. En el trabajo hoy ha sido una locura: todo el mundo estaba de mal humor y estresado. No tiene ganas de ir al supermercado, pero la nevera está vacía. El supermercado está llenísimo. Compra rápido algunas cosas para el fin de semana, va a la caja y se pone a la cola. Hay mucha gente. En el móvil, llamadas perdidas y mensajes de su pareja: "¿Por qué llegas tan tarde?". Mira alrededor y ve cómo las colas en las otras cajas avanzan más rápido que la suya. Cuando por fin le toca, un chico se cuela. Dice que ya estaba en la cola antes, que se había olvidado de los ajos. Y entonces... ¿cómo puede reaccionar Miguel?

Reacción 1

PERDÓN, PERDÓN, PERDÓN... ES QUE ME HE OLVIDADO DE LOS AJOS...

PERO QUÉ CARA TAN DURA, ¿NO? OYE, ¿DE QUÉ VAS, TÍO? QUE TODOS TENEMOS PRISA. PONTE A LA COLA, COMO TODO EL MUNDO. ¡HOMBRE! ES QUE NO PUEDE SER...

BUENO, BUENO... NO TE PONGAS ASÍ... ¡QUE NO ES PARA TANTO! VENGA, ANDA, PASA TÚ, PASA TÚ PRIMERO.

Reacción 2

LA GENTE TIENE UN MORRO... ¡ES INCREÍBLE! NO SOPORTO QUE LA GENTE SE CUELE.

Reacción 3

PASA, PASA, ANDA... PERO TODOS TENEMOS PRISA, ¿NO CREES?

Interpretación
En un primer momento le molesta un poco, pero no se enfada. Habla con el chico y lo deja pasar. Al salir del supermercado, ya ni se acuerda. ¡No se pone de mal humor por una tontería así!

Reacción 4

PASA, PASA... NO IMPORTA. YO NO TENGO PRISA...

¿TE LO TOMAS CON CALMA?

Interpretación
Aunque el tema no es tan importante, a Miguel le molesta que el chico se cuele y explota. No lo deja pasar y le pide que se ponga a la cola. Cuando llega a casa, está de muy mal humor. No entiende por qué se ha enfadado tanto, si, en realidad, no era tan grave.

Interpretación
Aunque le molesta, le da vergüenza protestar delante de todo el mundo, no le dice nada al chico y lo deja pasar. Cuando llega a casa, intenta olvidarse del tema, pero se siente como un tonto. Piensa:"¿Por qué no le he dicho nada?".

Interpretación
Lo deja pasar sin darle importancia y le sonríe. Piensa que hay que tomarse la vida con calma y odia discutir y suele dar la razón a los demás.

Antes de leer
¿Cómo reaccionamos?

Imaginamos que alguien se nos cuela en la caja del supermercado. ¿Cómo reaccionamos? ¿Por qué? Lo comentamos en pequeños grupos.

a. No me importa.
b. Me enfado, pero no digo nada.
c. Me enfado mucho.
d. Me hace gracia.

Texto y significado
Emociones y reacciones

Leemos las cuatro reacciones posibles de Miguel. ¿Con cuál o cuáles de estas frases lo describiríamos en cada caso? Comparamos nuestra visión con la de un compañero.

Es muy sincero. ☐

Es una persona discreta. ☐

Es una persona dialogante y educada. ☐

Es una persona muy equilibrada y no se pone nervioso por nada. ☐

Es un maleducado y un poco agresivo. ☐

Es un falso y un cobarde. ☐

☐

Yo creo que en el primer caso Miguel es un maleducado. Está bien decir lo que piensas, pero educadamente.

Texto y significado
Interpretaciones

Leemos la interpretación de cada situación. ¿A cuál creemos que se refiere cada una?

- Si actúas como en la **situación** ...., vivirás muy tranquilo, pero hay un peligro: si no eres capaz de defender tus derechos, se aprovecharán de ti y te manipularán.

- Si actúas como en la **situación** ...., demuestras tener control sobre tus emociones: dices las cosas sin ser un maleducado ni ponerte nervioso.

- Si actúas como en la **situación** ...., es más probable que consigas tu objetivo, pero, posiblemente, al final te sientas mal y tengas problemas con las personas que te rodean.

- Si actúas como en la **situación** ...., no conseguirás tu objetivo. Si alguien hace algo que te molesta y tú no se lo dices, te sentirás mal, pero no cambiará nada.

Texto y significado
Oiga, perdone...

Escuchamos a varias personas en tres situaciones conflictivas y contestamos a estas preguntas.

- ¿Cuál es la situación?
- ¿Cuál es el problema?
- ¿Cómo es y cómo se comporta cada persona?
- ¿Te parece una reacción adecuada?
- ¿En tu cultura serían esperables reacciones similares?

Texto y lengua
Emociones

Buscamos en los textos palabras y expresiones que sirvan para expresar emociones.

01
AGENDA DE APRENDIZAJE

Palabras para actuar
Emociones, sentimientos y actitudes

 1 ⏵**5** 📖**4**

Observamos estas expresiones y formulamos nuestros ejemplos.

Estados de ánimo
Estar estresado
Estar de mal humor
Estar contento
Estar enfadado

Sentirse ridículo / como un tonto
Sentirse mal/fatal
Sentirse bien consigo mismo

Sentimientos, emociones y actitudes
Molestarle (algo a alguien)
Ponerle de mal humor (algo a alguien)
No importarle (algo a alguien)
Darle vergüenza (algo a alguien)

Carácter
Tener buen/mal carácter

Reacciones, cambios de estado
Enfadarse
Ponerse de mal humor/ nervioso/triste/contento

No darle importancia (a algo)
Odiar (algo)
Tomarse la vida/las cosas con calma

Hoy me siento
Me enfado mucho si
No soporto
Me sienta(n) fatal
Me da vergüenza

Reglas y ejemplos
Sustantivas con subjuntivo: expresar emociones

 2 📖**5-6**

Observamos el esquema y escribimos nuestros ejemplos.

Me molesta **Me da vergüenza** **Me pone nervioso**	limpiar. hablar en público. conducir de noche.	infinitivo
Me molesta **Me da vergüenza** **Me pone de mal humor**	**que** la gente **fume**. **que** los niños **griten**. **que** la gente **hable** mal de los demás.	**que** + subjuntivo

Mis ejemplos:

La gramática de las palabras
Pronombres y verbos: se, le/lo/la

 3 ⏵**6** 📖**7-8**   RG / P.170, 177

Observamos el funcionamiento de estas expresiones. Escribimos ejemplos referidos a una persona de nuestro entorno usando verbos de los dos tipos.

Con los pronombres **me/te/se**
Poner**se** contento/triste/de mal humor...
Tomar**se** las cosas con calma
Enfadar**se**
Sentir**se** bien/mal/cansado...

Con los pronombres **me/te/le/lo/la**
Poner**le/lo/la** de buen/mal humor
Molestar**le**
No importar**le**
Dar**le** vergüenza

Carlos **se pone de mal humor** <u>cuando</u> la gente llega tarde.

A Carlos **le/lo pone de mal humor** <u>que</u> la gente llegue tarde.

Mis ejemplos:
Mi hermano se enfada
cuando me pongo su ropa.
A mi hermano le molesta
que me ponga su ropa.

01
TALLER DE USO

En parejas
Situaciones conflictivas

 9-10

¿Nos hemos enfadado o puesto nerviosos alguna vez en los últimos días? ¿Hemos visto a alguien hacerlo? ¿Qué pasó? Por ejemplo, en un medio de transporte, en un restaurante, con un amigo, con un familiar, con un vecino, etc. Lo comentamos con estos recursos.

—El otro día iba por...
—Un día estaba en...
         con...
         comprando...

—Me puse muy nervioso/a.
—Me enfadé un poco/mucho.
—Me lo tomé con calma.
—Lo pasé fatal/muy mal.
—Me dio un poco de vergüenza.
—Me sentí mal.
        fatal.
        ridículo/a.
        como un/a tonto/a.
—Intenté solucionarlo.
        hablar tranquilamente.
        no enfadarme.

y entonces...
y de pronto...

—Me quejé.
—Protesté.
—Le dije: "Oye, ..."/ "Mira, ..."
—Y él/ella me dijo: ....
—Le pregunté: "Perdone, ¿...?"

—Y tú, ¿qué hiciste?
—¿Y entonces?
—¿Y qué te dijo él/ella?
—Y al final, ¿qué pasó?

—Pues yo, el otro día, estaba en el tren y el revisor me pidió el billete. Lo busqué en el bolso y no lo encontré. Me dio un poco de vergüenza... Y le dije: "Mire, que no lo encuentro, pero de verdad que lo tengo".
—¿Y qué te dijo él?

Y, SIN EMBARGO...,
TE QUIERO

Dicen que un amigo es una persona que te conoce muy bien y, sin embargo, te quiere. Todos conocemos a mucha gente. Tenemos cientos de conocidos en las redes sociales. A veces los llamamos "amigos", pero... ¿nos importan realmente? ¿Somos buenos amigos?

La amistad es algo muy difícil de mantener: hay que cuidar a los amigos, ser generoso con ellos, aceptarlos tal como son, estar ahí cuando nos necesitan... ¿Eres un amigo con el que se puede contar? ¿Intentas mantener y mimar tus relaciones? ¿O simplemente eres muy sociable y tienes muchos conocidos?

TEST: ¿ERES UN BUEN AMIGO?

1. ¿Con qué frecuencia sueles llamar o escribir a tus mejores amigos?
- **a.** Todos los días.
- **b.** Una vez por semana, más o menos.
- **c.** Solo cuando pasa algo especial.

2. Estás de mal humor, has tenido un día muy malo... pero un amigo te necesita.
- **a.** Por supuesto, no lo dejas colgado.
- **b.** Si tu amigo te necesita urgentemente, intentas ponerte de buen humor y vas a verlo.
- **c.** Cuando te sientes mal, no puedes ver ni a tu mejor amigo. No lo ayudarías.

3. Si un buen amigo un día hace algo que te molesta profundamente, ...
- **a.** se lo dices amablemente e intentas que lo entienda.
- **b.** no se lo dices e intentas no darle importancia.
- **c.** te enfadas y no le hablas durante un tiempo.

4. Cuando tienes un problema importante, ¿se lo cuentas a tus mejores amigos?
- **a.** No, no te gusta que se preocupen por ti.
- **b.** Sí, necesitas hablarlo con tus mejores amigos. Siempre te ayudan sus consejos.
- **c.** Depende. Solo si es gravísimo.

5. Si crees que un buen amigo está equivocándose, ...
- **a.** intentas ser comprensivo, pero le das tu opinión.
- **b.** le dices lo que piensas.
- **c.** no le dices nada. Piensas que no tienes derecho a meterte en su vida.

6. Un amigo te hace una crítica.
- **a.** Le agradeces que te diga la verdad. Sabes que intenta ayudarte.
- **b.** Te molesta un poco, pero lo escuchas.
- **c.** No lo escuchas. No soportas que se metan en tu vida.

7. Te enamoras de la pareja de un amigo.
- **a.** Se lo dirías e intentarías conservar la amistad.
- **b.** Eso no pasaría nunca.
- **c.** No te atreverías a decírselo.

8. ¿Has llorado con tus mejores amigos?
- **a.** Sí, muchas veces, soy muy sentimental.
- **b.** Alguna vez, pero intento no hacerlo.
- **c.** No, nunca. Me da mucha vergüenza llorar delante de la gente.

02
Y, SIN EMBARGO..., TE QUIERO

Antes de leer
¿Qué es para nosotros un amigo?

Antes de leer, en grupos, escribimos una definición de la palabra **amigo**. ¿Cuál es la mejor?

— *Un amigo de verdad es una persona que sabe escuchar.*
en la que puedes...
con la que lo pasas...
a la que le cuentas...

Texto y significado
Un amigo es...

¿Se parece nuestra definición a la que da el texto introductorio?

Texto y significado
¿Eres un buen amigo?

Con un compañero nos hacemos mutuamente el test e interpretamos los resultados. ¿Estamos de acuerdo?

PARA INTERPRETAR EL TEST
Mayoría de respuestas A: Eres un amigo excelente, eres sincero y generoso y, cuando te necesiten, estarás ahí.
Mayoría de respuestas B: Quieres a tus amigos, pero a veces eres un poco egoísta y piensas que cada uno tiene que resolver sus problemas.
Mayoría de respuestas C: No eres un amigo de verdad. No confías suficientemente en los demás y no sabes comunicarte.

Escuchamos a tres personas y decidimos qué tipo de amigos son: ¿como A, como B o como C?

Con lápiz o con ratón
Otras definiciones de amigo

Buscamos en internet citas y proverbios sobre qué es un amigo o sobre la amistad, y escogemos uno que nos guste. Luego, lo compartimos con los compañeros.

Texto y lengua
Adverbios en -mente

Buscamos en el test los adverbios que terminan en **-mente**. ¿Cómo podríamos expresar lo mismo con otras palabras?

AGENDA DE APRENDIZAJE

En español y en otras lenguas
Adverbios en -mente

 R / P.167

Observamos los usos de los adverbios que terminan en **-mente** y escribimos a qué equivalen en nuestras lenguas o en otras que conocemos.

Indicar cómo se realiza una acción (= **de manera** + adjetivo)
—*Aitor se comporta siempre muy educadamente.*
—*Todo pasó muy rápidamente.*
—*Hay que arreglar esto urgentemente.*

Marcar la perspectiva sobre el tema (desde el punto de vista)
—*Profesionalmente, es una oportunidad muy interesante.*
—*Colombia ha crecido mucho económicamente.*

Expresar la postura del hablante sobre el contenido
—*Realmente este curso es muy interesante.*
—*Probablemente me cambie de trabajo.*

 Algunos adverbios en **-mente** no tienen ya casi relación con el adjetivo del que derivan y tienen un significado propio, por ejemplo:

solamente (cuando significa "de manera exclusiva")
completamente, **verdaderamente** (cuando acompañan adjetivos para intensificarlos)
normalmente, **generalmente** (cuando significan "de manera habitual")
actualmente (cuando significa "hoy en día")
aproximadamente (cuando significa "alrededor de")

Reglas y ejemplos
Frases relativas con o sin preposición

 R / P.167

Pensamos en un buen amigo nuestro y escribimos sobre él o ella utilizando estas estructuras.

(...) es una persona que...   *(...) es alguien que...*
    con la que...   *con el que...*
    de la que...   *del que...*
    a la que...   *al que...*
    por la que...   *por el que...*
    para la que...   *para el que...*

(...) es una persona/alguien con quien...
           de quien...

> **!**   **es alguien que**   ~~es alguien quien~~
>   **es alguien con quien**   ~~es alguien con que~~
>   **es alguien de quien**   ~~es alguien del que~~

Mi mejor amigo se llama Toni. Nos conocemos desde pequeños. Es una persona con la que siempre me lo paso bien. Nos reímos mucho juntos, pero también es alguien con quien...

Reglas y ejemplos
Aunque

Observamos el valor de **aunque** y continuamos las frases de manera lógica.

—*Aunque sabe que no debería hacerlo, se pone de mal humor por tonterías.*
—*Aunque ha vivido muchos años en Austria, no habla alemán muy bien.*

Aunque no me gusta...
_____

Aunque me gustaría...
_____

Aunque no conozco mucho a...
_____

Aunque nunca he vivido en...
_____

02
TALLER DE USO

En grupos
¿Cómo reaccionas?

Comentamos cómo solemos reaccionar en las siguientes situaciones. A partir de nuestras notas, decidimos quién es el más comprensivo, el más dialogante, el más tranquilo, etc.

- Tienes prisa y encuentras un accidente en la carretera.
- Un amigo cuenta a otras personas un secreto tuyo.
- Has quedado con alguien y esa persona se retrasa una hora.
- Tu jefe te critica delante de otros compañeros.
- Un vecino decide hacer bricolaje el domingo a las 7 h de la mañana.
- Tu pareja llega muy tarde a casa sin avisar.
- Encargas unas pizzas y se equivocan y te traen comida china.

Se lo explicamos al resto de la clase.

La más equilibrada es Judith. Creo que tiene muy buen carácter y siempre intenta buscar soluciones. Por ejemplo, cuando alguien…

En grupos
Nuestro diccionario de la personalidad

Vamos a profundizar en el significado de algunas palabras. Primero, en pequeños grupos, clasificamos estos adjetivos o expresiones en positivos, negativos y neutros.

Ser…
- **sentimental**
- **comprensivo**
- **una persona equilibrada**
- **egoísta**
- **sensible**
- **flexible**
- **sincero**
- **generoso**

- **sociable**
- **agresivo**
- **amable**
- **educado**
- **maleducado**
- **dialogante**
- **discreto**
- **cobarde**

Tener…
- **cara dura**
- **buen carácter**

Entre todos construimos una definición para cada adjetivo o expresión (podemos buscar en diccionarios, contrastar ejemplos de uso en internet, etc.). Damos ejemplos de actitudes o comportamientos de una persona con ese rasgo.

Una persona sincera es alguien que no miente nunca. Por ejemplo, cuando tienes un problema, te dice…

Cada uno escoge los adjetivos con los que se siente identificado y se lo explica a los demás.

—*Yo creo que soy bastante…*
—*Yo soy un poco…*
—*Yo soy demasiado…*
—*Yo no soy nada…*

ARCHIVO DE LÉXICO

Palabras en compañía
Hablar del origen de una relación

 1 24-25-26-27

Pensamos en personas de nuestro entorno. ¿De quién podemos decir estas cosas?

Nombre

—*Nos conocemos desde hace unos meses.*

—*Nos conocemos desde el colegio.*

—*Nos conocimos en un viaje.*

—*Es un/a amigo/a del colegio.*

—*Somos amigos/as de toda la vida.*

—*Es mi mejor amigo/a.*

—*Es un buen amigo/una buena amiga.*

—*Es un conocido/una conocida.*

—*Trabajamos/vivimos/estudiamos juntos.*

66
—¿De qué os conocéis Eva y tú?
—Del cole. Somos amigos de toda la vida.
99

Palabras en compañía
Intentar

 2

Observamos estos ejemplos y escribimos los nuestros con el verbo **intentar**.

—*Yo siempre intento estar de buen humor.*
—*Intenta no ponerte nervioso. No es para tanto.*
—*Intenté no ponerme nervioso, pero, al final, exploté y le dije a Cris todo lo que pensaba.*

Mis ejemplos:

Cuando tengo un problema con alguien, intento...

Mis palabras
Graduar cualidades y defectos

 3 11 28-29-30-31-32-33-34

Observamos los siguientes recursos y describimos nuestras cualidades y defectos.

—*Rafa es una persona muy nerviosa/sincera...*
bastante rara/amable...
un poco* especial/agresiva.
demasiado honesto.
no es nada egoísta.

 Un poco se combina con cualidades que presentamos como negativas.

Rafa es excesivamente generoso.
verdaderamente* fantástico.

! Adjetivos como **genial**, **fantástico**, **maravilloso**, **estupendo**, etc., no se pueden intensificar con **muy**. Para enfatizarlos, usamos **verdaderamente**, **realmente**, **increíblemente**, etc.

—*Tu jefe es un pesado.*
—*Clara es una maleducada.*

! Usamos **ser un** + adjetivo para presentar cualidades negativas de alguien.

Mis cualidades:

Mis defectos:

PROYECTOS

Proyecto individual
Un retrato

Vamos a escribir un texto sobre una persona importante para nosotros. Tenemos que…

- Hablar del origen de nuestra relación.
- Describir el carácter de esa persona dando ejemplos de cómo se comporta.
- Contar una anécdota para ejemplificar la relación que tenemos.

Para mí, Aminata es una persona muy importante. Nos conocimos en el colegio, cuando teníamos cinco años. Y desde entonces siempre hemos sido amigas. Es una persona muy sociable y muy alegre. Siempre está de buen humor y cuando tienes un problema, siempre está ahí para ayudarte.
Una vez yo tuve un problema grave, me quedé sin trabajo, y entonces…

Podemos colgar nuestros textos en nuestro espacio virtual compartido. Los demás nos pueden hacer preguntas.

Proyecto en grupo
Diseñamos un test de personalidad

Jugamos a ser psicólogos y diseñamos un test de personalidad siguiendo estos pasos.

- Escogemos uno de estos temas u otro relacionado con la personalidad y los sentimientos:
  ¿Tienes buen carácter?
  ¿Eres egoísta?
  ¿Eres sensible?
  ¿Eres una persona flexible?

- Redactamos un mínimo de cinco preguntas y, para cada una, tres respuestas posibles.
- Le damos un valor a cada respuesta y escribimos una clave de interpretación.
- Pasamos el test a otros compañeros.

1. Alguien se enfada contigo y te grita. Tú…
a) intentas hablar tranquilamente con él.
b) gritas también.
c) no lo escuchas y te vas.

VER, LEER
Y ESCUCHAR

CONCIERTO ME DECEPCIONÓ PELÍCULA DE CIENCIA FICCIÓN LIBRO COMEDIA POP DIRECTOR ME PARECIÓ GENIAL POP ME PARECIÓ GENIAL ME GUSTÓ MUCHO ME ENCANTÓ AUTOR NOVELA DISCO ACTORES DE TERROR NOVELA

NOVELA
SERIE MÚSICA
ME DECEPCIONÓ
DISCO SERIE
DIRECTOR
ME GUSTÓ MUCHO
CANCIÓN
ME GUSTÓ MUCHO
PELÍCULA
ME PARECIÓ GENIAL
DE CIENCIA FICCIÓN
DE TERROR
DE CIENCIA FICCIÓN
MÚSICA CLÁSICA
ARGUMENTO
POLICIACA
ACTORES AUTOR
MÚSICA CLÁSICA

LIBRO
COMEDIA
ARGUMENTO
NOVELA DISCO
CONCIERTO
ACTORES AUTOR
CONCIERTO
MÚSICA
POP DE ACCIÓN
MÚSICA CLÁSICA CANCIÓN
ME ENCANTÓ
AUTOR
MÚSICA CLÁSICA
ME PARECIÓ GENIAL

DOCUMENTOS
DOSIER 01
Una peli genial
DOSIER 02
Mi vida en canciones

LÉXICO
- Cine, series, música, literatura, teatro...
- **Saber, saberse**
- Adjetivos para valorar: **espléndido, genial**...

GRAMÁTICA
- **Recomendar** + sustantivo/**que** + subjuntivo
- El uso del indefinido para valorar

COMUNICACIÓN
- Charlar sobre un producto cultural
- Recomendar un producto cultural
- Valorar un producto cultural o una experiencia: **me encantó, me aburrió**...
- Hablar del argumento de una obra: **trata de, va de**...
- Describir una canción
- Hablar de los sentimientos que nos produce algo: **me da ganas de**..., **me hace pensar en**...,
- Hablar de lo que nos evoca algo: **me trae recuerdos de**...

CULTURA
- Objetos típicos de diferentes países y sus posibles equivalentes en España o América Latina

PROYECTOS
- Presentar objetos típicos de diferentes países
- Presentar a un personaje y su relación con las cosas

PUNTO DE PARTIDA

Nube de palabras
Cine, series, libros, música...

¿Nos gustan el cine, las series, la música, la literatura, el teatro, etc.? Hablamos en pequeños grupos utilizando vocabulario de la nube.

—A mí me gustaba mucho *House*.
—Yo soy más de *Los Soprano*.
—Pues yo leo muchas novelas policiacas.
—Ah, yo también. ¿Conoces a Fred Vargas?
—No.
—Pues es una autora francesa muy interesante.

Vídeo
Trámites burocráticos

Vamos a ver la primera parte de un cortometraje. Contestamos entre todos a estas preguntas.

campus.difusion.com

1. ¿Qué género cinematográfico parodia el corto?
2. ¿Cómo son y cómo actúan los personajes?
3. ¿Nos resulta familiar esta situación?

Antes de la segunda parte, hacemos hipótesis sobre cómo va a acabar la historia. ¿Quién ganará? Luego, lo comprobamos.

El hombre de los círculos azules
FRED VARGAS
Siruela/ Policiaca

UNA PELI GENIAL

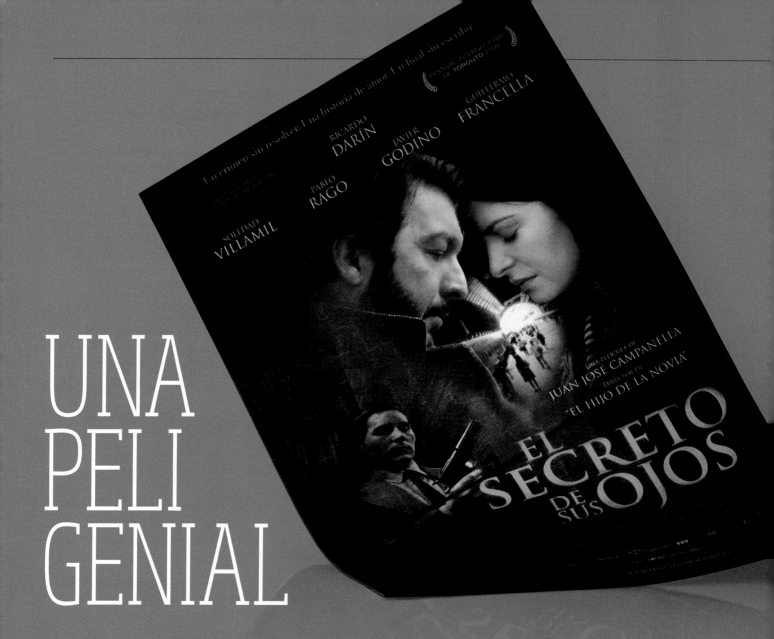

El secreto de sus ojos es ya una película de culto, que ha marcado a muchos. Fue la película argentina más exitosa del año 2009 y una de las más taquilleras de la historia del cine argentino, con más de dos millones y medio de espectadores.

En 2010 se convirtió en la segunda película argentina en ganar el Óscar a la mejor película extranjera, después de *La historia oficial* (1985). Además, ha recibido muchos otros galardones, entre los que destacan varios premios Clarín, Sur y el Goya a la mejor dirección.

EL SECRETO DE SUS OJOS (2009)
PAÍS: Argentina
DIRECTOR: Juan José Campanella
REPARTO: Ricardo Darín, Soledad Villamil, Pablo Rago, Guillermo Francella
GÉNERO: drama
TEMAS: la política, la violencia, el amor

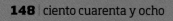

Cuesta encontrar críticas negativas de *El secreto de sus ojos*, aunque alguna hay... Esto es lo que dicen varios cinéfilos en foros de internet.

Mariana Luján
☆☆☆☆☆☆☆☆☆☆

Me pareció una peli genial.

Margarita
☆☆☆☆☆☆☆☆☆☆

Cuando terminó, no pude moverme del asiento del cine por un buen rato pensando: "Esta es una de las mejores películas que he visto en mi vida".

Federica
☆☆☆☆☆☆☆☆☆☆

Una peli extraordinaria, digna de un Óscar. Me encantó la actuación de Francella y de Pablo Rago, Darín... bueno... es Darín: espléndido, como de costumbre.

Luciana
☆☆☆☆☆☆☆☆☆☆

Es una historia policiaca, pero también una historia de amor de las buenas y, a ratos, una comedia. En conjunto, es una obra redonda, una película maravillosa.

Nahuel
☆☆☆☆☆☆☆☆☆☆

No cuenta nada demasiado nuevo: un asesinato, una historia romántica... No hay para tanto. No me entusiasmó, la verdad.

Herminia
☆☆☆☆☆☆☆☆☆☆

¡Qué guion! ¡Qué actores! ¡Qué película, señores! Que nadie se la pierda.

Luisana
☆☆☆☆☆☆☆☆☆☆

Me parece que no se merecía el Óscar. Campanella siempre está sobrevalorado. Y parece que solo tenemos un actor en Argentina: Darín.

Magali
☆☆☆☆☆☆☆☆☆☆

Hay un fantástico guion, una gran ambientación, una maravillosa historia de amor, una trama inquietante y un final inesperado. Y, por si fuera poco, unos fabulosos actores secundarios y un sentido del humor muy fino. Una grandísima película.

Anabela
☆☆☆☆☆☆☆☆☆☆

A mí no me pareció tan genial como dice todo el mundo. Me pareció lenta y un poco pesada.

01
UNA PELI GENIAL

Antes de leer
Nuestros gustos

A

Comentamos nuestros hábitos y preferencias sobre el cine y las series.

- ¿Con qué frecuencia vemos películas o series?
- ¿Dónde vemos películas?
- ¿Cuál fue la última película o serie que vimos?
- ¿Qué géneros nos gustan?

Películas/series...
- **de animación**
- **de acción**
- **de terror**
- **policiaca**
- **de ciencia ficción**
- **de fantasía**

Comedias /dramas/ *thrillers*...

Texto y lengua
Valoraciones

E

¿Qué formas usan en el foro para valorar positiva o negativamente estos aspectos?

Actores

\+ _____

\- _____

Argumento

\+ _____

\- _____

Otros

\+ _____

\- _____

Texto y significado
El secreto de sus ojos

B

Leemos la ficha y el texto introductorio. ¿Nos gustaría ver esta película? ¿Por qué?

C

Leemos las opiniones que aparecen en el artículo. ¿A qué tres personas no les gustó mucho la película? Hablamos con un compañero.

D

¿Cuántas estrellas creemos que le da cada persona a la película? Las coloreamos individualmente y comparamos con lo que ha coloreado un compañero.

F

Escuchamos a unas personas que hablan de *El secreto de sus ojos*. ¿Cuánto le gustó a cada uno del 1 (nada) al 10 (máximo)?

1.

A él: _____ A ella: _____

2.

A él: _____ A ella: _____

01
AGENDA DE APRENDIZAJE

Construir la conversación
Charlar sobre un producto cultural: música, cine, literatura, etc.

Colocamos los ejemplos que faltan en el lugar correspondiente.

—No dejéis de verla.
—(Es) genial, excelente.

—No te la recomiendo.
—A mí me pareció muy mala.

—¿Habéis visto la última de Almodóvar?
—¿Está bien?

Valorar positivamente
—A mí me encantó.
—_____
—Muy interesante.
—¡Qué película!

Dar argumentos
—Los actores están fantásticos.
—Está muy bien escrita.
—La historia es muy impactante.

Recomendar
—No os la perdáis.
—_____

Expresar el desacuerdo con una valoración
—Pues a mí no me gustó tanto.
—No es tan buena.

Plantear el tema
—_____
—El otro día fui al concierto de Calle 13.
—¿Has leído Patria?

Pedir la opinión
—¿Te gustó?
—¿Y qué tal?
—_____

Expresar desconocimiento
—Yo no la he leído todavía.
—Yo quiero ir a verla.

Valorar negativamente
—A mí no me gustó.
—_____
—No está mal, pero no es nada del otro mundo.

Dar argumentos
—El guion es flojo.
—El tema está muy visto.

Desaconsejar
—No vayas a verla. No vale la pena.
—_____

Expresar el desacuerdo con una valoración
—Pues a mí me gustó.
—A mí no me pareció tan mala.

Reglas y ejemplos
Recomendar

Observamos los recursos y hacemos recomendaciones a los compañeros.

Tienes/tenéis que ir al concierto de Izal.
No te pierdas/os perdáis la última película de Cuarón.
Te recomiendo que pidas el rape. ¡Está buenísimo!

`Te/le/os/les recomiendo` + sustantivo
Te recomiendo la última novela de Vargas Llosa.

`Te/le/os/les recomiendo que` + presente de subjuntivo
Te recomiendo que veas/veáis El olivo.
leas/leáis La fiesta del chivo.
vayas/vayáis al concierto de Izal.

Palabras para actuar
El argumento de una obra

Observamos los recursos para hablar del argumento de una obra. Los vamos a necesitar en el taller de uso.

—Trata sobre la Guerra Civil.
—Va de una chica que quiere ser actriz.
—Es/cuenta la historia de un ladrón de joyas.
—Está basada en hechos reales.
—Es una historia que sucede en los años 60 en México.

Una página web:
_____

Un vídeo de internet:
_____

Otros:
_____

01
TALLER DE USO

En parejas
Películas recomendables

 📖 18-19-20

Preparamos información sobre alguna de nuestras películas preferidas y se la recomendamos a los compañeros.

- **Título original**
- **Título en español (si lo tiene)**
- **País**
- **Año**
- **Director**
- **Actores**
- **Género**
- **Argumento**
- **Mi crítica**
- **Mi puntuación (de 0 a 10)**

A mí me encantó *Un monstruo viene a verme*. Le doy un nueve y medio. Os la recomiendo porque...

Entre todos
La serie misteriosa

B

Por turnos, uno piensa en una serie o película muy conocida y los demás le hacemos preguntas (solo se puede responder "sí" o "no"). Podemos jugar en clase o en nuestro entorno virtual compartido.

MI VIDA EN CANCIONES

¿Quién no tiene unas cuantas canciones que le ponen la piel de gallina, que lo ponen triste o que le dan ganas de ponerse a bailar? Muchas de ellas simplemente nos gustan; otras muchas nos recuerdan momentos importantes: experiencias intensas, un viejo amor, una época que no volverá…

Como cada generación tiene su música, hemos elegido a personas de edades diferentes para que nos hablen de las canciones de su vida.

JAVIER KRAHE
JOAQUIN SABINA
ALBERTO PEREZ
"LA MANDRAGORA"

LOS RODRIGUEZ HASTA LUEGO

¡QUILLO!
ALDO
MANTENIMIENTO AL ALMA
VERGUENSA

PONGAMOS QUE HABLO DE MADRID
JOAQUÍN SABINA

Allá donde se cruzan los caminos, donde el mar no se puede concebir; donde regresa siempre el fugitivo, pongamos que hablo de Madrid.

Nieves Sanz (62)
"Me recuerda un viaje que fue el principio de mi vida adulta".

• • • • • • • • • • •

SIN DOCUMENTOS
LOS RODRÍGUEZ

Quiero ser el único que te muerda en la boca. Quiero saber que la vida contigo no va a terminar...

Elena Lozano (37)
"La asocio con las primeras veces que uno sale por la noche y todo es muy emocionante".

• • • • • • • • • • •

MI HERMOSA HABANA
ALDO (MIEMBRO DE LOS ALDEANOS)

Esta Habana hermosa goza también de otros secretos, los cuales no aparecen en ningún centro turístico, porque hay que mantener la imagen del sitio magnífico.

Emilio Álvarez (28)
"Me recuerda por qué me fui de mi país".

02
MI VIDA EN CANCIONES

Antes de leer
La música

A

Completamos la ficha y hablamos de la música en nuestras vidas: nuestros grupos favoritos, la importancia que le damos...

- Mi grupo/cantante favorito es ....
- Me sé todas las letras/canciones de ....
- Toco ....
  Canto/Bailo ....
- Casi siempre escucho música para ....
- (No) suelo poner/escuchar música cuando ....
- Me paso el día cantando/escuchando ....
- Cuando ...., me gusta escuchar/poner ....
- Una canción que me anima cuando estoy triste es ....
- De vez en cuando voy a conciertos ....
- Para ...., pongo ....

B

En grupos, comentamos qué canciones en español conocemos. ¿Hay alguna muy conocida en nuestro país?

Texto y significado
Imaginamos canciones

C

Leemos los fragmentos de canciones. ¿Cómo nos las imaginamos (la música, el tema...)?

—*Es una canción rápida/triste...*
—*Es una balada.*
—*Es una canción que habla de...*

D **E**

Escuchamos los fragmentos de las canciones. ¿Nos las habíamos imaginado así?

¿En qué versos encontramos estas ideas? Comentamos nuestras elecciones en parejas.

1. La ciudad que se muestra no es la real.
2. Quiero pasar mi vida contigo.
3. La ciudad no está en la costa.

Texto y significado
Las canciones de su vida

F

Leemos por qué esas canciones son importantes para Nieves, Elena y Emilio. Luego, escuchamos sus testimonios. ¿Tenemos experiencias parecidas con alguna canción?

G

Otras personas nos hablan de canciones importantes en sus vidas. Escuchamos y resumimos lo que dice cada una. Luego comparamos nuestro resumen con el de un compañero.

RESUMEN GRAMATICAL Y DICCIONARIO DE CONSTRUCCIONES VERBALES

RESUMEN GRAMATICAL

Los artículos
Determinados e indeterminados

		Masculino	Femenino
Artículo determinado	Singular	**el** libro	**la** caja
	Plural	**los** libros	**las** cajas
Artículo indeterminado	Singular	**un** libro	**una** caja
	Plural	**unos** libros	**unas** cajas

El artículo neutro: lo
■ El artículo neutro **lo** equivale a "las cosas" o "el aspecto", y nunca va delante de un nombre.

Lo mejor (= el aspecto mejor, las cosas mejores)
Lo divertido (= el aspecto divertido, las cosas divertidas)
Lo que más me gusta (= el aspecto que más me gusta, las cosas que más me gustan)

Artículos determinados: el/la/los/las
■ Los usamos para referirnos a cosas, personas o ideas que nuestro interlocutor puede reconocer en su entorno, en sus recuerdos o en lo que se ha dicho anteriormente.

—*Me ha encantado el libro que me dejaste.*
—*¿Me pasas el pan?*
—*Vive en la capital.*

Artículos indeterminados: un/una/unos/unas
■ Los usamos para referirnos a cosas, personas o ideas de las que no hemos hablado antes.

—*Te he traído un libro que compré en Madrid.*
—*Hoy he comido solo un bocadillo.*
—*Vive en una ciudad del norte.*

Ausencia del artículo
■ Sin artículo, nos referimos generalmente a tipos de cosas o personas, no a personas o cosas particulares.

—*¿Tienes coche?*
—*Como pan todos los días.*
—*Vende motos.*

RESUMEN GRAMATICAL

Los artículos
Presencia/ausencia del artículo

En el sujeto de una oración
- Generalmente el nombre va con artículo.

—*El pan es muy sano.*
—*La mesa del salón vale 300 euros.*
—*Ha venido un chico a verte.*

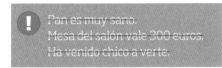

En la estructura ser + un/ø + nombre
- Cuando hablamos de personas, usamos **un/ø** en función de la información que queremos dar.

—*Javier Bardem es un famoso actor.* (¿Quién es?)
—*Estela y Judith son unas profesoras que tuve en el colegio.* (¿Quiénes son?)
—*Luis Alberto es actor de teatro.* (¿Qué es?, ¿a qué se dedica?)
—*Carla y Juana son profesoras.* (¿Qué son?)

> ! Aunque no se trata de un complemento directo, funciona de la misma manera la estructura **ser + un/ø** + nombre cuando hablamos de cosas.
> Comillas **es una ciudad** de Cantabria.
> La sangría **es vino** mezclado con fruta.
> Los pinos **son árboles**.
> Los pinos **son unos árboles** muy resistentes.

En la estructura verbo + complemento directo
- Con nombres no contables: sin artículo.

—*No compres azúcar, que ya tenemos.*
—*¿Bebe vino con las comidas?*

- Con nombres contables: con artículo (singular o plural), sin artículo (solo plural).

—*He leído el último libro de Almudena Grandes y unos artículos que publicó en un periódico.*
—*Leo libros y veo películas en español.*

En la estructura artículo + de/que
—*¿Quién es Cecilia?*
—*La del pelo rizado. / La que lleva el pelo rizado.*

—*¿Cuál es tu casa?*
—*La de las ventanas cerradas. / La que tiene las ventanas cerradas.*

—*¿Qué te preocupa?*
—*Lo de ayer en la reunión de vecinos. / Lo que pasó ayer en la reunión de vecinos.*

> ! **Lo que**, en principio de frase, se usa frecuentemente para focalizar aquello que se va a decir:
> Esta máquina, **lo que hace**, es empaquetar el producto.
> El cliente, **lo que quiere** es que le atiendan bien.
> Yo, **lo que no quiero** es que luego tengamos que volver a pie.

Nombres contables con los verbos tener, haber y llevar
- Referido a un tipo de cosa (no a una cosa concreta de ese tipo): sin artículo.

—*La ciudad tiene aeropuerto.* (Importa si tiene o no ese tipo de infraestructura; no importan la cantidad ni las características).

—*Siempre lleva corbata.*
—*¿Hay playas en Valencia?*

- Referido a una cosa concreta: con artículo.

—*La ciudad tiene un aeropuerto muy pequeño.* (Importan las características de esa realidad)

- Referido a un tipo de cosa del que puede haber varios ejemplares: sin artículo.

—*¿No hay farmacias en este barrio?*
—*Sí, sí hay.*

Los demostrativos
Este, ese, aquel; esto, eso, aquello

aquí/acá	ahí	allí/allá
este chico	**ese** chico	**aquel** chico
esta chica	**esa** chica	**aquella** chica
estos amigos	**esos** amigos	**aquellos** amigos
estas amigas	**esas** amigas	**aquellas** amigas
esto	**eso**	**aquello**

Este (aquí/acá)
■ Se refiere a un objeto o persona próximo a la persona que habla o al espacio en el que está la persona que habla: **esta ciudad**, **este año**...

Ese (ahí)
■ Se refiere a un objeto o persona próximos a la persona que escucha o a los interlocutores, al espacio en el que está la persona que escucha, pero no la que habla: **esa silla**, **ese coche**...

Aquel (allí/allá)
■ Se refiere a algo alejado de los interlocutores o más lejano que otros posibles referentes: **esa silla no, aquella**.

Para señalar en el espacio

Este/a/os/as
—*Esta copa está rota.* (La tengo justo delante o en la mano)
—*¿Este coche es tuyo?* (Estoy junto a él o en él)
—*Esta calle es muy ruidosa.* (Estoy en ella)
—*Este mes tengo dos exámenes.* (El mes en el que estamos)

Ese/a/os/as
—*¿Qué es ese ruido que se oye?* (Hablando por teléfono)
—*¿Ese coche es tuyo?* (El coche está al otro lado de la calle)
—*¿Me pasas ese lápiz?* (Tú estás junto al lápiz, yo no)

Aquel/aquella/os/as
—*¿Aquel coche es el de Ana?* (En un *parking*, con coches entre los hablantes y el coche de Ana)

Para señalar en el texto

Esto
—*Escucha bien, esto es importante: cierra bien la puerta y apaga todas las luces antes de irte.* (Lo que yo he dicho o voy a decir)

Esto/eso
—*Van a subir los carburantes y esto/eso provocará la subida del IPC.* (Algo que ha aparecido inmediatamente antes en el texto o en la conversación)

Eso
—*No estoy de acuerdo con eso que dices.* (Lo que tú has dicho)
—*Eso de que está buscando trabajo es mentira.* (Lo que ha dicho el interlocutor u otra persona)

Aquello
—*Aquello que me dijiste no es verdad.* (Algo dicho en un momento distante)

RESUMEN GRAMATICAL

Los posesivos
Átonos

Yo	**mi** perro **mi** casa	**mis** amigos **mis** hermanas
Tú	**tu** perro **tu** casa	**tus** amigos **tus** hermanas
Él/ella/usted	**su** perro **su** casa	**sus** amigos **sus** hermanas
Nosotros/nosotras	**nuestro** perro **nuestra** casa	**nuestros** amigos **nuestras** hermanas
Vosotros/vosotras	**vuestro** perro **vuestra** casa	**vuestros** amigos **vuestras** hermanas
Ellos/ellas/ustedes	**su** perro **su** casa	**sus** amigos **sus** hermanas

> **!** No se suelen usar los posesivos en casos como los siguientes:
> Me duele **la cabeza**.　　　　　　mi cabeza
> Tiene una herida en **la pierna**.　　su pierna
> Ponte **los zapatos**.　　　　　　　tus zapatos
> Me han perdido **la maleta**.　　　　mi maleta
> Solo se usan los posesivos si hay ambigüedad respecto a la pertenencia:
> En el aeropuerto han perdido **mi maleta** y la de Charo.

Los posesivos
Tónicos

Yo	(el) **mío** (la) **mía**	(los) **míos** (las) **mías**
Tú	(el) **tuyo** (la) **tuya**	(los) **tuyos** (las) **tuyas**
Él/ella/usted	(el) **suyo** (la) **suya**	(los) **suyos** (las) **suyas**
Nosotros/nosotras	(el) **nuestro** (la) **nuestra**	(los) **nuestros** (las) **nuestras**
Vosotros/vosotras	(el) **vuestro** (la) **vuestra**	(los) **vuestros** (las) **vuestras**
Ellos/ellas/ustedes	(el) **suyo** (la) **suya**	(los) **suyos** (las) **suyas**

—*¿Vamos en tu coche o en el mío?*
—*Mejor en el tuyo.*

—*¿De quién es esa mochila?*
—*(Es) mía.*

Los nombres
Clases de nombres

La distinción entre nombres contables y no contables es importante para la formación del plural de los nombres y para la presencia o la ausencia del artículo.

Nombres contables
- Se pueden "contar" por unidades.

—*una casa*
—*dos ventanas*
—*tres libros*
—*muchos amigos*

Nombres no contables
- Se refieren a materiales (**papel**, **madera**, **algodón**...) o alimentos (**agua**, **vino**, **café**...) que se pueden medir y pesar, pero no separar en unidades.

—*un litro de agua*
—*un vaso de leche*
—*una botella de aceite*
—*un kilo de arroz*
—*un paquete de azúcar*

- A veces, su cantidad mínima tiene nombres particulares.

—*una gota de agua/aceite*
—*un grano de sal/arroz*
—*una hoja de papel*
—*un trozo de madera/tela*

> **!** Cuando se contabilizan (con numerales o usados en plural), los nombres no contables adquieren otro significado.
> **dos cafés** (= dos tazas de café)
> **los arroces** (= los tipos de arroz)
> En singular, los nombres no contables admiten artículo indeterminado si van seguidos de un adjetivo.
> **una gente** muy simpática
> **un amor** desesperado
> **una carne** buenísima

Los nombres
El género: masculino y femenino

En español hay nombres masculinos y femeninos.
No hay nombres neutros.

masculino	femenino
el **pueblo**	la **ciudad**
el **libro**	la **fruta**

■ En general, son masculinos los sustantivos que terminan en **-o**, **-aje**, **-ón** y **-r**: gat**o**, gar**aje**, cami**ón**, moto**r**.

■ Son femeninos los terminados en **-a**, **-ción**, **-sión**, **-dad**, **-tad**, **-ez**, **-eza** y **-ura**: gat**a**, can**ción**, ver**dad**, trist**eza**, verd**ura**.

■ Los nombres con otras terminaciones pueden ser masculinos o femeninos: la nub**e**, el hombr**e**, el so**l**, la mie**l**, el/la cantant**e**...

■ El género y el número afectan a las palabras que acompañan al nombre: los artículos, los pronombres y los adjetivos (calificativos, demostrativos y posesivos).

—*Es un coche muy pequeño.*
—*Tiene una casa muy bonita.*
—*Estos libros son muy viejos.*
—*Esas zapatillas blancas son las de Isa.*

> **!** Los nombres femeninos que comienzan por **a** tónica llevan en singular el artículo **el**.
> **el a**lma **las** almas
> **el a**gua **las** aguas
> **el a**ula **las** aulas

Los nombres
El número: singular y plural

Formación del plural: vocal + **-s**
■ Si un nombre termina en vocal, añadimos **-s**: cas**a** - cas**as**.

Formación del plural: consonante + **-es**
Si un nombre termina en consonante, añadimos **-es**: acto**r** - actor**es**.

> **!** Las palabras que terminan en **-z**, hacen el plural en **-ces**: ve**z** - ve**ces**.

Los adjetivos
Género y número

un cuadro	una ciudad	unos cuadros	unas ciudades
bonit**o**	bonit**a**	bonit**os**	bonit**as**
interesant**e**		interesant**es**	
grand**e**		grand**es**	

■ No varían en género los adjetivos acabados en **-z**, **-l**, **-ista**, **-e**, **-ante**, **-ente** y **-ble**: un hombre / una mujer capa**z**, fie**l**, optim**ista**, fuert**e**, import**ante**, vali**ente**, agrada**ble**...

Los adjetivos
Posición

■ Generalmente, los adjetivos van después del nombre.

—*Llevaba una camisa preciosa.*

■ Algunos adjetivos suelen ir antes del nombre.

—*Tenemos un pequeño problema.*
—*Luisa Sala es una gran novelista.*
—*Nadal ganó sin grandes dificultades.*
—*Paco está muy a gusto en su nuevo trabajo.*
—*Hoy voy a salir con un viejo amigo del instituto.*

■ También pueden ir detrás del verbo.

—*Se fue muy preocupada.* (= referido al sujeto)
—*Os veo nerviosos.* (= referido al complemento)

> **!** Delante de nombres en masculino singular **bueno** se convierte en **buen** y **malo**, en **mal**.
> **Grande** se convierte en **gran** delante de nombres en singular, sean masculinos o femeninos.
> Vamos a celebrar mi ascenso en un **buen** restaurante.
> La economía está pasando por un **mal** momento.

> **!** Nunca van delante del nombre los adjetivos que expresan origen (**colombiano**), forma (**redondo**), pertenencia a una categoría (**nacional**, **universitario**...).
> Combinados con otros adjetivos:
> Unos estudios universitarios interesantes.
> Unos estudios interesantes universitarios.
> Unos **interesantes** estudios **universitarios**.

RESUMEN GRAMATICAL

Los adjetivos
Superlativos

—*La ciudad más poblada de la región.*
—*El hombre más simpático que conozco.*

muy bueno/a	buen**ísimo/a**
muy interesante	interesant**ísimo/a**
muy fácil	facil**ísimo/a**

> **!** **Maravilloso**, **genial**, **fantástico**, **excelente**
> y otros adjetivos que expresan una determinada
> cualidad en un grado muy alto, no admiten la forma
> de superlativo.
> ~~muy maravilloso~~   ~~maravillosísimo~~

Los adjetivos
Adjetivos que implican un complemento

—*No estás obligado a hacer nada que no te guste.*
—*Habéis sido muy amables con mis padres.*
—*Todos están muy contentos con su trabajo.*
—*Es un profesor muy comprensivo con sus alumnos.*
—*¿Estás enfadado conmigo por algo?*
—*Seré muy sincero contigo: no me gusta cómo te comportas últimamente.*
—*Este texto es muy fácil/difícil de entender.*
—*Estoy cansado de oír siempre lo mismo.*
—*Paco es muy bueno en ciencias / para las ciencias.*
—*Esta crema es muy buena para el dolor de espalda.*
—*Este sofá es muy cómodo para dormir.*
—*La clase de hoy es obligatoria para todos los alumnos.*
—*Estoy muy preocupado por ti. ¿Qué te pasa?*
—*¿Estás nervioso por el examen de mañana?*
—*Marta es muy buena tocando el piano.*

La comparación
Con adjetivos, nombres y verbos

	adjetivos	
más		**que...**
menos	bonito/a/os/as	
tan		**como...**

—*Sevilla es más grande que Córdoba.*
—*Almería no es tan grande como Málaga.*

	nombres	
más	aceite	**que...**
menos	sal	
tanto/a/os/as	ambiente	**como...**

—*Sevilla tiene más habitantes que Córdoba.*
—*Almería no tiene tantos habitantes como Málaga.*

verbos		
come	**más**	**que...**
	menos	
	tanto/a/os/as	**como...**

—*Lidia come más que su hermana.*
—*Alfredo duerme menos que yo.*
—*Leo no trabaja tanto como su socio.*

> **!** | más bueno/a | **mejor** |
> | más malo/a | **peor** |
> | más grande, más viejo/a | **mayor** |
> | más pequeño/a, más joven | **menor** |

La comparación
Tan ... / tanto/a/os/as ... / tanto (como)

Tan + adjetivo **(como)**
— *Este novelista no es tan bueno (como dicen).*

Tanto/a/os/as + sustantivo **(como)**
— *Este año hay tantos alumnos (como el pasado).*

Verbo **+ tanto (como)**
— *No corras tanto.*
— *Trabajo tanto como antes.*

La comparación
Tan ... / tanto/a/os/as ... / tanto (como)

Usos

■ Negar la afirmación de otra persona o corregirse a uno mismo.

— *En la plaza había muchos manifestantes.*
— *No, no había tantos.* (= tantos manifestantes como tú dices)
— *En la plaza había cinco mil manifestantes... Bueno, no tantos.* (= tantos manifestantes como los que acabo de decir)

■ Contradecir una supuesta opinión.

— *Pues fuimos al nuevo museo y a mí no me pareció tan extraordinario.* (= tan extraordinario como se dice)

Cuantificadores y gradativos
Con nombres, verbos y adjetivos

Con nombres contables

ningún algún	libro	ninguna alguna	novela
pocos algunos varios bastantes muchos demasiados	libros	pocas algunas varias bastantes muchas demasiadas	novelas

Con nombres no contables

nada de poco un poco de bastante mucho demasiado	tiempo	nada de poca un poco de bastante mucha demasiada	agua

Con verbos

no trabaja	**nada**
trabaja	**poco un poco bastante mucho demasiado**

Graduar adjetivos

nada	grande/s
un poco*	grande/s
bastante	grande/s
muy	grande/s
demasiado	grande/s

 * **Un poco** se usa solo para adjetivos que presentamos como negativos.

RESUMEN GRAMATICAL

Los pronombres indefinidos
Alguien, nadie

■ Se refieren solo a personas. En función de complemento directo, llevan la preposición **a**.

—*¿Alguien tiene un boli?*
—*¿Has visto a alguien en el concierto?*
—*A Ramiro y Marisa, pero no había nadie más.*

▶❚ **COMBINACIONES FRECUENTES**
Alguien más
Nadie más
Casi **nadie**

Pronombres indefinidos
Algo, nada

■ Se refieren a cosas, objetos e ideas.

—*¿Has comido algo?*
—*No, no había nada en el frigorífico.*

▶❚ **COMBINACIONES FRECUENTES**
Algo más
Nada más
Casi **nada**

Los indefinidos
Alguno, algún; ninguno, ningún

alguno	
alguna	ninguno
algunos	ninguna
algunas	

■ Pueden acompañar a un nombre o sustituirlo.

—*¿Hay algún restaurante japonés por aquí cerca?*
—*No, no conozco ninguno.*

> **!** Delante de un nombre masculino singular:
> **algún** restaurante
> **ningún** diccionario

▶❚ **COMBINACIONES FRECUENTES**
Ninguno de nosotros ➤ ellos ➤ sus amigos
Ninguna de nosotras ➤ ellas ➤ sus amigas
En ninguna parte
En ningún lado ➤ lugar ➤ sitio

Los indefinidos
Frases negativas con nadie, nada, ningún(o)

—*En España nadie cena antes de las 7.*
—*En España no cena nadie antes de las 7.*
—*A ti nada te parece bien, eres muy perfeccionista.*
  A ti no te parece bien nada, eres muy perfeccionista.
—*En esta casa ninguna habitación tiene balcón.*
—*En esta casa no tiene balcón ninguna habitación.*

Los indefinidos
Los/las demás, lo demás

adjetivo
—*Hoy dormimos en casa de Antonio. Los demás días dormiremos en un hotel.*

pronombre
—*Pon estas botellas en el frigorífico; las demás, en el armario.*

pronombre neutro
—*Esto es para ti. Lo demás es para tus hermanas.*

▶❚ **COMBINACIONES FRECUENTES**
Todo lo demás
Todos los demás
Todas las demás

Los indefinidos
Cada, cada uno

■ **Cada** acompaña a un nombre, en singular y sin artículo. **Cada uno/una** lo sustituye.

—*Cada alumno tiene que elegir un tema diferente.*
—*En esta escuela los niños trabajan con ordenador, cada uno tiene el suyo.*

▶❚ **COMBINACIONES FRECUENTES**
Cada día ➤ semana ➤ año
Cada dos horas ➤ tres días ➤ cien años
Cada uno de nosotros ➤ vosotros ➤ ustedes

Los indefinidos
Mismo/a/os/as

■ Puede acompañar a un nombre o sustituirlo.

—*Felipe y Carmen trabajan en la misma empresa.*
—*Felipe trabaja en la misma empresa que Carmen.*
—*¿Trabajáis en dos empresas diferentes o en la misma?*

▶ **COMBINACIONES FRECUENTES**

Yo > tú > él **mismo**
Yo > tú > ella **misma**
Ahora > esta tarde > hoy > esta semana **mismo**
Delante > detrás > al lado **mismo**

Los indefinidos
Todo/a/os/as

	+ nombre
todo el	aceite
toda la	comida
todos los	compañeros
todas las	personas

> ❗ - ¿**Todos los músicos** son de aquí?
> - Sí, **todos**.
>
> - ¿No queda **mantequilla**?
> - No, la he usado **toda** para cocinar.

Todo (= todas las cosas)
—*Lo cocinamos todo nosotros mismos.*

Todo el mundo (= todas las personas o todo el planeta)
—*En mi clase a todo el mundo le gusta el fútbol.*
—*He viajado por todo el mundo.*

De todo (= cosas de todos los tipos)
—*En los entrenamientos hacemos de todo.*
—*¿Tu novia come de todo o hay algo que no le gusta?*

> * **Todo**, **toda**, **todos**, **todas** van siempre con un pronombre (**lo/la/los/las**) cuando son objeto directo.
> - ¡Qué fotos tan bonitas! **Las** quiero **todas**.
> - ¡Qué fotos tan bonitas! Quiero todas.

Los relativos
Que

Que
—*La excursión que hicimos el sábado fue muy bonita.*
—*El hotel en el que nos alojamos era muy céntrico.*
—*Las amigas con las que viajamos eran de Valencia.*

Lo que
—*Lo que más le preocupa es el dinero.*

Quien
—*Luis es una persona en quien puedes confiar.*
—*Luis es una persona en la que puedes confiar.*

—*Necesitas un amigo con quien hablar.*
—*Necesitas un amigo con el que hablar.*

> Ana es una amiga **que** vive en Colombia.
> Ana es una amiga quien vive en Colombia.

Los adverbios
Adverbios en -mente

■ Se construyen a partir de la forma femenina singular de adjetivos calificativos.

rápido	rápida**mente**
consciente	consciente**mente**
fácil	fácil**mente**

■ En su mayor parte, expresan la forma en que sucede algo y acompañan a un verbo o un adjetivo.

—*Entró silenciosamente.* (= de manera silenciosa)
—*El equipo local es claramente superior a su rival.*
(= de manera clara)

> En un número muy limitado de casos y en combinación con ciertos verbos, la forma masculina singular del adjetivo funciona como adverbio:
>
> Hablar/cantar **alto/bajo/claro/fuerte/rápido**
> Escribir/andar **recto/torcido/rápido/lento**
> Jugar **limpio**
> Trabajar **duro**
> Respirar **hondo**

RESUMEN GRAMATICAL

■ **Solo** y **solamente** se usan indistintamente.
—*¿Solo hay una farmacia en el pueblo?*
—*¿Solamente hay una farmacia en el pueblo?*

Usos

Conectar dos enunciados.
Consecuentemente, consiguientemente, evidentemente, lógicamente, igualmente...
—*María viajó en tren toda la noche. Lógicamente, cuando llegó estaba cansadísima.*

Expresar la actitud del hablante.
Francamente, sinceramente, verdaderamente...
—*Sinceramente, la película me pareció un rollo.*

Expresar una valoración del hablante.
Desgraciadamente, afortunadamente, lamentablemente...
—*Afortunadamente, no pasó nada grave.*

Expresar el grado de seguridad/probabilidad de lo que se dice.
Probablemente, posiblemente, seguramente...
—*Seguramente, no lo sabía.*

Expresar la perspectiva desde la que se afirma algo.
Técnicamente, económicamente, musicalmente...
—*Técnicamente, el partido fue muy bueno.*
—*El proyecto era inviable económicamente.*

Modificar un adjetivo.
Realmente, enormemente...
—*Es una asignatura realmente difícil.*

Frases interrogativas
Quién, dónde, cómo, cuándo, cuánto...

—*¿Quién es Pablo Neruda?*
—*¿Quiénes son esas chicas?*
—*¿Dónde está Segovia?*
—*¿Adónde vas a ir este fin de semana?*
—*¿Cómo vas a casa? ¿En autobús?*
—*¿Cuándo es tu cumpleaños?*
—*¿Cuánto cuesta esta cafetera?*
—*¿Cuántos años viviste en Suiza?*
—*¿Cuánta gente había en el concierto?*
—*¿Cuántas camisetas rojas tienes?*
—*¿Por qué se ha ido Martín?*
—*¿Qué piensas hacer este verano?*
—*¿Cuál es la ciudad más antigua de América?*
—*¿Cuáles son tus escritores favoritos?*

Frases interrogativas
Qué/cuál

Qué + verbo
—*¿Qué vas a comer hoy?*

Qué + nombre
—*¿Qué ciudad es la más bonita de Andalucía?*
—*¿Qué ciudades son las más bonitas de Andalucía?*

Cuál/cuáles + verbo
—*¿Cuál es la ciudad más bonita de Andalucía?*
—*¿Cuáles son las ciudades más bonitas de Andalucía?*
—*De las ciudades de Andalucía, ¿cuál es la más bonita?*

Frases interrogativas
Con preposición

■ En preguntas con preposición, esta se sitúa antes de la partícula interrogativa.

—*¿Con cuántas maletas vas a viajar?*
—*Con cuatro.*

—*¿De dónde es tu marido?*
—*De México.*

—*¿Con quién vives?*
—*Con un amigo.*

—*¿De qué está hecho este bolso?*
—*De plástico.*

Frases exclamativas
Qué + nombre/adjetivo

Qué + nombre
— *¡Qué perro (tan grande)!*
— *¡Qué casa (tan bonita)!*
— *¡Qué perros (tan grandes)!*
— *¡Qué casas (tan bonitas)!*

Qué + adjetivo
— *¡Qué grande (es ese perro)!*
— *¡Qué bonita (es esa casa)!*
— *¡Qué grandes (son esos perros)!*
— *¡Qué bonitas (son esas casas)!*

Los pronombres
En función de sujeto

1.ª pers. singular	yo	— *Yo hablo dos lenguas, ¿y tú?*
2.ª pers. singular	tú	— *Tú naciste en Roma, ¿verdad?*
3.ª pers. singular	él, ella, usted	— *Él es ingeniero y ella, arquitecta.*
1.ª pers. plural	nosotros, nosotras	— *Nosotros reciclamos los periódicos viejos.*
2.ª pers. plural	vosotros, vosotras	— *¿Vosotros tenéis coche?*
3.ª pers. plural	ellos, ellas, ustedes	— *En esa época, ellas vivían en Argentina.*

Los pronombres
Con preposición

1.ª pers. singular	mí*	— *¿Tienes algo para mí?*
2.ª pers. singular	ti*	— *He comprado esto pensando en ti.*
3.ª pers. singular	él, ella, usted	— *Ve al museo con ella: sabe mucho de arte.*
1.ª pers. plural	nosotros, nosotras	— *Sin nosotros no os lo vais a pasar bien.*
2.ª pers. plural	vosotros, vosotras	— *Gabriel siempre habla muy bien de vosotros.*
3.ª pers. plural	ellos, ellas, ustedes	— *No tengo nada contra ellas, pero no me parecen simpáticas.*

! * Con la preposición **con**: **conmigo** y **contigo**.

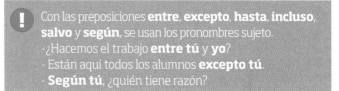

! Con las preposiciones **entre**, **excepto**, **hasta**, **incluso**, **salvo** y **según**, se usan los pronombres sujeto.
- ¿Hacemos el trabajo **entre tú** y **yo**?
- Están aquí todos los alumnos **excepto tú**.
- **Según tú**, ¿quién tiene razón?

Los pronombres
Reflexivos

1.ª pers. singular	**me** llamo
2.ª pers. singular	**te** llamas
3.ª pers. singular	**se** llama
1.ª pers. plural	**nos** llamamos
2.ª pers. plural	**os** llamáis
3.ª pers. plural	**se** llaman

RESUMEN GRAMATICAL

Los pronombres
En función de objeto directo (OD)

1.ª pers. singular	me	—Tu madre me trata muy bien.
2.ª pers. singular	te	—¿Te llevo a tu casa?
3.ª pers. singular	lo*, la	—El coche lo tengo en el garaje.
1.ª pers. plural	nos	—Mis amigos de Toledo nos acompañaron al museo.
2.ª pers. plural	os	—¿Os llevamos al hotel?
3.ª pers. plural	los, las	—A Inés y a Tere no las veo desde hace meses.

 * Cuando el objeto directo (OD) es una persona singular de género masculino, se admite también el uso de la forma **le**.
- A Eduardo **lo/le** veo todos los días.

■ Si el sintagma nominal de OD va antes que el verbo (y, además, va acompañado de un artículo determinado, un demostrativo o un posesivo), el pronombre aparece en esa misma frase.

—*Este diccionario lo compré en una librería de Cádiz.*
~~*Este diccionario compré en una librería de Cádiz.*~~

 Cuando un nombre que funciona como objeto directo se antepone al verbo y no va acompañado de artículos ni demostrativos ni posesivos, no aparece el pronombre de OD.
- Carne no como, gracias.
~~- Carne no la como, gracias.~~

Los pronombres
Lo: otras funciones

■ La forma **lo**, además de un pronombre masculino, es un pronombre neutro. Se usa en función de complemento directo: remite a una frase del texto o de la conversación.

—¿A qué hora llega Marta?
—No lo sé.

■ Se usa en función de atributo con verbos como **ser**, **estar**, **parecer**, etc.: remite a un atributo anteriormente dicho.

—Carlos es muy simpático, pero antes no me lo parecía.

Los pronombres
En función de objeto indirecto (OI)

1.ª pers. singular	me	—No me has dicho nada del viaje. ¿Vas a venir?
2.ª pers. singular	te	—¿Te cuento un secreto?
3.ª pers. singular	le (se)	—¿Quién le rompió el bolso a Lyona?
1.ª pers. plural	nos	—Carmen no nos ha dicho la verdad.
2.ª pers. plural	os	—Os voy a sacar una foto.
3.ª pers. plural	les (se)	—A Jesús y a Marta no les ha gustado nada la película.

■ Con el OI el pronombre suele aparecer en la misma frase con el sintagma nominal al que se refiere; si este sintagma nominal va detrás del verbo, puede omitirse el pronombre.

—No les digas nada de esto a tus amigos.
—A tus amigos no les digas nada de esto.
—No digas nada de esto a tus amigos.
—A tus amigos no digas nada de esto.

Los pronombres
El pronombre se

Reflexivo
■ El complemento directo o indirecto es la misma persona que el sujeto.

—*Luis se mira en el espejo.*
—*Alicia se lava la cara.*

 En expresiones como estas, la combinación del reflexivo y el artículo sustituye el uso del posesivo. ~~Lava su cara.~~

■ Con verbos de cambio de estado físico o anímico.

—*En estas situaciones, Ramón siempre se pone nervioso.*
(Estas situaciones lo ponen nervioso)

Recíproco
■ El sujeto son dos o más personas y el complemento directo o indirecto son las mismas personas.

—*Los invitados se saludaban al llegar a la fiesta.*

■ Puede ir completado con la expresión **el uno al otro**.

—*Los invitados se saludaban los unos a los otros al llegar.*

Impersonal
■ Se usa para no señalar el agente del verbo (porque no se conoce, porque se quiere ocultar o porque es general).

—*En esta ciudad se vive muy bien.*

■ Si hay complemento directo y está en plural, el verbo se pone en plural.

—*En los últimos años se han construido varias autopistas.*

■ También, cuando la acción se presenta como si no interviniera ningún agente.

—*Se ha roto el vaso.*
—*Se me ha roto el vaso.* (Lo he roto sin querer)

Pronominal
■ Algunos verbos se usan siempre con el pronombre **se** (**esforzarse**, **burlarse**...). Si existe un uso del verbo sin el pronombre, tiene otro significado.

—*No me acuerdo de qué comí ayer...* (= no recuerdo)
—*La comunidad de vecinos acordó por mayoría hacer obras de mejora en la piscina.* (= se puso de acuerdo)

Aspectual
■ Señala el comienzo de la acción: **ir/irse**, **dormir/dormirse** (momento puntual en que se inicia la ida o el sueño).

■ Con verbos de realización, cuya acción se completa del todo. Llevan un complemento directo contable: **comerse una paella**, **leerse dos libros** (comer paella, leer libros).

Se **por** le/les **en combinación con** lo/la/los/las
—*¿Le has contado a Marisa lo que nos pasó en el hotel?*
—*Sí, se lo he contado. Le ha parecido muy fuerte.*

—*¿Les has dado las llaves del coche a los señores Ruiz?*
—*Sí, se las he dado hace un momento.*

Se **impersonal con** lo/la/los/las **y** le/les
—*A los invitados se los trata de usted. Son las normas.*
—*A una amiga no se le dicen esas cosas.*
—*A los niños se les enseñan muchas cosas inútiles.*

Los pronombres
Posición en la frase

■ Los pronombres átonos (**me**, **nos**, **te**, **os**, **lo**, **los**, **la**, **las**, **les**, **le** y **se**) pueden ocupar diferentes posiciones en la frase. Con las formas personales del verbo se colocan delante de ellas.

—*Te llamo mañana por teléfono.*
—*¿Me cuentas un cuento?*

■ Con infinitivo, gerundio e imperativo afirmativo aparecen detrás del verbo; forman una sola palabra con él.

—*Laura se fue sin darnos una explicación.*
—*Ignorándolos, nunca resolverás tus problemas.*
—*Carlos entró como loco, gritándole a todo el mundo.*
—*Déjame el boli un momento, por favor.*

RESUMEN GRAMATICAL

■ En perífrasis, pueden aparecer delante o detrás, nunca entre los dos verbos.

—*Quería invitaros a mi casa.*
Os quería invitar a mi casa.
~~*Quería os invitar a mi casa.*~~
—*Estoy contándole a Ana lo que me pasó ayer.*
Le estoy contando a Ana lo que me pasó ayer.
~~*Estoy le contando a Ana lo que me pasó ayer.*~~

Los preposiciones
A

Delante de un complemento directo cuando hablamos de personas, pero no de cosas.
—*Hemos visto a tu familia.*
—*Hemos visto muchas ciudades.*

Delante de un complemento indirecto.
—*Le pediremos un préstamo a mis abuelos.*

Delante de complementos de lugar (destino/ubicación).
—*Este tren va a Alicante.*
—*Estamos al norte de Madrid.*

Delante de complementos de tiempo.
—*La película empieza a las 10.*
—*Hoy estamos a doce de marzo.*
—*A los 12 años se fue a vivir a La Habana.*

▶❱ **COMBINACIONES FRECUENTES**

A la derecha ❯ izquierda
Al fondo
A partir de 1856 ❯ las diez ❯ la semana que viene
Al cabo de un rato ❯ dos horas ❯ tres años
Al final del camino ❯ viaje
A principios de semana ❯ mes ❯ año
A mediados de semana ❯ mes ❯ año
A finales de semana ❯ mes ❯ año

Las preposiciones
Antes de

—*Te llamo antes de la cena.*
—*Te llamo antes de cenar.*

Las preposiciones
Con

Acción o situación conjunta.
—*Hizo el viaje con sus padres.*

Instrumento o medio.
—*¿Podemos hacer el examen con el diccionario?*

Forma de actuar.
—*Hay que estudiar el tema con mucha atención.*

Parte integrante o complementaria.
—*De primero, arroz con gambas.*
—*Tenemos una habitación con ducha y baño.*

▶❱ **COMBINACIONES FRECUENTES**

De acuerdo con Sergio ❯ ella
Quedar con Rosa ❯ amigos

Las preposiciones
De

Propiedad y pertenencia.
—*Este es el coche de mi hermano.*
—*Me encanta pasear por las calles de Madrid.*
—*Cierra bien la puerta de casa.*

Origen, procedencia.
—*Soy de Canarias.*
—*Acaba de llegar el tren de Sevilla.*

Autoría.
—*Estoy leyendo una novela de Vargas Llosa.*

Relación personal.
—*Este es Luis, un amigo de Carlos.*

Tema.
—*¿Has visto mi libro de Historia?*

Contenido.
—*Te he traído una caja de bombones.*

Materia.
—*Me he comprado unos pantalones de pana.*

Clase o tipo.
—*¿Me prestas unos pantalones de deporte?*

Inicio (**de... a**).
—*¿Tú cómo vas de casa al trabajo?*
—*Trabajo de 3 a 8.*

▶❚ **COMBINACIONES FRECUENTES**

Estar de vacaciones > viaje > huelga
Fácil > difícil de hacer > saber > arreglar
Hablar de política > la vida
Olvidarse > acordarse de María > hacer los deberes
Trabajar de camarero (En la vida real)
Hacer de camarero (En la ficción: cine, teatro...)
De niño > pequeño > joven > viejo
De día > noche

Las preposiciones
Desde

Punto de partida en el espacio o el tiempo.
—*Lucas vino andando desde su casa.*
—*Trabajo aquí desde julio.*

Duración: desde hace.
—*Vivo en Perú desde hace tres años.*

▶❚ **COMBINACIONES FRECUENTES**

Desde ahora > ese momento > aquel día > entonces
Desde aquí > ahí > allá

Las preposiciones
Después de

—*Después de la cena iremos al cine.*
—*Después de cenar iremos al cine.*

Las preposiciones
Durante

—*Durante la cena hablamos de política.*
—*Durante años viví solo.*

Las preposiciones
En

Lugar.
—*Ahora no estoy en casa. Déjame un mensaje.*
—*¿Puedes meter los yogures en el frigorífico?* (= dentro de)
¡No pongas los pies **en la mesa**! (= encima de)
—*Lo he leído en el periódico.*
—*Trabajo en una empresa extranjera.*

Medio de transporte.
—*¿Has venido en coche?*
—*No me gusta viajar en avión.*

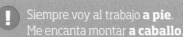
❗ Siempre voy al trabajo **a pie**.
Me encanta montar **a caballo**.

Tiempo.
—*En verano siempre me voy a Mallorca.*
—*En agosto solo trabajo por las mañanas.*
—*Mi abuela nació en 1936.*

❗ Nací **el 12 de enero de 1999**.

▶❚ **COMBINACIONES FRECUENTES**

En resumen
En serio
En realidad
Hasta entonces > aquel momento
Hasta ahora > luego > el viernes > la semana que viene

Las preposiciones
Excepto

—*En casi todo el país se habla español, excepto en una pequeña región del sur.*
—*No está permitido meter objetos en la piscina (excepto flotadores).*

RESUMEN GRAMATICAL

Las preposiciones
Hasta

Punto final en el espacio o el tiempo.
—*Vino andando hasta casa.*
—*Me quedaré en México hasta diciembre.*

Final: **desde... hasta**.
—*Fui en tren desde Zaragoza hasta Madrid.*
—*Estaré de viaje desde enero hasta marzo.*

▶ **COMBINACIONES FRECUENTES**

Hasta ahora > este momento

Las preposiciones
Menos

—*Menos yo, en mi familia todo el mundo toca algún instrumento.*

Las preposiciones
Para

Destinatario.
—*Tengo un mensaje para Carlos.*

Finalidad o intención.
—*Estudia español para poder ir a México.*

▶ **COMBINACIONES FRECUENTES**

Para mí
Una mesa > una habitación **para dos**
Algo para el dolor de cabeza > la fiebre
Ser bueno > necesario > útil > ideal **para**
Ir bien para el estrés > el insomnio

Las preposiciones
Por

Espacio.
—*Viajé por el sur de Italia.*
—*El Ebro pasa por Zaragoza.*

Causa.
—*¿Por qué no entregaste el trabajo?*
—*Por falta de tiempo.*

▶ **COMBINACIONES FRECUENTES**

Escrito > dirigido > protagonizado **por**...
Comunicarse > hablar por teléfono > internet
Dos **veces por** semana > mes > año
Dos **(multiplicado) por** dos
Por aquí (cerca)
Interesarse > preguntar por la familia > Juan
Por eso
Por la mañana > tarde > noche

Las preposiciones
Sin

Falta o carencia de una característica o elemento.
—*Juan y Laura vinieron sin los niños.*
—*Hemos comprado pan sin gluten.*
—*Aún hay varias paredes sin pintar.*

▶ **COMBINACIONES FRECUENTES**

Cinco horas > un día **sin dormir > comer**

Marcadores temporales
Localizar en el tiempo

A partir de / desde... hasta
—*A partir de aquel día / entonces / aquella experiencia no volvió a viajar en avión.*
—*A partir de ahora / pasado mañana / el año próximo todo será diferente.*
—*Desde las cinco hasta las ocho nos quedamos encerrados en el ascensor. Fue horrible.*

Hace + cantidad de tiempo (+ **que**)
—*Hace unos días vi a Begoña en el metro.*
—*Hace unas semanas que no veo a Aurelia.*

El otro día, la semana pasada, el mes pasado, el año pasado
—*El mes pasado estuve en Bilbao.*
—*El otro día iba por la calle y me encontré con Iria.*

Una vez, un día, una tarde, una noche
—*Una noche estaba solo en casa y oí unos ruidos muy extraños.*

—*Yo un día me quedé dormido en el trabajo.*
—*Un día vas a tener problemas con la comunidad si sigues incumpliendo las normas.*

Entonces (= en aquella época)
—*Vivía en un pueblo de la montaña. Entonces no había teléfono ni televisión.*

Antes (= lo contrario de "actualmente", "ahora")
—*Antes en la mayoría de hoteles no había wifi.*

Marcadores temporales
Relacionar momentos

Enseguida, inmediatamente, de pronto, de repente
—*Mi madre, cada vez que oye un ruido en la calle, se levanta enseguida a ver qué pasa.*
—*Estaba leyendo tranquilamente y, de pronto, me acordé de que tenía que terminar un trabajo.*

(cantidad de tiempo +) **antes, más tarde, después**
—*Recibí un correo extraño y, pocas horas después, el ordenador dejó de funcionar.*
—*Subí a la habitación y, un poco más tarde, sonó el teléfono.*

al / a la / a los / a las + cantidad de tiempo
—*Entramos en la habitación y, al poco rato, empezamos a oír un ruido.*
—*Salimos del aeropuerto y, a los dos minutos, se paró el coche.*
—*Recibí un correo extraño y, a las pocas horas, el ordenador dejó de funcionar.*

Entonces (= en aquel momento)
—*Salió a la calle y, entonces, se dio cuenta de que no llevaba la cartera.*

Conectores
Permanencia / cambio

■ **Ya** y **todavía** relacionan una acción o estado en un momento determinado con su presencia o ausencia en otro momento anterior o posterior.

—*La tienda ya está abierta.* (Hace unos minutos estaba cerrada)
—*La tienda todavía está cerrada.* (Hace unos minutos estaba cerrada)

 Ya y **todavía** se refieren a la experiencia o a las expectativas de los hablantes, más que a la propia realidad.

- *La tienda Ø está cerrada.* (La situación objetiva es la misma que en los ejemplos anteriores)

Ya, ya no
■ La acción o estado a que se refieren es fruto de un cambio (producido o esperado).

—*Cuando llegues, te estará esperando un taxi.*
—*Cuando llegues, ya te estará esperando un taxi.*
—*En aquella época ya no vivía nadie en la casa.* (Antes había vivido alguien)

■ En su forma negativa es muy frecuente la combinación **ya no... más**.

—*Ya no trabajo más en esa empresa.*

Valores discursivos de ya
Disposición de alguien a hacer algo.
De estas tareas ya me encargo yo.

Confianza o seguridad en que algo en concreto se producirá.
—*De este tema ya hablaremos en otro momento.*
—*Ya verás cómo todo se soluciona bien.*

Aún/todavía, aún no/todavía no
■ La acción o estado a que se refieren no ha sufrido ninguna modificación (se supone o se esperaba que esa modificación se produjera).

—*Marta todavía trabaja en la misma empresa.* (Antes también trabajaba en esa empresa)

RESUMEN GRAMATICAL

■ Puede sustituirse por la perífrasis **seguir** + gerundio o también combinarse con ella.

—*Marta sigue trabajando en la misma empresa.*
—*Marta todavía sigue trabajando en la misma empresa.*

■ En su forma negativa, implica la expectativa de que se produzca un cambio.

—*Todavía no me han llamado para la entrevista de trabajo.* (Espero que me llamen, tienen que llamarme)

■ En la mayoría de los casos, puede sustituirse por **aún**.

—*La tienda aún está cerrada.*
—*Marta aún trabaja en la misma empresa.*
—*Aún no me han llamado para la entrevista de trabajo.*

Los conectores
Relacionar frases o palabras

(Y) también/además
■ Añaden una palabra o una frase a otra.

—*Juega al tenis y al ajedrez. (Y) también practica la escalada.* (Los dos elementos tienen la misma importancia)
—*Juega al ajedrez. (Y) además da clases a niños que quieren aprender.* (Se destaca el elemento añadido)

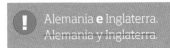

Alemania **e** Inglaterra.
Alemania y Inglaterra.

Ni
■ Une dos palabras o frases que están en forma negativa.

—*No come ni duerme bien.* (Los dos elementos tienen el mismo peso)
—*No come bien ni tampoco duerme bien.* (Se destaca el elemento añadido)

O
■ Presenta dos palabras o frases como alternativas.

—*En verano vamos a ir a España o a Portugal.*
—*¿Vienes con nosotros o te quedas en casa?*

Pero, sin embargo, en cambio
■ Unen dos frases indicando contraste.

—*Ha hecho varios cursos de alemán, pero habla muy mal.*
—*Todos mis hermanos son músicos; en cambio, yo no toco ningún instrumento.*

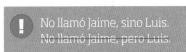

No llamó Jaime, sino Luis.
No llamó Jaime, pero Luis.

Los conectores
Que

■ Puede funcionar como pronombre relativo.

—*El libro que me regalaste es muy interesante.*

■ O como conjunción.

—*¿Quieres que lleve algo a la cena?*
—*Creo que Pablo tiene razón.*

Los conectores
Relacionar frases o párrafos

Causa-efecto.
Como, porque, (y) por eso
—*Como hace mucho deporte, está en buena forma.*
 Está en buena forma como hace mucho deporte.
—*Está en buena forma porque hace mucho deporte.*
—*Hace mucho deporte y por eso está en buena forma.*

Extraer consecuencias.
Entonces; o sea, que
—*El martes estoy de viaje.*
—*Entonces, ¿no vienes a la reunión?*

—*Este fin de semana ha nevado mucho; o sea, que el martes podremos ir a esquiar.*

Tanto/a/os/as + nombre + que
—*En esa calle había tanto ruido que nos mudamos.*
—*Hay tantos coches que no se puede salir a la calle.*

Tan + adjetivo + que
—*El río está tan contaminado que no puedes bañarte.*

Tanto + verbo + **que**
—*Los precios de los alquileres han subido tanto que los jóvenes tienen que irse del centro.*

Así (= de ese modo)
—*Habría que construir más parques. Así, los niños tendrían lugares donde jugar.*

Así (es) que (= por esa razón)**; entonces; o sea, que**
—*El martes estoy de viaje, así que / entonces / o sea, que no podré asistir a la reunión.*

Justificar, razonar.
Es que; que
—*Hace días que no te veo por la universidad.*
—*Es que he estado enfermo.*

—*Me voy, que me esperan en casa para cenar.*

Enlazar con la intervención de otro interlocutor.
Pues
—*Me encantan los mangos.*
—*Pues a mí no me gustan.*

—*Yo soy de Salamanca.*
—*Ah, pues yo tengo muchos amigos en Salamanca.*

Las construcciones verbales
Tipos de construcciones verbales

Las construcciones verbales pueden clasificarse por el número de agentes que participan en el suceso y por su aspecto léxico.

Número de agentes que participan en el suceso
Este número determina qué pronombres necesitan los verbos y si deben aparecer o son opcionales.

Verbos sin agente
Llover, nevar, hacer frío, ser de noche, ser verano...
—*Hace calor.*
—*Llueve.*

■ Pueden formar una frase sin ningún otro elemento. De hecho, no pueden llevar un pronombre sujeto.

Verbos con un agente
Jugar, dormir, nacer...
—*Los niños juegan.*
—*El gato duerme.*

Ellos juegan.
Ella duerme.

■ Pueden llevar pronombres sujeto: **tú, usted, ellos**... o pueden formar una frase sin ningún otro elemento, pero siempre se sobreentiende uno implícito.

—*Juegan.*
—*Duermen.*

Verbos con dos agentes
Quemar, llenar, hacer...
—*El incendio quemó el bosque.*
—*El público llenaba la sala.*

El incendio lo quemó.
El público la llenaba.

> **!** Este tipo de verbos puede llevar pronombres sujeto, pero no cuando se trata de entidades no humanas.
>
> - El incendio quemó el bosque.
> - Él quemó el bosque.

■ Pueden tener un solo agente cuando se da a entender que no intervino ningún agente externo:

—*El bosque se quemó.*
—*La sala se llenó.*

Ponerse de mal humor/nervioso/triste, ponerle a alguien algo de mal humor/nervioso/triste...
(verbos de cambio de estado anímico)
—*No te pongas triste.*
—*Estas situaciones la ponen de mal humor.*

Gustar, encantar, molestar... (verbos de afección)
—*A los nuevos vecinos les gusta mucho el barrio.*
—*A mis padres les molestan los ruidos.*

RESUMEN GRAMATICAL

Verbos con tres agentes

—*El mensajero entregó un*
sobre al portero.

Él se lo entregó.

—*Sus hijos les regalaron un*
fin de semana en la playa.

Ellos se lo regalaron.

El aspecto léxico

Esta clasificación es importante para el correcto uso de los tiempos del pasado (imperfecto/indefinido), de las perífrasis verbales y de algunos conectores.

■ Las construcciones verbales pueden expresar estados (**ser alto, tener amigos, estar contento**...) o acciones. Dentro de las últimas existen tres tipos:

Logros.
Romperse un espejo, estornudar, morir, tirar una piedra... (Acciones puntuales que se producen de golpe)

—*En el accidente murieron dos personas.*

Actividades.
Beber cerveza, comer pescado, escribir cartas, ver la tele, pasear por el bosque, ir en bici... (Acciones con duración y fases sucesivas, pero sin un punto final)

—*Por las tardes, antes de cenar, veo un rato la tele.*

Realizaciones.
Beberse una cerveza, comerse una paella, escribir una carta, ver una película, correr una maratón... (Acciones con duración, fases sucesivas y un punto final previsto: si se interrumpen, no se han realizado)

—*Tenía tanta sed que se bebió una botella de agua de un trago.*

Perífrasis
Estar + gerundio

En presente o en pretérito imperfecto
—*Oigo la radio todos los días.* (Acciones completas, finalizadas)
—*Ahora estoy oyendo la radio.* (Desarrollo de la acción en un determinado momento, sin finalizar)

En pretérito perfecto o pretérito indefinido
—*Ayer estuve toda la mañana leyendo la prensa.*
(Actividad limitada en el tiempo por la duración de la acción: "toda la mañana")
—*Ayer leí toda la mañana la prensa.*

—*Esta mañana, a las 11.30, te han llamado por teléfono tus padres.* (Realización, acción finalizada)
—*Esta mañana, a las 11.30, te han estado llamando por teléfono tus padres.*
—*¿Dónde estabas? Tus padres te han estado llamando por teléfono toda la mañana.* (Varias realizaciones repetidas)

 El complemento que delimita la duración puede ponerse entre **estar** y el gerundio.

- Tus padres te **han estado** toda la mañana llamando.

Perífrasis
Ir a + infinitivo

Ir a + infinitivo
- Presentamos un suceso futuro asociándolo estrechamente con el momento en el que hablamos, como en advertencias, peticiones, órdenes o expresión de intenciones firmes.

—*Mañana va a hacer buen tiempo.*
—*Te vas a hacer daño.*
—*Ahora vas a decirme qué ha pasado.*
—*Voy a inscribirme en un curso de español.*

- Además de **ir a** + infinitivo, podemos usar el futuro imperfecto o el presente de indicativo para referirnos a acciones futuras.

Futuro imperfecto
- Predecimos una acción o un estado futuros.

—*La próxima semana hará sol en el sur del país y habrá nubes en el resto.*
—*El lunes iré a trabajar en coche porque han anunciado una huelga de transporte público.*

 Los usos del futuro imperfecto y de **ir a** + infinitivo son diferentes según la variante del español.

Presente de indicativo
- Presentamos acciones que son consecuencia de un compromiso o de una decisión.

—*El año que viene nos casamos.*

—*Harán falta vasos y platos reciclables.*
—*Los traigo yo.*

- Parte de un plan decidido o una actuación programada.

—*El lunes hay huelga; ya llevo yo el coche.*

- Parte de un ciclo regular.

—*Dentro de dos semanas es mi cumpleaños.*
—*En dos meses es Navidad.*

Formas no personales del verbo
Gerundio

infinitivo	gerundio
comprar	compr**ando**
beber	beb**iendo**
subir	sub**iendo**

- Algunos verbos irregulares:

infinitivo	gerundio
dormir	**durmiendo**
leer	**leyendo**
oír	**oyendo**
ver	**viendo**
ir	**yendo**
sonreír	**sonriendo**
ser	**siendo**

- Su uso más frecuente es con el verbo **estar**.

—*Está hablando por teléfono.*

- Se usa con otros verbos para indicar el modo en el que se produce una acción.

—*Mi jefe ha entrado en la oficina gritando como un loco.*
—*Carlitos ha salido de clase llorando.*

- También se usa para hablar de habilidades y aptitudes.

—*Carlos es un desastre cocinando.*
—*Isabel es muy buena negociando con los clientes.*

- Con el verbo **llevar**, indica desde cuándo se hace algo.

—*Llevo dos horas esperándote.*
—*¿Cuánto tiempo llevas tocando la guitarra?* (¿Cuánto tiempo hace que tocas la guitarra?)

Los tiempos y modos del verbo
Presente de indicativo / estar + gerundio

—*Patricia estudia español y ruso.* (Acción)
—*Patricia está estudiando español y ruso.* (Desarrollo de la acción)

RESUMEN GRAMATICAL

Los tiempos y modos del verbo
Pretérito perfecto / pretérito indefinido

■ Con estos dos tiempos nos podemos referir a un mismo hecho o situación, anteriores al momento en que se habla.

—*Fernando y Lola fueron al teatro cinco veces el año pasado. Este año han ido tres.*
—*Ayer fueron al cine y esta tarde han ido a un concierto.*

Pretérito perfecto
Sitúa el hecho pasado en un periodo de tiempo que incluye el momento presente. Suele combinarse con marcadores como:
Hoy
Esta semana
Este mes
Este año

Pretérito indefinido
■ Sitúa el hecho pasado en un periodo de tiempo que ya terminó, es decir que no incluye el momento presente. Suele combinarse con marcadores como:

Ayer	**Hace unos días**
El lunes	**En 2009**
La semana pasada	**El año pasado**

Combinación con **siempre** y **nunca**.
—*Siempre ha sido muy amable conmigo.* (Hasta ahora)
—*Siempre fue muy amable conmigo.* (Cuando estuvimos trabajando juntos)
—*Nunca ha dicho nada sobre este asunto.* (Hasta ahora)
—*Nunca dijo nada sobre este asunto.* (Mientras vivió)

Con **alguna vez, ya, aún/todavía no**.
—*¿Has ido alguna vez a México?*
—*No, aún no he ido, pero quiero ir este año.*
—*¿Ya has ido al médico?*
—*No, todavía no, voy esta tarde.*

Sin ningún adverbio o marca temporal.
—*¿No has leído Cien años de soledad?*
—*No, no la he leído. ¿Es buena?*

Tiempos y modos del verbo
Pretérito imperfecto

■ Presenta hechos o situaciones pasadas, sin referirse a su finalización.

—*Ayer llovía.* (A las cinco de la tarde, o cuando salí de casa, o mientras estábamos en clase…; no se dice nada sobre el final de la lluvia)

Usos
Cualidades de una persona, cosa u objeto.
—*El coche de mis abuelos era muy grande, pero muy lento.*

Situaciones del pasado.
—*Vivió un año en Atacama. Allí hacía mucho calor y no llovía nunca.*

Costumbres.
—*De joven iba a trabajar en bicicleta.*

Desarrollo de una acción (o estado) como marco en el que sucede otra.
—*Ayer cené en casa y, mientras cenaba, oía la radio: entonces dijeron lo del terremoto en Guatemala.*

 En el relato de historias, anécdotas o incidentes, el perfecto y el indefinido hacen progresar el desarrollo de los hechos; el imperfecto y el pluscuamperfecto lo detienen para introducir descripciones o hechos anteriores.

Los tiempos y modos del verbo
Imperfecto / Indefinido

■ El imperfecto presenta una fase interna del desarrollo de un suceso.

—*Ayer iba a la estación y en la Plaza Mayor me encontré con una manifestación por el pleno empleo.*
(No dice si finalmente llegó a la estación)

■ El indefinido (y el pretérito perfecto) presentan el suceso en su totalidad: principio, desarrollo y fin.

—*Ayer fui a la estación y me encontré con una manifestación por el pleno empleo.* (Dice que llegó a la estación)

■ El correcto uso de estos tiempos depende del tipo de construcción verbal (estados, logros, actividades o realizaciones).

Estados (ser joven, tener 15 años, vivir en otro país...)
■ Se expresan normalmente en imperfecto.

—*Cuando tenía 15 años hice un viaje a Andalucía.*
—*Conoció a su pareja cuando vivía en México.*

■ En indefinido, dejan de ser un estado y se convierten en otro tipo de construcción.

—*Cuando tuve 15 años, mis padres me regalaron un viaje a Andalucía* (Un logro: al pasar de los 14 a los 15 años).

—*Vivió cuatro años en México y allí conoció a su pareja.* (Una realización: los límites del suceso vienen expresados por su duración)

■ Es muy frecuente este fenómeno en verbos como **conocer**, **saber**, **ser** o **estar**. Son estados habitualmente presentados en imperfecto.

Cualidades de una persona, cosa u objeto.
—*De pequeña, Laura era rubia y tenía pecas.*

Condiciones atmosféricas.
—*Esta mañana hacía sol. Por eso no he traído el paraguas.*

Costumbres y hábitos.
—*Yo antes iba a nadar dos días por semana. Ahora no tengo tiempo.*

Circunstancias en que se produce un hecho.
—*Estábamos cenando en casa cuando Pilar nos contó que estaba embarazada.*

Logros (romperse un vaso, dar un golpe con el pie, darse cuenta de algo...)
■ Se expresan con indefinido.

—*Aparcando el coche, chocó con el de atrás y rompió un intermitente.*

■ En imperfecto, indican una repetición del suceso.

—*Cada vez que aparcaba el coche, chocaba con el de atrás y rompía un intermitente.*

Actividades (estudiar Derecho, escribir cartas, leer cómics...) y realizaciones (aprenderse la lección, escribir una carta, leerse tres cómics...)
■ En imperfecto, presentan un momento del desarrollo.

—*Cuando escribía cartas, no quería que nadie le molestara.*

■ En las realizaciones es más frecuente la perífrasis.

—*Cuando estaba escribiendo la carta a su amigo, este lo llamó por teléfono.*

■ En indefinido, el suceso en su totalidad.

—*Estudié Derecho en la Universidad de Zaragoza.*
—*Escribió la carta desde el hotel donde se alojaba.*

Tiempos y modos del verbo
Pretérito pluscuamperfecto

■ El pluscuamperfecto presenta una acción pasada como anterior a otra también pasada.

—*Trabajó en Madrid y en Vigo; antes había estado en la SEAT de Barcelona.*
—*Se levantó a las 10. Había dormido muy mal.*

■ No se suele usar el pluscuamperfecto para hacer referencia a acciones anteriores expresadas con pretérito perfecto.

—*Me he levantado a las 10. He dormido muy mal.*

RESUMEN GRAMATICAL

Tiempos verbales
Futuro imperfecto

vivir
vivir**é**
vivir**ás**
vivir**á**
vivir**emos**
vivir**éis**
vivir**án**

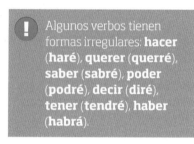

 Algunos verbos tienen formas irregulares: **hacer** (**haré**), **querer** (**querré**), **saber** (**sabré**), **poder** (**podré**), **decir** (**diré**), **tener** (**tendré**), **haber** (**habrá**).

■ Las terminaciones son las mismas para los verbos de las tres conjugaciones.

Hablar de acciones y estados futuros
Futuro imperfecto, presente e ir a + infinitivo

Futuro imperfecto
■ Para predecir una acción o un estado futuros.

—*La próxima semana hará sol en el sur del país y habrá nubes en el resto.*
—*El lunes iré a trabajar en coche porque han anunciado una huelga de transporte público.*

Ir a + infinitivo
■ Se presenta un suceso futuro asociándolo estrechamente con el momento en el que se habla, como en advertencias, peticiones, órdenes o expresión de intenciones firmes.

—*Mañana va a hacer buen tiempo.*
—*Te vas a hacer daño.*
—*Ahora vas a decirme qué ha pasado.*
—*Voy a inscribirme en un curso de español.*

Presente de indicativo
■ Acciones que son consecuencia de un compromiso o de una decisión.

—*El año que viene nos casamos.*

—*Harán falta vasos y platos reciclables.*
—*Los traigo yo.*

■ Acciones que son parte de un plan decidido o una actuación programada.

—*El lunes hay huelga; ya llevo yo el coche.*

■ Acciones que son parte de un ciclo regular.

—*Dentro de dos semanas es mi cumpleaños.*
—*En dos meses es Navidad.*

❗ Los usos del futuro imperfecto y de **ir a** + infinitivo son diferentes según la variante del español.

Tiempos verbales
Presente de subjuntivo

Regulares

hablar	comer	vivir
habl**e**	com**a**	viv**a**
habl**es**	com**as**	viv**as**
habl**e**	com**a**	viv**a**
habl**emos**	com**amos**	viv**amos**
habl**éis**	com**áis**	viv**áis**
habl**en**	com**an**	viv**an**

Irregulares

querer	poder	jugar
qu**ie**ra	p**ue**da	j**ue**gue
qu**ie**ras	p**ue**das	j**ue**gues
qu**ie**ra	p**ue**da	j**ue**gue
queramos	podamos	juguemos
queráis	podáis	juguéis
qu**ie**ran	p**ue**dan	j**ue**guen

■ Muchos verbos que presentan una irregularidad en la primera persona del presente de indicativo tienen esa misma irregularidad en todas las personas del presente de subjuntivo. Esto incluye los verbos con cambio vocálico **e-i** (**pedir**, **seguir**, **reír**…) y con cambio **z-zc** (**conocer**).

tener (tengo)

teng**a**	
teng**as**	
teng**a**	
teng**amos**	
teng**áis**	
teng**an**	

hago	→	**hag**a...
conozco	→	**conozc**a...
pongo	→	**pong**a...
salgo	→	**salg**a...
vengo	→	**veng**a...
digo	→	**dig**a...
oigo	→	**oig**a...
pida	→	**pid**a...

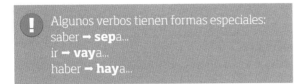

! Algunos verbos tienen formas especiales:
saber → **sep**a...
ir → **vay**a...
haber → **hay**a...

Infinitivo / Subjuntivo
Es + bueno, mejor, importante, necesario...

Es bueno/importante... + infinitivo

—*Es importante comprar juguetes de calidad.*	Está claro quién es el sujeto o es todo el mundo.
—*No es bueno hacer demasiado deporte.*	

Es interesante/bueno... que + subjuntivo

—*Es importante que los niños jueguen al aire libre.*	Hay que indicar quién es el sujeto.
—*No es normal que todo el mundo llegue tarde.*	

Presente de indicativo / Presente de subjuntivo
Es/Está + adjetivo + que

Es verdad / es cierto / es evidente que + indicativo
Está demostrado / está claro que + indicativo

—*Es verdad que el deporte es bueno para el corazón.*

No es verdad / está demostrado / está claro / es evidente que + subjuntivo

—*No está demostrado que ese medicamento sea eficaz.*

Indicativo/Subjuntivo
Oraciones temporales

Al + infinitivo
Logros.
—*El nuevo compañero es muy amable. Al entrar en la oficina, siempre me saluda y charlamos un rato.*
—*Al entrar, me saludó y se fue a buscar a Carlos.*
—*Al entrar, me saludará, ya verás.*

Hasta que (no)
Logros, actividades o realizaciones.
—*Siempre se queda con él hasta que se duerme.*
—*Siempre se queda con él hasta que no tiene miedo.*
—*Todas las noches se quedaba con él hasta que se dormía.*
—*Todas las noches se quedaba con él hasta que no lloraba.*
—*Me quedaré con ella hasta que se duerma.*
—*Quédate con ella hasta que se duerma.*
—*Quédate con ella hasta que no duerma.*

Mientras
Actividades o realizaciones.
—*Mientras comen, ven la televisión.*
—*Mientras comían, veían la televisión.*
—*Mientras dormían, entraron unos ladrones.*
—*Mientras duerma, no te vayas.*

Cuando
—*Cuando comen, ven la televisión.*
—*Cuando comían, veían la televisión.*
—*Cuando entre, me saludará.*
—*Cuando entre, salúdala.*
—*Cuando dormían, entraron unos ladrones.*

RESUMEN GRAMATICAL

Indicativo / Subjuntivo
Verbo + que

Afirmar.
creer / pensar / opinar / parece que + indicativo
—*Yo creo que es bueno hacer ejercicio.*

Negar.
no creer que + subjuntivo
—*Yo no creo que sea bueno hacer ejercicio.*

Valorar.
ser/parecer + adjetivo + **que** + subjuntivo
—*No es normal que haga tanto calor en esta época del año.*
—*Me parece fantástico que vengas a verme.*

Influir.
querer / pedir / recomendar que + subjuntivo
—*¿Quieres que vaya contigo?*
—*Te recomiendo que leas a García Lorca.*

Expresar gustos.
me gusta / no soporto que + subjuntivo
—*Me gusta que la gente diga lo que piensa.*
—*No soporto que me interrumpas cuando hablo.*

Estilo indirecto
Referir preguntas

Preguntas de respuesta **sí/no**, sin pronombres interrogativos.
—*Ana me ha preguntado si vas a venir mañana.*

Preguntas con pronombres interrogativos.
—*Ana me ha preguntado a qué hora vas a venir.*
  quién va a venir.
  dónde es la cena.
  cuántas personas habrá.
  cómo vas a venir.

Estilo indirecto
Indicativo/Subjuntivo

■ Usamos verbos en indicativo cuando transmitimos una información con verbos como **decir**, **contar**...

—*Dice que la película empieza a las 8.*
—*Susana me ha contado que se casa.*
—*El pastor dijo que quería salvar a la princesa.*

■ Usamos verbos en subjuntivo cuando transmitimos órdenes o peticiones.

—*Carlos dice que entremos ya.*

Estilo indirecto
Referencias personales, espaciales y temporales

—*"Me voy a mi casa".*
  > Dice que se va a su casa.

—*"Venid a mi casa".*
  > Dice que vayamos a su casa.

—*"Traedme un kilo de arroz".*
  > Dice que le llevemos un kilo de arroz.

—*"Salgo de viaje mañana".*
  > Dijo que salía de viaje al día siguiente.

—*"Salgo de viaje dentro de dos días".*
  > Dijo que salía de viaje dos días después.

—*"Llegué anoche".*
  > Dijo que había llegado la noche anterior.

Tiempos verbales
Condicional

Regulares

trabajar	comer	vivir
trabajar**ía**	comer**ía**	comer**ía**
trabajar**ías**	comer**ías**	comer**ías**
trabajar**ía**	comer**ía**	comer**ía**
trabajar**íamos**	comer**íamos**	comer**íamos**
trabajar**íais**	comer**íais**	comer**íais**
trabajar**ían**	comer**ían**	comer**ían**

Irregulares

poder
pod**ría**
pod**rías**
pod**ría**
pod**ríamos**
pod**ríais**
pod**rían**

■ Lo usamos para referirnos a acciones hipotéticas que dependen de condiciones que aún no se han cumplido.

—*Yo podría dar clases de piano.* (Es solo una posibilidad)

■ También lo usamos para realizar peticiones o dar consejos, sobre todo con el verbo **poder**.

—*¿Podría ayudarme con los deberes?*
—*Podrías hablar con tu familia más a menudo.*

■ Para recriminar o recomendar se usa el condicional del verbo **deber**.

—*No deberías comer tantas grasas.*
—*Deberías comer más fruta y verdura.*

Tiempos verbales
Imperativo afirmativo

	comprar	comer	añadir
Tú	compr**a**	com**e**	añad**e**
Usted	compr**e**	com**a**	añad**a**
Vosotros/as	compr**ad**	com**ed**	añad**id**
Ustedes	compr**en**	com**an**	añad**an**

—*Carlos, compra tomates, por favor.*

■ Las formas para **usted** y **ustedes** son las mismas que las del presente de subjuntivo.

■ Los pronombres átonos van siempre detrás del verbo, formando una sola palabra con él.

—*El aceite, póngalo al final.*
—*El libro, dáselo a Ana.*

Tiempos verbales
Imperativo negativo

	comprar	comer	añadir
Tú	no compr**es**	no com**as**	no añad**as**
Usted	no compr**e**	no com**a**	no añad**a**
Vosotros/as	no compr**éis**	no com**áis**	no añad**áis**
Ustedes	no compr**en**	no com**an**	no añad**an**

—*Carlos, no compres tomates, que aún tenemos.*

■ Todas las formas del imperativo negativo son las mismas que las del presente de subjuntivo.

■ Los pronombres átonos van siempre delante del verbo, separados de él.

—*No te compres un bocadillo.*
—*El aceite, no lo pongas hasta el final.*
—*El libro, no se lo des a Ana.*

RESUMEN GRAMATICAL

Usos del imperativo

Invitaciones (especialmente como anfitrión).
—*Pase y siéntese.*
—*Ponte cómodo.*

Consejos.
—*Estáte tranquilo, no pasa nada.*

Llamadas de atención.
—*Fíjese.*
—*Mire esto.*
—*Escuche un momento.*

Amenazas (como equivalente de una oración condicional).
— *Cállate ahora mismo o me enfado.* (= si no te callas ahora mismo, me enfadaré)

■ Para dar órdenes o mandar que alguien haga algo, se usa el imperativo cuando la relación entre los interlocutores es de mucha confianza y están en posición de igualdad.

— *Baja un poco el volumen de la radio, que me molesta.*

■ De lo contrario, hay que pedirlo por favor.

—*¿No le importa bajar un poco el volumen...?*

■ También cuando la actuación del interlocutor no resulta de la voluntad de quien habla, sino de condiciones externas.

—*Espéreme aquí y no se mueva, que yo vuelvo en cinco minutos.*
—*Si llueve, no salgan a la calle, espérenme en el vestíbulo.*

Imperativo
Sustitución por que + subjuntivo

■ Cuando lo que se desea u ordena atañe a una tercera persona y no al interlocutor.

—*Y los clientes, que no se quejen.*

■ En expresiones de buenos deseos para el interlocutor, cuando su realización no depende de la acción del sujeto.

—*Que tengas suerte.*
—*Que tengas un buen viaje.*
—*Que descanses.*
—*Que duermas bien.*

■ Cuando hay que repetir la expresión de deseo y orden.

—*Ayúdame un momento, por favor.*
—*¿Cómo dices?*
—*Que me ayudes.*

> **!** Existen algunas excepciones, como: **estate quieto/ estaos quietos, sé bueno, ten paciencia, di la verdad, pon la radio, sal a la calle, ven conmigo, haz una pausa**...

> **!** El verbo **saber** no tiene forma de imperativo y se sustituye por otras: **que sepas, has de saber**...

DICCIONARIO DE CONSTRUCCIONES VERBALES

La selección de los verbos y las construcciones verbales de este diccionario se ha hecho de acuerdo con los siguientes criterios:

- adecuación al nivel y rentabilidad comunicativa
- dificultad sintáctica
- multiplicidad de significados o acepciones

ABURRIRSE

(alguien) **se aburre** — *Se aburría solo en casa y salió a dar una vuelta.*

PALABRAS EMPARENTADAS
el **aburrimiento**
aburridamente

ACABAR (1)

SIGNIFICA llegar a su final

(algo) **acaba** (en un determinado momento) — *La reunión empieza a las diez y acaba a las doce. ¿Cuándo acaba el curso?*

COMBINACIONES FRECUENTES
Acabar bien/mal

ACABAR (2)

SIGNIFICA completar una tarea

(alguien) **acaba** algo (en un determinado tiempo) — *F. López acabó esta novela en tres meses. Cuando acabe esto, te ayudo.*

ACABAR (3)

SE USA PARA hablar de un pasado muy reciente

(alguien/algo) **acaba de** hacer algo
(algo) **acaba de** pasar/suceder — *Acabo de oír en la radio que mañana lloverá. Acaba de declararse un incendio en la sierra.*

COMBINACIONES FRECUENTES
Acabar bien/mal

ACABARSE

SIGNIFICA agotarse, terminarse

(algo) **se acaba**
(algo) **se le acaba** a alguien — *Se ha acabado el pan. ¿Puedes ir a comprar? Lo siento, se nos ha acabado la paella.*

ACORDARSE (1) *Irregular*

SIGNIFICA conservar un recuerdo en la mente

(alguien) **se acuerda** (**de** alguien / **de** algo) — *¿Te acuerdas de tu primer profesor? Me acuerdo muchas veces de cuando fui a París.*

ACORDARSE (2)

(alguien) **se acuerda** (**de** hacer algo) — *No me acordé de coger las llaves y no pude entrar. Ana siempre se acuerda de mi cumpleaños.*

ACOGER

(alguien) **acoge** a alguien — *Europa debe acoger a más exiliados y emigrantes.*

COMBINACIONES FRECUENTES
Acoger en su casa, en su país, en su ciudad, en la familia, en el grupo de amigos

PALABRAS EMPARENTADAS
La **acogida**
acogedor

DICCIONARIO DE CONSTRUCCIONES VERBALES

ACONSEJAR

(alguien) **aconseja** a alguien que haga algo

Me han aconsejado que no firme ese contrato.

■▶ **PALABRAS EMPARENTADAS**
El **consejo**
El **consejero**
Desaconsejar

AGRADECER

(alguien) **agradece** algo (a alguien)

Queremos agradeceros vuestra ayuda.

▶❙ **COMBINACIONES FRECUENTES**
Agradecer sinceramente > de corazón

■▶ **PALABRAS EMPARENTADAS**
El **agradecimiento**
La **gratitud**

ALOJAR (1)

SIGNIFICA
dar vivienda temporal

(alguien) **aloja** a alguien

Hay personas que alojan a otras gratis en sus sofás.

■▶ **PALABRAS EMPARENTADAS**
El **alojamiento**

ALOJARSE (2)

SIGNIFICA
vivir temporalmente
en un lugar

(alguien) **se aloja en** un lugar

Si te alojas en un hotel, te sale más caro.

▶❙ **COMBINACIONES FRECUENTES**
Estar alojado

AÑADIR

(Alguien) **añade** algo (a algo)

Hay que añadir un poco más de sal al cocido.

APETECER

Irregular

(**a** alguien) **le apetece** (algo)
(**a** alguien) **le apetece** (hacer algo)
(**a** alguien) **le apetece** (+ **que** + verbo en subjuntivo)

A ella le apetecen unos calamares.
A mí no me apetece salir de casa.
¿Te apetece que quedemos con Lola?

▶❙ **COMBINACIONES FRECUENTES**
A alguien le apetece una comida o una bebida

APROBAR (1)

Irregular

SIGNIFICA
superar un examen

(alguien) **aprueba** (algo)

He aprobado el examen de conducir.
¿Cuántos estudiantes han aprobado?

■▶ **PALABRAS EMPARENTADAS**
El **aprobado**

APROBAR (2)

SIGNIFICA
calificar positivamente
un examen

(alguien) **aprueba a** alguien

Fernando ha aprobado a todos sus alumnos.
Me han aprobado todas las asignaturas.

ASPIRAR

(Alguien) **aspira a** algo / hacer algo

Yo aspiro a tener un trabajo mejor.

▶❙ **COMBINACIONES FRECUENTES**
no aspirar a nada (más)

■▶ **PALABRAS EMPARENTADAS**
La **aspiración**
El **aspirante**

AUMENTAR	(algo) **aumenta** (en una determinada cantidad)	*Este verano ha aumentado mucho el turismo.*

▶ COMBINACIONES FRECUENTES
Aumentar la población > la producción > la deuda
Aumentar en un 25 %
Aumentar el número de

▶ PALABRAS EMPARENTADAS
El **aumento** (de)

AYUDAR	(alguien) **ayuda a** alguien (**a** hacer algo / **con** algo)	*¿Puedes ayudarme a llevar estas maletas?* *Ayuda a Luisa con las maletas.*

▶ PALABRAS EMPARENTADAS
La **ayuda**
El/la **ayudante**

AVERIGUAR	(Alguien) **averigua** algo	*Tengo que averiguar dónde hay información sobre este tema.*

▶ COMBINACIONES FRECUENTES
hacer averiguaciones

▶ PALABRAS EMPARENTADAS
La **averiguación**

BAJAR (1) **SIGNIFICA** descender o hacer descender	(algo o alguien) **baja** (alguien) **baja** (algo) (de algún sitio)	*El río baja por la montaña.* *El ascensor solo baja hasta el primer piso.* *Hemos bajado la ropa de invierno del desván.*

▶ COMBINACIONES FRECUENTES
Bajar en ascensor > por las escaleras

▶ PALABRAS EMPARENTADAS
La **bajada**

BAJAR (2) **SIGNIFICA** Disminuir la cantidad o la intensidad de algo	(alguien) **baja** algo / (algo) **baja**	*Por favor, baja el volumen de la radio.*

▶ COMBINACIONES FRECUENTES
Bajar la radio > la tele
Bajar los precios
Bajar el número de > la cantidad de

▶ PALABRAS EMPARENTADAS
La **bajada**

CABER	(Algo o alguien) **cabe** (en un espacio)	*En este ascensor solo caben cuatro personas.*

CAER *Irregular* **SE USA PARA** valorar si alguien nos gusta o no	(alguien) **le cae** bien/mal a alguien	*Tus amigos me han caído muy bien.* *Víctor me cae mal. Es un maleducado.*

▶ COMBINACIONES FRECUENTES
Caer genial > fatal

CAER(SE)	(alguien o algo) (se) **cae** (a alguien o a algo) **se le cae algo**	*Esta noche ha llovido mucho. Han caído 40 l/m².* *Cuando estoy nervioso, se me cae el pelo.*

▶ COMBINACIONES FRECUENTES
Caer las hojas del árbol > una lágrima > nieve
> bombas
Caer al suelo
Caer del cielo
Caerse el pelo

▶ PALABRAS EMPARENTADAS
La **caída**

DICCIONARIO DE CONSTRUCCIONES VERBALES

CALENTAR

(alguien) **calienta** algo

¿Te caliento un vaso de leche?

▶▶ **COMBINACIONES FRECUENTES**
Calentar el agua > la leche > el horno

■▶ **PALABRAS EMPARENTADAS**
El **calentamiento** global
El **calentador** eléctrico

CAMBIAR

(alguien/algo) **cambia** (en algo)
(alguien/algo) **cambia** algo (por otra cosa)
(alguien) **se cambia de** algo
(alguien) **cambia de** algo
(alguien/algo) **le cambia** algo (a alguien)

Tu hermana ha cambiado mucho, ¿no?
¿Has cambiado la contraseña del móvil?
¿Cuándo te cambias de casa?
Necesito cambiar de vida. Tengo mucho estrés.
Tener un hijo les ha cambiado la vida.

▶▶ **COMBINACIONES FRECUENTES**
Cambiar físicamente
Cambiar moneda
Cambiarse de ropa > piso > carrera
Cambiar de trabajo > hábitos

■▶ **PALABRAS EMPARENTADAS**
El **cambio** (la transformación)
El **cambio** (de moneda)

CIRCULAR

(un vehículo) **circula** (por una vía)

Este autobús circula toda la noche.

▶▶ **COMBINACIONES FRECUENTES**
Circular un tren > un autobús > un coche
Circular los domingos > las 24 horas
Circular con precaución.

■▶ **PALABRAS EMPARENTADAS**
La **circulación**
Circulatorio

COBRAR

SIGNIFICA
recibir un pago,
ganar por un trabajo

(alguien) **le cobra** (algo) (a alguien)
(alguien) **cobra** (una cantidad)

No nos han cobrado el vino.
Cobro 800 euros al mes.
En esta ONG nadie cobra. Todos son voluntarios.

▶▶ **COMBINACIONES FRECUENTES**
¿Me cobra, por favor?
¿Cuánto cobra?
Cobrar por horas
Cobrar una factura
Cobrar el sueldo

■▶ **PALABRAS EMPARENTADAS**
El **cobro**

COCINAR

(alguien) **cocina**

En casa nunca cocinamos los domingos.

▶▶ **COMBINACIONES FRECUENTES**
Cocinar con aceite de oliva > sin sal

■▶ **PALABRAS EMPARENTADAS**
La **cocina** (electrodoméstico)
La **cocina** (habitación de la casa)
El **cocinero**

COMER (1)

SIGNIFICA
ingerir alimentos, tomar

(alguien) **come** (algo)

(alguien) **se come** algo

No como carne. Soy vegetariano.
Casi no come y duerme muy mal.
Si no tienes hambre, no te comas toda la carne.

▶▶ **COMBINACIONES FRECUENTES**
Comer bien > mal > sano
Comer poco > mucho > demasiado

■▶ **PALABRAS EMPARENTADAS**
La **comida** (los alimentos)
Comestible
El **comedor**

COMER (2)	(alguien) **come**	*En España comemos sobre las dos de la tarde.* *Hoy para comer tenemos macarrones.*
SIGNIFICA comer al mediodía, almorzar	▶ **COMBINACIONES FRECUENTES** Comer en casa > fuera	▶ **PALABRAS EMPARENTADAS** La **comida** (el almuerzo)
CONTAR (1) *Irregular*	alguien) **cuenta que** + indicativo (alguien) (le) **cuenta** algo (**a** alguien)	*Cuentan que se fue a vivir al extranjero.* *Esta novela cuenta una historia real.* *Un amigo me contó una vez esa historia.*
SIGNIFICA relatar, narrar	▶ **COMBINACIONES FRECUENTES** Contar un cuento > una historia > un chiste > una anécdota Contar lo que pasó Contar la verdad > mentiras	▶ **PALABRAS EMPARENTADAS** El **cuento**
CONTAR (2)	(alguien/algo) **cuenta** algo	*Esta máquina cuenta billetes.* *Hoy hemos aprendido a contar hasta 10.*
SIGNIFICA calcular	▶ **COMBINACIONES FRECUENTES** Contar dinero > billetes > monedas	▶ **PALABRAS EMPARENTADAS** La **cuenta** corriente Hacer **cuentas**
CONTAR (3)	(alguien/algo) **cuenta con** algo	*Sabes que puedes contar con nosotros, ¿verdad?* *El Gobierno cuenta con el apoyo de la oposición.*
SIGNIFICA disponer de	▶ **COMBINACIONES FRECUENTES** Cuenta conmigo	
CONTESTAR	(alguien) (le) **contesta** (**a** alguien) (**que** + indicativo) (alguien) **contesta** (algo)	*Me han contestado que no quedan habitaciones.* *Le pregunté a Luis si quería venir, pero me contestó que no.* *He llamado al servicio técnico, pero no contestan.*
	▶ **COMBINACIONES FRECUENTES** Contestar al teléfono Contestar un mensaje Contestar un cuestionario Contestar que sí/no No contestar No saber qué contestar	▶ **PALABRAS EMPARENTADAS** El **contestador**
CONVIVIR	(alguien) **convive** con alguien / (dos o más personas) **conviven** (juntas)	*Convivir con los amigos no siempre es fácil.*
		▶ **PALABRAS EMPARENTADAS** La **convivencia**

DICCIONARIO DE CONSTRUCCIONES VERBALES

CORREGIR
Irregular

(alguien) (le) **corrige** (**a** alguien)
(alguien) **corrige** (**a** alguien)
(alguien) **corrige** (algo)

El profe me ha corregido mi redacción.
Laura siempre me corrige cuando digo algo mal.
Este fin de semana he corregido 80 exámenes.

▶ COMBINACIONES FRECUENTES
Corregir un error
Corregir un texto > un examen
Corrígeme si me equivoco

▶ PALABRAS EMPARENTADAS
La **corrección**
El **corrector**
Correcto/incorrecto

COSTAR (1)
SIGNIFICA
valer, ser el importe de una compra o un servicio

(algo) **cuesta** una cantidad de dinero

¿Cuánto cuesta este reloj?

▶ COMBINACIONES FRECUENTES
Costar mucho > poco dinero

COSTAR (2)
SIGNIFICA
ser una cosa difícil

(algo) (le) **cuesta** (**a** alguien)

Me cuesta mucho entender a los españoles.

▶ COMBINACIONES FRECUENTES
Costar mucho esfuerzo > mucho tiempo

CRECER (1)
SIGNIFICA
hacerse mayor o de más edad

(un ser vivo) **crece**

¡Cuánto ha crecido esta niña!

▶ PALABRAS EMPARENTADAS
El **crecimiento**

CRECER (2)
SIGNIFICA
aumentar, hacerse más numeroso o más extenso

(algo) **crece**

Está volviendo a crecer el número de accidentes en carretera.

▶ COMBINACIONES FRECUENTES
Crecer una ciudad > la población > los problemas > las enfermedades

▶ PALABRAS EMPARENTADAS
El **crecimiento**
Decrecer

CUIDAR

(alguien) **cuida a** alguien o algo

Si no cuidamos el medio ambiente, la humanidad desaparecerá.

▶ COMBINACIONES FRECUENTES
Cuidar a los amigos > el medio ambiente > la naturaleza > las instalaciones

▶ PALABRAS EMPARENTADAS
El **cuidado**
Los **cuidados**
Cuidador

CULTIVAR

(alguien) **cultiva** algo

Por las tardes, después del trabajo, me gusta cultivar el jardín.

▶ COMBINACIONES FRECUENTES
Cultivar la tierra > un huerto
Cultivar amistades > el espíritu

▶ PALABRAS EMPARENTADAS
El **cultivo**
La **cultura**

CURAR

(alguien) **cura** algo o a alguien / (algo) **se cura**

En el hospital le curaron las heridas del accidente.
Esta enfermedad solo se cura con mucho reposo.

▶ COMBINACIONES FRECUENTES
Curar a un enfermo > una herida

▶ PALABRAS EMPARENTADAS
La **cura**
La **curación**

CHARLAR	(alguien) **charla** con alguien / (varias personas) **charlan**	*Estuvimos charlando toda la tarde.*

◼▶ **PALABRAS EMPARENTADAS**
La **charla**

DAR (1) *Irregular* **SIGNIFICA** entregar	(alguien) **da** algo (**a** alguien)	*Este reloj me lo dio mi abuela.*

DAR (2) **SE USA PARA** expresar lo que nos provoca algo o alguien	(algo) (**le**) **da** un sentimiento / una sensación (**a** alguien) (alguien) (**le**) **da** un valor (**a** algo)	*La carne cruda me da asco.* *A Carmen le da vergüenza hablar en público.* *Me dio mucha pena irme de mi ciudad.* *Clara no le da importancia a lo que dicen los demás.*

▶◼ **COMBINACIONES FRECUENTES**
Dar miedo > pena > rabia > lástima > ganas de
Dar igual > lo mismo

DAR (3) **SIGNIFICA** proporcionar información, decir	(alguien) (**le**) **da** algo (**a** alguien)	*Jaime me dio las gracias por la invitación.* *¿Me das tu número de teléfono?*

▶◼ **COMBINACIONES FRECUENTES**
Dar un consejo > una explicación > una respuesta
> permiso
Dar la dirección > el correo electrónico >
los datos personales
Dar los buenos días > la bienvenida > el pésame

DAR (4) **SIGNIFICA** comunicar delante de una audiencia	(alguien) (**le**) **da** algo (**a** alguien)	*Emma les da clases de inglés a mis hijos.* *Shakira ha dado más de 50 conciertos este año.*

▶◼ **COMBINACIONES FRECUENTES**
Dar un concierto > una conferencia > una charla
Dar clase

DARLE IMPORTANCIA A ALGO	alguien **da importancia a** algo	*No le des importancia a lo que dijo Clara. No lo decía en serio.*

DARSE CUENTA DE ALGO	alguien **se da cuenta de** algo	*Ayer, al salir de casa, no me di cuenta de que el horno estaba encendido.*

DEBER (1) **SIGNIFICA** tener una deuda	(alguien) (le) **debe** algo (**a** alguien)	*Esta empresa debe muchos miles de euros.*

▶◼ **COMBINACIONES FRECUENTES**
Deber dinero
Deber un favor

◼▶ **PALABRAS EMPARENTADAS**
La **deuda**

DICCIONARIO DE
CONSTRUCCIONES VERBALES

DEBER (2)

SIGNIFICA
tener la obligación

(alguien) **debe** hacer algo | *Hoy debemos entregar todos los trabajos.*

■▶ **PALABRAS EMPARENTADAS**
El **deber** (la obligación)
Los **deberes** (las tareas escolares)

DEBER (3)

SE USA PARA
indicar que algo no es
conveniente

no se debe hacer algo | *No se deben volver a congelar los alimentos.*

■▶ **PALABRAS EMPARENTADAS**
El **deber**

DEBER (4)

SE USA PARA
indicar probabilidad

(alguien o algo) **debe de** hacer algo | *En este momento debe de estar llegando el tren.*
¿Qué hora debe de ser?

DECIR
Irregular

(alguien) (**le**) **dice** algo (**a** alguien) | *¿Quién te ha dicho eso?*
(alguien) (**le**) **dice** (**a** alguien) + **que** + verbo | *Gloria dice que quiere cambiar de trabajo.*

▶▶ **COMBINACIONES FRECUENTES**
Decir la verdad > una mentira
Decir tonterías > cosas interesantes
Decir que sí > que no
Lo que yo digo/quiero/quería decir es que...
Perdona, ¿qué dices?
Aquí dice (que)...

DEDICAR

SIGNIFICA
utilizar un recurso para
un fin

(alguien) **dedica** algo a algo | *Dedican mucho tiempo a preparar los proyectos.*

▶▶ **COMBINACIONES FRECUENTES**
Dedicar tiempo > dinero > esfuerzos

■▶ **PALABRAS EMPARENTADAS**
Dedicado
Dedicadamente

DEDICARSE

SIGNIFICA
ejercer una profesión o una
actividad

(alguien) **se dedica** a algo | *En su juventud se dedicó al teatro.*

▶▶ **COMBINACIONES FRECUENTES**
dedicarse al cine > a la literatura > a la agricultura

■▶ **PALABRAS EMPARENTADAS**
La **dedicación**

DEJAR (1)

SIGNIFICA
poner

(alguien) **deja** algo (**en** un lugar) | *¿Dónde dejo esta maleta?*
De momento, déjala en mi habitación.

DEJAR (2)

SE USA PARA
indicar la interrupción
de una acción

(alguien/algo) **deja de** hacer algo | *¿Podrías dejar de hacer ruido, por favor?*

DEJAR (3) **SIGNIFICA** permitir	(alguien/algo) (le) **deja** (**a** alguien) hacer algo	*El ruido de la calle no me dejó dormir.* *Los padres de Lía no la dejan salir sola* *por la noche.*

▶❯ **COMBINACIONES FRECUENTES**
Dejar pasar > entrar > salir
Déjame decir una cosa
Dejar en paz > tranquilo

DEJAR (4) **SIGNIFICA** prestar	(alguien) (le) **deja** algo (**a** alguien)	*Juana me ha dejado su coche para las* *vacaciones.*

▶❯ **COMBINACIONES FRECUENTES**
Dejar dinero

DEJAR (5) **SE USA PARA** expresar el resultado de acciones	(alguien) **deja a** alguien o algo (en un estado)	*He dejado la comida hecha. La tienes en la nevera.* *Emilio me dejó muy preocupado.* *Cuando te vayas, deja la casa limpia.*

▶❯ **COMBINACIONES FRECUENTES**
Dejar hecho > preparado > terminado > colgado

DEJAR (6) **SIGNIFICA** abandonar	(alguien) **deja a** alguien, algo o un lugar	*Rosa ha dejado a Marcos. Está destrozado.* *He dejado los estudios. Quiero trabajar.* *En 2014 dejé Madrid y me vine a la montaña.*

DEJARSE (7) **SIGNIFICA** olvidar	(alguien) **se deja** algo (en algún lugar)	*Soy un desastre: me he dejado el pasaporte en casa.*

DEPENDER	(alguien o algo) **depende** (de algo)	*- ¿Saldremos a pasear esta tarde?* *- Depende del tiempo que haga.*

▶❯ **COMBINACIONES FRECUENTES**
Depender de la ayuda de otros
Eso no depende de mí

▣▶ **PALABRAS EMPARENTADAS**
La **dependencia**
La **independencia**
Independizarse
Dependiente/Independiente

DESARROLLAR	(alguien o algo) **se desarrolla**	*Unos países se desarrollaron antes que otros.*

▣▶ **PALABRAS EMPARENTADAS**
El **desarrollo**
El **subdesarrollo**

DESCUBRIR	(alguien) **descubre** (algo)	*Se ha descubierto un nuevo planeta solar.*

▶❯ **COMBINACIONES FRECUENTES**
Descubrir nuevas (formas de... / posibilidades /
regiones...) > su vocación

▣▶ **PALABRAS EMPARENTADAS**
El **descubrimiento**
El **descubridor**

DICCIONARIO DE
CONSTRUCCIONES VERBALES

DISFRUTAR (DE) (1)

SIGNIFICA
realizar algo con placer

(alguien) **disfruta** (con algo o haciendo algo)
(alguien) **disfruta** de algo

Disfruta mucho tocando el piano.
Disfrutaron de unas felices vacaciones.

▶❯ **COMBINACIONES FRECUENTES**
Disfrutar del verano > del fin de semana >
de la naturaleza > de la compañía de los amigos

■▶ **PALABRAS EMPARENTADAS**
El **disfrute**

DISMINUIR

SIGNIFICA
tener menor cantidad
o tamaño

(algo) **disminuye** (en una cierta cantidad)
(alguien) **disminuye** algo (en una cierta
cantidad)

El año pasado disminuyó el paro en un 3%.
*El Gobierno ha disminuido las ayudas a la
dependencia.*

▶❯ **COMBINACIONES FRECUENTES**
Disminuir la población > el salario >
la producción > las ventas
Disminuir la tasa de > la cantidad de > el número de

■▶ **PALABRAS EMPARENTADAS**
La **disminución**

DURAR

(algo) **dura** un tiempo

Es una película muy larga: dura tres horas.

▶❯ **COMBINACIONES FRECUENTES**
Durar mucho > poco tiempo > dos horas

■▶ **PALABRAS EMPARENTADAS**
La **duración**

EMIGRAR

(alguien) **emigra** (de su lugar de residencia) (a
otro lugar)

*En el siglo XIX muchos europeos emigraron a
América.*

▶❯ **COMBINACIONES FRECUENTES**
Emigrar de su ciudad > de su región > de su país
> a nuevos lugares

■▶ **PALABRAS EMPARENTADAS**
la **emigración**
Los **emigrantes**
La **inmigración**
Los **inmigrantes**
Las **migraciones**

ENAMORARSE

(alguien) **se enamora** (de alguien) / (dos
personas) **se enamoran**

*Creo que nuestro hijo se ha enamorado, y me
imagino de quién.*

▶❯ **COMBINACIONES FRECUENTES**
Enamorarse locamente > a primera vista

■▶ **PALABRAS EMPARENTADAS**
El **enamoramiento**
Los **enamorados**

ENCANTAR

(**a** alguien) **le encanta** (algo)
(**a** alguien) **le encanta** (+ infinitivo)
(**a** alguien) **le encanta** (**que**+ subjuntivo)

A mis hermanas les encantó la película.
Me encanta bailar.
A mi perro le encanta que lo lleve al parque.

■▶ **PALABRAS EMPARENTADAS**
Tener **encanto**
Ser **encantador**

ENCARGARSE

(alguien) **se encarga** (de algo / de hacer algo)

*Para la fiesta del domingo, yo me encargo de
las bebidas.*
*¿Quién se encarga de comprar las entradas
para el concierto?*

■▶ **PALABRAS EMPARENTADAS**
El **encargo**

ENCONTRAR (1) *Irregular* **SIGNIFICA** localizar algo perdido	(alguien) **encuentra** (algo) (**en** un lugar)	*Alba ya ha encontrado sus llaves. Se las había dejado en el coche.*
ENCONTRAR (2) **SE USA PARA** valorar	(alguien) **encuentra** algo o **a** alguien con alguna característica (alguien) **encuentra que** + indicativo **▶❯ COMBINACIONES FRECUENTES** Encontrar bien > mal Encontrar curioso > raro > interesante	*Este tipo de cine lo encuentro un poco pesado.* *¿No encuentras que es un poco caro este hotel?*
ENCONTRARSE (3) **SIGNIFICA** coincidir por casualidad en un lugar	(alguien) **se encuentra** (**con** alguien) (**en** un lugar) (varias personas) **se encuentran** (**en** un lugar) (**a** una hora)	*Me he encontrado con Juanjo por la calle.* *Carlos y su ex se encontraron en la fiesta de ayer. No se veían desde el divorcio.* **■▶ PALABRAS EMPARENTADAS** El **encuentro**
ENCONTRARSE (4) **SE USA PARA** concretar o hablar de citas	(varias personas) **se encuentran** (**en** un lugar) (**a** una hora)	*¿Nos encontramos en el parque a las cinco?* *Quedamos en encontrarnos dos horas más tarde.*
ENCONTRARSE (5) **SIGNIFICA** estar en un lugar	(alguien o algo) **se encuentra en** un lugar	*El hotel se encuentra en pleno centro de la ciudad.* *Ahora nos encontramos en la catedral de Santiago.*
ENCONTRARSE (6) **SE USA PARA** hablar del estado de salud	(alguien) **se encuentra** de una determinada manera **▶❯ COMBINACIONES FRECUENTES** Encontrarse bien > mal > fatal > mejor > peor ¿Cómo te encuentras?	*Me encuentro un poco mal. No sé qué me pasa…*
ENFADARSE	(alguien) **se enfada** (**con** alguien) (**por** algo) (varias personas) **se enfadan** **▶❯ COMBINACIONES FRECUENTES** Estar enfadado	*¿Por qué te enfadas conmigo? No te he hecho nada.* *Marta y Álvaro se enfadan muy a menudo.* **■▶ PALABRAS EMPARENTADAS** El **enfado**
ENSEÑAR (1) **SIGNIFICA** mostrar	(alguien) (**le**) **enseña** algo (**a** alguien) **▶❯ COMBINACIONES FRECUENTES** Enseñar la casa > la habitación > la ciudad	*¿Damos un paseo y te enseño el barrio?* *¿No conoces el camino? Ven y te lo enseño.*

DICCIONARIO DE CONSTRUCCIONES VERBALES

ENSEÑAR (2)

SIGNIFICA
instruir

(alguien) (**le**) **enseña** (algo) (**a** alguien)
(alguien) (**le**) **enseña** (**a** alguien) (**a** hacer algo)

Florence enseña francés a niños pequeños.
Luis enseña en una escuela pública.
Mi abuelo me enseñó a tocar el piano.
Aquí enseñan a dibujar.

▶❯ **COMBINACIONES FRECUENTES**
Enseñar lenguas > ciencias > matemáticas
Enseñar a bailar > a tocar un
instrumento > a escribir

▮❯ **PALABRAS EMPARENTADAS**
La **enseñanza**

EQUIVOCARSE

(alguien) **se equivoca** (de algo)

Lo siento, me he equivocado; no volveré a hacerlo.
Te has equivocado de día: la reunión es mañana.

▶❯ **COMBINACIONES FRECUENTES**
equivocarse de día > de hora > de número (de
teléfono, de puerta...)

▮❯ **PALABRAS EMPARENTADAS**
La **equivocación**
Equivocadamente

ESTAR (1)
Irregular

SE USA PARA
ubicar

(alguien/algo) **está** (**en** un lugar)

El aeropuerto está a 15 km de la ciudad.
Paco y Loli están en Berlín.
Emilia no está. Ha salido.

ESTAR (2)

SE USA PARA
indicar el resultado de una
acción

(alguien/algo) **está** de algún modo

Juan aún no está preparado para salir.
La obra aún no está terminada.
Esta camisa está sucia.

▶❯ **COMBINACIONES FRECUENTES**
Estar roto > estropeado

▮❯ **PALABRAS EMPARENTADAS**
El **estado**

ESTAR (3)

SE USA PARA
valorar

(alguien/algo) **está** bien/mal
(alguien/algo) **está** + cualidad

Esta película está muy bien.
Este vino está buenísimo.

▶❯ **COMBINACIONES FRECUENTES**
Estar genial > increíble > horrible > fatal

ESTAR (4)

SE USA PARA
hablar de situaciones
pasajeras

(alguien) **está** en una situación provisional

Estoy en el paro desde agosto.
Inés está de camarera en un hotel de la costa.
Ana está enferma.

▶❯ **COMBINACIONES FRECUENTES**
Estar de viaje > de vacaciones
Estar de huelga
Estar de buen/mal humor
Estar triste > alegre > nervioso

ESTAR (5)

(alguien) **está** haciendo algo

Está duchándose.

EXILIARSE	(alguien) **se exilia**	*Al finalizar la guerra se exiliaron millones de ciudadanos.*
		■▶ **PALABRAS EMPARENTADAS** El **exilio** Los **exiliados**
EXTINGUIRSE	(alguien o algo) **se extingue**	*Cada año se extinguen muchas especies animales.*
	▶▶ **COMBINACIONES FRECUENTES** Extinguirse una especie > una raza > una civilización > una cultura	■▶ **PALABRAS EMPARENTADAS** La **extinción** **Extinto**
FALTAR (1) **SE USA PARA** indicar una cantidad de tiempo hasta otro hecho	**falta/n** una cantidad de tiempo (para algo o un hecho)	*¿Falta mucho para llegar?* *Faltan dos semanas para las vacaciones.* *Por favor, avísame cuando falten 5 minutos.*
	▶▶ **COMBINACIONES FRECUENTES** ¿Cuánto falta? Falta mucho > poco	
FALTAR (2) **SIGNIFICA** no estar presente	(alguien) **falta/n** (a un acto o en un lugar)	*Ayer falté a clase porque fui al médico.* *Faltabas tú en la fiesta. Te echamos de menos.*
	▶▶ **COMBINACIONES FRECUENTES** ¿Falta alguien?	
FALTAR (3) **SIGNIFICA** no haber algo que debería haber o haber insuficientemente	(**a** algo) **le falta/n** algo (**en** algún lugar) **falta/n** algo (**a** alguien) **le falta/n** algo	*A la sopa le falta sal.* *En esta ciudad faltan bibliotecas.* *No me contrataron porque me falta experiencia.*
	▶▶ **COMBINACIONES FRECUENTES** ¿Te falta algo? Me falta tiempo	■▶ **PALABRAS EMPARENTADAS** La **falta** (de)
FASCINAR	(alguien o algo) (le) **fascina** a alguien	*A la gente le fascinan estos espectáculos.*
		■▶ **PALABRAS EMPARENTADAS** La **fascinación** **Fascinante**
FOMENTAR	(alguien o algo) **fomenta** algo	*El nuevo Gobierno debe fomentar el empleo de los jóvenes.*
	▶▶ **COMBINACIONES FRECUENTES** Fomentar el desarrollo > el crecimiento > la creación de...	■▶ **PALABRAS EMPARENTADAS** El **fomento**

DICCIONARIO DE CONSTRUCCIONES VERBALES

GANAR (1)

SIGNIFICA
recibir, cobrar

(alguien) **gana** algo

Antes ganaba 400 euros al mes.

▶️ **COMBINACIONES FRECUENTES**
Ganar dinero
Ganar un premio

◼️▶ **PALABRAS EMPARENTADAS**
La(s) **ganancia(s)**

GANAR (2)

SIGNIFICA
vencer

(alguien) (**le**) **gana** (algo) (**a** alguien)

Nadal ganó a Federer.
Nadal le ganó el partido a Federer.
Hoy hemos ganado nosotros.

GUSTAR

(**a** alguien) **le gusta** (algo)
(**a** alguien) **le gusta** (alguien)
(**a** alguien) **le gusta** (+ infinitivo)
(**a** alguien) **le gusta** (**que** + subjuntivo)

Me ha gustado mucho la película.
Creo que a Marisa le gusta Fernando.
Nos gusta mucho pasear por el bosque.
No le gusta que le digas esas cosas.

▶️ **COMBINACIONES FRECUENTES**
Me gustaría mucho, pero…

◼️▶ **PALABRAS EMPARENTADAS**
El **gusto**

HABER (1)
Irregular

SIGNIFICA
existir

hay algo/alguien (en algún sitio)

En la plaza había dos hoteles.
¿No hay sopa de pescado hoy?

HABER (2)
SIGNIFICA
tener la obligación
o la necesidad

hay que hacer algo

Hay que estudiar mucho para aprobar.

HACER (1)
Irregular

SIGNIFICA
elaborar, producir, fabricar

(alguien) **hace** algo

Hoy para comer voy a hacer una paella.
En esta zona hacen unos vinos muy buenos.

▶️ **COMBINACIONES FRECUENTES**
Hacer la comida > la cena
Hacer una tortilla > una paella > un pastel
Hacer café > té

HACER (2)

SIGNIFICA
realizar, efectuar

(alguien) **hace** algo

Mañana tengo que hacer un examen de inglés.

▶️ **COMBINACIONES FRECUENTES**
Hacer un viaje > una excursión > un examen
No hacer nada
Hacer una película > un programa en la tele
Hacer gimnasia > deporte > teatro

HACER (3)

SIGNIFICA
causar, provocar

(alguien/algo) (**le**) **hace** + infinitivo (**a** alguien)

Esas películas me hacen reír.

HACER (4)	**hace** tiempo meteorológico	*Hoy hace mucho frío.*

SE USA PARA hablar del tiempo meteorológico

▶ **COMBINACIONES FRECUENTES**
Hacer frío > calor > sol > viento > mal tiempo > buen tiempo

HACER (5)	(alguien) **lo hace**	*Iba a cerrar la puerta, pero no lo he hecho.* *Si no has comprado el billete, lo hago yo.*

SE USA PARA referirse a lo dicho previamente

IMPORTAR (1)	(a alguien) (**le**) **importa/n** (alguien o algo) (a alguien) **le importa que** + subjuntivo	*No me importa lo que opinan los demás.* *No me importa tener que madrugar tanto.* *No nos importa que haya un poco de ruido en la calle.*

▶ **COMBINACIONES FRECUENTES**
No importa
¿A ti qué te importa?

▶ **PALABRAS EMPARENTADAS**
La **importancia**
Importante

IMPORTAR (2)	(a alguien) **le importa si** + indicativo (a alguien) **le importa que** + subjuntivo	*¿Te importa si uso tu secador?* *¿Te importa que abra la ventana?*

SE USA PARA pedir permiso

INFLUIR	(alguien o algo) **influye** (en alguien o en algo)	*En mi decisión no ha influido ningún interés personal.*

▶ **PALABRAS EMPARENTADAS**
La **influencia**
Influyente

INTENTAR	(alguien) **intenta** hacer algo (alguien) **intenta que** + subjuntivo	*No intentes convencerme, no te creo.* *He intentado que lo entienda, pero no lo he conseguido.*

▶ **COMBINACIONES FRECUENTES**
Inténtalo

▶ **PALABRAS EMPARENTADAS**
El **intento**
La **intención**

INTERESAR	(**a** alguien) **le interesa** (algo) (**a** alguien) **le interesa** (alguien) (**a** alguien) **le interesa** (+ infinitivo) (**a** alguien) **le interesa** (**que** + subjuntivo)	*Me interesa mucho el arte.* *En la entrevista me dijeron que les intereso.* *No me interesa participar en ese proyecto.* *Les interesa que vayamos nosotros.*

▶ **COMBINACIONES FRECUENTES**
Interesa un proyecto > una información > un tema

▶ **PALABRAS EMPARENTADAS**
El **interés**

DICCIONARIO DE
CONSTRUCCIONES VERBALES

INVITAR

(alguien) **invita** (**a** alguien) (**a** algo o **a** hacer algo)

Os invito a comer.
¿A ti te han invitado a la boda?
Hoy invito yo.

▶❯ **COMBINACIONES FRECUENTES**
Invitar a comer > a cenar > a tomar algo
Invitar a un café > a una copa
Invitar a una boda > a una fiesta

■▶ **PALABRAS EMPARENTADAS**
La **invitación**
Los **invitados**

IR (1)
Irregular

(alguien/algo) **va** (**a** un sitio)

Este autobús va a la Plaza Mayor.
¿Cuándo vas a Sevilla?
Fui la semana pasada.

▶❯ **COMBINACIONES FRECUENTES**
Ir a clase > a la iglesia > al teatro > al cine
Ir al médico > al dentista
Ir en coche > en tren > en avión > en barco > en bicicleta
Ir a pie > a caballo
Ir juntos
Ir andando > corriendo
Ya voy

■▶ **PALABRAS EMPARENTADAS**
La **ida**

SIGNIFICA
trasladarse, desplazarse

IR (2)

(alguien) **va de** + nombre

Esta tarde vamos de compras, ¿vienes?

▶❯ **COMBINACIONES FRECUENTES**
Ir de viaje > paseo > compras > vacaciones > excursión

SIGNIFICA
realizar una actividad

IRSE (3)

(alguien/algo) **se va** (de un sitio)

¿Ya te vas?
Nos vamos; ya hemos terminado.

▶❯ **COMBINACIONES FRECUENTES**
Irse a casa > a su país
Irse a dormir > a la cama

SIGNIFICA
marcharse, abandonar un lugar

IR (4)

(alguien/algo) **va a** hacer algo

Voy a leer un rato.
Este invierno va a nevar mucho.

SE USA PARA
referirse a acciones futuras

JUGAR
Irregular

(alguien) **juega** (**a** algo) (**con** alguien)
(alguien) **juega** (un partido/una partida) (**con** alguien)

Los martes juego al tenis con unos amigos.
Vamos a jugar otra partida de póquer.

■▶ **PALABRAS EMPARENTADAS**
El **juguete**
El **jugador**
La **jugada**

LLAMAR (1)	(alguien) **llama a** alguien (alguien) **llama** (**a** alguien)	*Llama a los niños, que vamos a comer.* *Alguien te está llamando, ¿no lo oyes?* *Esta tarde tengo que llamar a Víctor.* *¿Ha llamado alguien por teléfono esta mañana?*
	◼▸ **PALABRAS EMPARENTADAS** La **llamada**	
LLAMAR (2)	(alguien) **llama** (**a** la puerta)	*Llaman. ¿Abres tú?*
LLAMAR (3)	(alguien/algo) **se llama** de algún modo (**a** alguien / **a** algo) **lo llaman** de algún modo	*¿Cómo se llama tu novia?* *A Francisco en casa lo llaman Pancho.*
LLAMAR LA ATENCIÓN (1) **SIGNIFICA** sorprender	(a alguien) **le llama la atención** algo o que suceda algo (alguien) **le llama la atención** a alguien (sobre algo)	*En la fiesta de ayer le llamó la atención un joven que no hablaba con nadie.*
LLAMAR LA ATENCIÓN (2) **SIGNIFICA** reprender	(alguien) **le llama la atención** a alguien	*Siempre llegaba tarde al trabajo hasta que le llamaron la atención.*
	◼▸ **PALABRAS EMPARENTADAS** La **llamada de atención**	
LLEVAR (1) **SIGNIFICA** transportar	(alguien/algo) **lleva** algo / **a** alguien (**a** un sitio) (alguien/algo) **lleva** algo (**a** alguien) (alguien/algo) se **lleva** algo (**de** algún lugar)	*Voy a llevar a unos amigos al aeropuerto.* *Por favor, llévale este libro a Manuela.* *Carla, me llevo este paraguas, que está lloviendo.*
LLEVAR (2) **SIGNIFICA** tener consigo	(alguien) **lleva** (algo)	*¿Alguien lleva un espejo?* *Lo siento, yo no llevo.*
LLEVAR (3) **SIGNIFICA** tener	(alguien/algo) **lleva** algo	*Lola lleva el pelo largo.* *El gazpacho lleva ajo.*
	▶▶ **COMBINACIONES FRECUENTES** Llevar ajo > cebolla > mantequilla Llevar abrigo > gafas > el pelo largo Llevar acento > mayúscula	
LLEVAR (4) **SIGNIFICA** estar, permanecer	(alguien/algo) **lleva** un tiempo (**en** un lugar) (alguien/algo) **lleva** un tiempo (haciendo algo / **sin** hacer algo)	*Lleva tres años en Perú.* *Lleva dos horas durmiendo.* *Lleva dos días sin comer.*

DICCIONARIO DE CONSTRUCCIONES VERBALES

LLEVARSE (5)

SIGNIFICA
tener una buena o mala relación

(alguien) **se lleva bien/mal** con alguien
(varias personas) **se llevan bien/mal**

Arturo se lleva muy mal con su cuñado.
Nuestros hijos se llevan muy bien.

▶▶ **COMBINACIONES FRECUENTES**
Llevarse genial > fatal
¿Qué tal te llevas con...?

LLEVARSE (6)

SE USA PARA
hablar de sentimientos

(alguien) **se lleva** algo

Mario se ha llevado una gran sorpresa al vernos.
Eva se llevó un disgusto tremendo cuando supo que había suspendido el examen.

▶▶ **COMBINACIONES FRECUENTES**
Llevarse una sorpresa > un disgusto > un susto
> una alegría

LLORAR

(alguien) **llora** (por algo)

No llores por eso. No es tan importante.

▶▶ **COMBINACIONES FRECUENTES**
Llorar desconsoladamente, llorar de miedo

▶ **PALABRAS EMPARENTADAS**
El **lloro**
Llorón

MANTENER

(alguien) **mantiene** algo (con alguien)

Mantiene buenas relaciones con todos sus vecinos.

▶▶ **COMBINACIONES FRECUENTES**
Mantener una amistad > buenas relaciones >
unas relaciones tensas

▶ **PALABRAS EMPARENTADAS**
El **mantenimiento**

MEDIR

SIGNIFICA
tener una longitud

(alguien o algo) **mide** una cantidad determinada

Su coche mide seis metros de largo, no cabe en mi garaje.

▶ **PALABRAS EMPARENTADAS**
La **medida**

MEDIR

SIGNIFICA
comprobar las medidas de algo

(alguien o algo) **mide** algo

Este aparato mide la presión atmosférica.

▶▶ **COMBINACIONES FRECUENTES**
medir la altura > la distancia > la presión >
la temperatura

▶ **PALABRAS EMPARENTADAS**
La **medición**

MEJORAR

(alguien o algo) **mejora** (algo)
(algo) **mejora**

Con estas propuestas queremos mejorar el rendimiento de la fábrica.

▶▶ **COMBINACIONES FRECUENTES**
mejorar la salud > los resultados >
el rendimiento > las condiciones > la conducta

▶ **PALABRAS EMPARENTADAS**
La **mejora**
La **mejoría**

MERENDAR

SIGNIFICA
tomar un alimento a media tarde

(una persona) **merienda**

Normalmente meriendo un bocadillo de jamón y un zumo.

▶ **PALABRAS EMPARENTADAS**
La **merienda** (el alimento, la actividad)
El **merendero**

MOLESTAR (1) **SIGNIFICA** perturbar	(a alguien) (**le**) **molesta/n** alguien o algo	*No me molesta el ruido. Tengo un sueño muy pesado.* *Me molesta mucho esperar tanto en el médico.*
	(a alguien) **le molesta que** + subjuntivo	*No nos molesta que haya un poco de ruido en la calle.*

▶ **COMBINACIONES FRECUENTES**
No molestar
¿Molesto?

▶ **PALABRAS EMPARENTADAS**
La **molestia**
Molesto

MOLESTAR (2) **SE USA PARA** pedir permiso	(a alguien) **le molesta si** + indicativo (a alguien) **le molesta que** + subjuntivo	*¿Te molesta si pongo música?* *¿Te molesta que abra la ventana?*

MOTIVAR	(alguien o algo) **motiva** (a alguien) (a hacer algo)	*El nuevo profesor nos motiva mucho.*

▶ **PALABRAS EMPARENTADAS**
La **motivación**
Motivador

OLER (1) **SIGNIFICA** desprender olor	(algo o alguien) **huele** (a algo)	*Aquí huele a tierra mojada*

▶ **PALABRAS EMPARENTADAS**
El **olor**
Oloroso
Inodoro
Maloliente

OLER (2) **SIGNIFICA** percibir el olor	(alguien) **huele** (algo)	*¿No hueles algo raro?*

▶ **PALABRAS EMPARENTADAS**
El **olor**

OLVIDAR (1)	(alguien) **olvida** algo	*He olvidado el número de teléfono de Sonia.* *He intentado olvidar aquellos años.*

▶ **COMBINACIONES FRECUENTES**
Olvídalo

▶ **PALABRAS EMPARENTADAS**
El **olvido**
Inolvidable

OLVIDARSE (2)	(alguien) **se olvida de** algo o de alguien	*Me he olvidado de los ajos.* *¿Te has olvidado de felicitar a Inma?*
	(alguien) **se olvida de que** + indicativo	*¿Te has olvidado de que habíamos quedado?*

▶ **COMBINACIONES FRECUENTES**
No te olvides de...

DICCIONARIO DE CONSTRUCCIONES VERBALES

PAGAR

(alguien) (le) **paga** (una cantidad de dinero)
(**a** alguien) (**por** algo)

En esta empresa pagan muy mal.
Laura me ha pagado lo que me debía.
¿Cuánto te pagan por este trabajo?

▶▶ COMBINACIONES FRECUENTES
Pagar en efectivo > con tarjeta > por adelantado
Pagar a 20 euros la hora
Pagar la cuenta
Pago yo

■▶ PALABRAS EMPARENTADAS
El **pago**

PARECER (1)
Irregular

SIGNIFICA
tener el aspecto

(alguien/algo) **parece** algo

Con ese traje pareces un astronauta.
No lo parecen, pero estos ajos son buenísimos.

PARECER (2)

SIGNIFICA
asemejarse

(alguien) **se parece a** alguien
(dos o más personas) **se parecen**

Tu sobrina se parece a vuestra abuela.
No todos los hermanos se parecen.

PARECER (3)

SIGNIFICA
creer que, opinar

(algo/alguien) **le parece** (a alguien) de algún modo
(a alguien) **le parece que** + indicativo

El alquiler me parece muy caro.
Pues a mí no me lo parece.
A Julia le parece que no debemos quedarnos.

PASAR (1)

SIGNIFICA
cambiar de ubicación

(alguien) **pasa** (**de** un sitio **a** otro)

Pasamos de Francia a España por los Pirineos.

▶▶ COMBINACIONES FRECUENTES
Pase, pase
No poder pasar

■▶ PALABRAS EMPARENTADAS
El **paso**

PASAR (2)

(alguien o algo) **pasa por** un sitio

Si pasas por nuestra ciudad, llámanos.
El río Ebro pasa por Zaragoza.

▶▶ COMBINACIONES FRECUENTES
Estar de paso

PASAR (3)

SIGNIFICA
suceder, tener lugar

(a alguien) **le pasa** algo
pasar algo

Me ha pasado una cosa muy desagradable.
No pasa nada, tranquilo.

▶▶ COMBINACIONES FRECUENTES
¿Qué te pasa?
¿Qué pasa?
No me pasa nada

PASAR (4)

SE USA PARA
valorar una experiencia

alguien **lo pasa** (muy) **bien/mal** (+ gerundio)

En Menorca lo pasamos muy bien.
Lo pasé muy bien jugando con los niños.

▶▶ COMBINACIONES FRECUENTES
Pasarlo genial > fenomenal > fatal

PASAR (5) SIGNIFICA estar en un lugar durante un tiempo	(alguien) **pasa** un tiempo (en un lugar, o en una situación)	*Voy a pasar seis meses en Cuba.* *Paso mucho tiempo fuera de casa.*

PEDIR *Irregular*	(alguien) (**le**) **pide** algo (a alguien) (alguien) (**le**) **pide que** + subjuntivo (a alguien)	*Marta me ha pedido el coche.* *El profesor nos ha pedido que seamos puntuales.*

▶️ **COMBINACIONES FRECUENTES**
Pedir un favor
Pedir por favor
Pedir la cuenta > el pasaporte > la dirección
Pedir prestado
¿Qué vas a pedir de primero?
Pedir perdón > permiso > consejo

▶️ **PALABRAS EMPARENTADAS**
La **petición**
El **pedido**

PELAR	(alguien) **pela** algo	*Yo pelo las patatas y tú cortas la verdura.*

▶️ **COMBINACIONES FRECUENTES**
Pelar las patatas > la fruta

PENSAR (1) *Irregular* SIGNIFICA opinar	(alguien) **piensa** algo (**de** alguien / **sobre** algo) (alguien) **piensa que** + indicativo	*¿Tú qué piensas de este proyecto?* *Pienso que es un proyecto muy arriesgado.*

PENSAR (2) SIGNIFICA tener en la mente	(alguien) **piensa en** algo / alguien	*Muchas veces pienso en mi antigua casa.* *Siempre que oigo esta canción pienso en ti.*

PENSAR (3) SIGNIFICA tener la intención	(alguien) **piensa** hacer algo	*No pienso ir a la fiesta de Carlos.*

PERTENECER	(alguien o algo) **pertenece** a algo o a alguien	*Pertenezco a varias asociaciones profesionales.* *¿A quién pertenecen estos objetos?.*

▶️ **COMBINACIONES FRECUENTES**
pertenecer a una asociación > a un club >
a un partido > a una iglesia

▶️ **PALABRAS EMPARENTADAS**
La **pertenencia**

PODER (1) *Irregular* SIGNIFICA ser posible	(alguien/algo) **puede** (hacer algo)	*Podemos entrar, las puertas están abiertas.* *¿Puedes oírme?* *No, no puedo.*

▶️ **COMBINACIONES FRECUENTES**
Eso no puede ser

DICCIONARIO DE CONSTRUCCIONES VERBALES

PODER (2)

SIGNIFICA
estar autorizado, tener permiso

(alguien/algo) **puede** (hacer algo)

Puedes entrar conmigo, soy socio del club.
En el cine no se puede fumar.

▶▶ COMBINACIONES FRECUENTES
No poder tomar azúcar > comer con sal > beber alcohol
Se puede / no se puede

▶ PALABRAS EMPARENTADAS
El **poder**
Los **poderosos**

PODER (3)
SE USA PARA
plantear alternativas

(alguien/algo) **puede** (hacer algo)

Puedes ir en tren, en avión o en coche.

PODER (4)
SE USA PARA
invitar, sugerir, aconsejar

(alguien/algo) **puede** (hacer algo)

Si quieres, puedes pasar por casa esta tarde.

PODER (5)
SIGNIFICA
tener la capacidad

(alguien/algo) **puede** (hacer algo)

Este robot puede lavar la ropa y planchar.

PONER (1)
Irregular

SIGNIFICA
colocar, meter

(alguien) **pone** algo (en un sitio)

Esta mesa la pondremos junto a la ventana.
Pon este dinero en un sobre cerrado.

PONERSE (2)

SIGNIFICA
vestirse, aplicarse

(alguien) **se pone** ropa
(alguien) **se pone** un producto

Si no te pones el abrigo, tendrás frío.
Si vas a la playa, ponte crema solar.

PONERSE (3)

SIGNIFICA
empezar a estar

(alguien) **se pone** de algún modo

En los exámenes me pongo muy nervioso.

▶▶ COMBINACIONES FRECUENTES
Ponerse enfermo > nervioso > contento > triste > de mal humor
No te pongas así

PONER (4)

SIGNIFICA
decir, estar escrito

(en un texto/lugar) **pone** algo

En ese cartel pone que no se puede entrar.

▶▶ COMBINACIONES FRECUENTES
Aquí pone (que)...
¿Qué pone?
Poner una nota

PONER (5)

SIGNIFICA
encender, activar

(alguien) **pone** algo

Pon la tele, que van a empezar las noticias.
Entró en el coche, lo puso en marcha y se fue.

▶▶ COMBINACIONES FRECUENTES
Poner la tele > la calefacción > la lavadora > el aire acondicionado
Poner música > una película
Poner en marcha

PONER (6) SIGNIFICA conectar un aparato	(alguien) **pone algo**	*Pon la tele y veremos las noticias.*
	▶▶ **COMBINACIONES FRECUENTES** Poner la tele > la radio > la lavadora > el lavavajillas	
PONER (7)		*¿Ponemos el un poco de música?* *Me han puesto un 9 en matemáticas.*
	▶▶ **OTROS USOS** poner música > poner una nota > poner una expresión	
PREOCUPAR-SE	(alguien) **se preocupa** (por algo, o por alguien, o por hacer algo o por que pase algo)	*Siempre se preocupa por sus amigos.* *No te preocupes.*
		▶▶ **PALABRAS EMPARENTADAS** La **preocupación** **Preocupante** **Despreocupado** **Despreocupadamente**
PRESTAR	(alguien) (le) **presta** algo (a alguien)	*Se me ha acabado la batería del móvil, ¿me* *prestas un momento el tuyo?*
	▶▶ **COMBINACIONES FRECUENTES** Prestar dinero > prestar un aparato > prestar atención	▶▶ **PALABRAS EMPARENTADAS** El **préstamo**
PRETENDER	(alguien) **pretende** algo o hacer algo, o que alguien haga algo	*Siempre pretendió la presidencia de la* *asociación.* *Siempre pretendió llegar a presidente.* *No pretendo que me creas, pero escúchame.*
		▶▶ **PALABRAS EMPARENTADAS** El **pretendiente** La **pretensión** **Pretendidamente**
PROBAR (1) SIGNIFICA intentar	(alguien) **prueba** (a hacer algo)	*Si no puedes abrir con esta llave, prueba* *con esta otra.*
	▶▶ **COMBINACIONES FRECUENTES** Probar suerte > cosas nuevas	▶▶ **PALABRAS EMPARENTADAS** La **prueba**
PROBAR (2) SIGNIFICA verificar las propiedades de algo	(alguien) **prueba** algo	*Este pastel está riquísimo, pruébalo.* *Me he probado esta camisa y me queda ancha.*
	▶▶ **COMBINACIONES FRECUENTES** Probar un plato > una bebida > un aparato Probarse la ropa	▶▶ **PALABRAS EMPARENTADAS** El **probador**

DICCIONARIO DE CONSTRUCCIONES VERBALES

PROTESTAR

(alguien) **protesta** (**por/contra** algo)

Muchos vecinos han protestado por la subida de la cuota de la comunidad.

▶▶ **COMBINACIONES FRECUENTES**
Protestar por la subida > el aumento >
la reducción
Protestar ante

■▶ **PALABRAS EMPARENTADAS**
La **protesta**

QUEDAR (1)

SIGNIFICA
haber/tener todavía

(a alguien) **le queda** algo
queda (algo)

Me quedan cincuenta euros.
Voy a comprar naranjas, que no quedan.

QUEDAR (2)

SIGNIFICA
permanecer

(alguien) **se queda** (en un lugar)

Inés se quedará una semana en mi casa.

▶▶ **COMBINACIONES FRECUENTES**
Quedarse en casa

QUEDAR (3)

(alguien) **queda** (**con** alguien)

He quedado con Luisa para ir al cine.
Hoy no puedo ayudarte: he quedado.

▶▶ **COMBINACIONES FRECUENTES**
Quedar con un amigo

QUEJARSE (1)

SIGNIFICA
manifestar dolor

(alguien) **se queja** (**de** un dolor o una molestia)

Te quejas de la espalda desde hace días.
Ve al médico.

(alguien) **se queja** (**de** algo) (**a** alguien)

Me quejé del ruido al recepcionista.
No podía dormir.

▶▶ **COMBINACIONES FRECUENTES**
No te quejes
Quejarse por todo

■▶ **PALABRAS EMPARENTADAS**
La **queja**

QUEDARSE (2)

(alguien) **se queda** de una forma

A causa del accidente se quedó paralítico.

▶▶ **COMBINACIONES FRECUENTES**
Quedarse sin trabajo
Quedarse ciego

QUITAR (1)

SIGNIFICA
apartar una cosa de un lugar

(alguien) **quita** algo (de un lugar)

Ese cuadro no me gusta nada, voy a quitarlo de la pared.

QUITAR (2)

SIGNIFICA
apropiarse de algo ajeno

(alguien) (le) **quita** algo (a alguien)

Le quitó la gorra y salió corriendo con ella.

QUITARSE

(alguien) **se quita** algo

¿No te quitas la chaqueta? Hace mucho calor.

▶▶ **COMBINACIONES FRECUENTES**
Quitarse la chaqueta > el sombrero > las gafas >
los zapatos

RECORDAR *Irregular* **SIGNIFICA** tener en la memoria o traer a la memoria	(alguien) **recuerda** algo (alguien) (le) **recuerda** algo (a alguien)	*¿Recuerdas aquel verano que pasamos en Ibiza?* *Te recuerdo que mañana tenemos una cita.*

■▶ **PALABRAS EMPARENTADAS**
El **recuerdo**
Tener/guardar un buen/mal **recuerdo**

REÍR(SE) (1) **SIGNIFICA** expresar alegría	(alguien) (**se**) **ríe**	*Viendo esta película hemos llorado, pero también* *nos hemos reído.*

■▶ **PALABRAS EMPARENTADAS**
La **risa**

REÍRSE (2) **SIGNIFICA** despreciar, ridiculizar	(alguien) **se ríe** de alguien	*No hagas esas cosas o todos se reirán de ti.*

RESERVAR (1) **SIGNIFICA** llamar o escribir a un hotel o restaurante para disponer de plaza	(alguien) **reserva** algo (en un establecimiento)	*Quiero reservar una habitación para el próximo* *fin de semana.*

▶▶ **COMBINACIONES FRECUENTES**
Reservar una habitación > un billete > una plaza

■▶ **PALABRAS EMPARENTADAS**
La **reserva**
Hacer una **reserva**
Anular una **reserva**

RESERVAR (2) **SIGNIFICA** guardar algo para un momento posterior	(alguien) **reserva** algo (para luego)	*No consumáis todo el vino, tenemos que reservar* *algunas botellas para mañana.*

■▶ **PALABRAS EMPARENTADAS**
Las **reservas**

RESPETAR (1) **SIGNIFICA** tratar con consideración a alguien, especialmente a una autoridad	(alguien) **respeta** a alguien	*Respeta a los demás si quieres que te respeten a ti.*

■▶ **PALABRAS EMPARENTADAS**
Tenerle **respeto**
Sentir, manifestar **respeto** por

RESPETAR (2) **SIGNIFICA** cumplir las obligaciones	(alguien) **respeta** algo	*No hagáis tanto ruido por la noche, hay que* *respetar el descanso de los vecinos.*

▶▶ **COMBINACIONES FRECUENTES**
Respetar las reglas > las normas > el reglamento
Respetar los derechos de alguien >la tranquilidad
> el descanso

■▶ **PALABRAS EMPARENTADAS**
El **respeto**

SABER *Irregular*	(alguien) **sabe** (algo) (alguien) **se sabe** (algo) (alguien) **sabe** (hacer algo)	*No sabía que te habías casado.* *Me sé los nombres de todos los jugadores del Betis.* *Carlos sabe tocar el piano.*

▶▶ **COMBINACIONES FRECUENTES**
No lo sabía
¿Sabes que...?
Saberse de memoria

■▶ **PALABRAS EMPARENTADAS**
El **saber**
La **sabiduría**

DICCIONARIO DE
CONSTRUCCIONES VERBALES

SACAR (1)

SIGNIFICA
extraer

(alguien) **saca** (algo) (**de** un lugar) — *Por favor, saca el pan del congelador.*

▶ **COMBINACIONES FRECUENTES**
Sacar lo mejor/peor de alguien
Sacar la lengua
Sacar la basura
Sacar dinero
Sacar el perro

SACAR (2)

SIGNIFICA
obtener una calificación
o una acreditación

(alguien) **saca** (una calificación) (**en** una prueba) — *He sacado un 9,5 en el examen de Ciencias.*
Andrés sacó un notable en Matemáticas.
(alguien) **se saca** (un título o una acreditación) — *Luisa quiere sacarse el título de socorrista.*

▶ **COMBINACIONES FRECUENTES**
Sacar buenas/malas notas
Sacar un suficiente > un notable >
un sobresaliente
Sacarse el carné > el título >el pasaporte >
el permiso

SACAR (3)

SIGNIFICA
poner en el mercado

(alguien) **saca** algo — *Alejandro Sanz acaba de sacar un disco.*
Hemos sacado una nueva línea de perfumes.

▶ **COMBINACIONES FRECUENTES**
Sacar una película > un libro
Sacar un producto

SALIR (1)

SIGNIFICA
ir de dentro a fuera

(alguien o algo) **sale** (de un lugar) (a otro lugar) — *¿A qué hora sales del trabajo?*

▶ **COMBINACIONES FRECUENTES**
Salir de casa > de la ciudad > del país
Salir del trabajo > de la escuela > de la universidad
Salir a la calle > al campo

▌▶ **PALABRAS EMPARENTADAS**
La **salida** del trabajo

SALIR (2)

SIGNIFICA
ir a lugares de ocio

(alguien) **sale** — *Le gusta mucho salir con amigos a tomar algo.*

▶ **COMBINACIONES FRECUENTES**
Salir con amigos
Salir de noche
Salir a comer > cenar

SALIR (3)

SIGNIFICA
partir

(una persona o un vehículo) **sale** (en una fecha y a una hora) — *El próximo tren a Sevilla sale a las 17 h.*
Mañana salimos hacia Chile.

▶ **COMBINACIONES FRECUENTES**
Salir puntual > con retraso

▌▶ **PALABRAS EMPARENTADAS**
La **salida**

SALIR (4)

SIGNIFICA
tener un resultado bueno
o malo

(algo) (le) **sale bien/mal** (a alguien) — *Al final, todo salió bien.*

SALVAR	(alguien o algo) **salva** a alguien (de algo)

 **PALABRAS EMPARENTADAS**
La **salvación**
El **salvador**
Salvavidas
A **salvo**

SENTAR (1) *Irregular*	(algo) (le) **sienta** bien/mal (a alguien)	*A veces sienta mal que te digan la verdad.* *A Laura no le sentó bien lo que dijiste sobre su madre.*

SIGNIFICA
provocar un sentimiento
positivo o negativo

 **COMBINACIONES FRECUENTES**
Sentar bien > mal > fatal
Sentar como un tiro

SENTARSE (2)	(alguien) **se sienta** (**en** algún lugar)	*¿Quieres sentarte a mi lado?* *No te sientes en esa silla, que está rota.*

SIGNIFICA
colocarse sobre las nalgas

 **COMBINACIONES FRECUENTES**
Siéntate bien
Siéntese, por favor

PALABRAS EMPARENTADAS
El **asiento**
Estar **sentado**

SENTIR (1) *Irregular*	(alguien) **siente** algo	*Siento molestias en este brazo desde hace unos días.*
	(alguien) **siente que** + subjuntivo	*Siento que no puedas venir a la cena.*

SIGNIFICA
experimentar una sensación,
lamentar

 **COMBINACIONES FRECUENTES**
Sentir dolor > molestias
Lo siento

PALABRAS EMPARENTADAS
La **sensación**
El **sentimiento**

SENTIRSE (2) *Irregular*	(alguien) **se siente** de una determinada manera	*¿Te sientes mal? Tienes mala cara.* *Cuando rompí con Marta, me sentí fatal.*

SIGNIFICA
experimentar un estado
(físico, de ánimo...)

 **COMBINACIONES FRECUENTES**
Sentirse bien > mal > mejor > peor > a gusto
Sentirse cómodo > seguro > querido > solo >
culpable
Sentirse como un tonto

SER (1) *Irregular*	(alguien/algo) **es** algo	*Su madre era médico.* *Llaman a la puerta; es el cartero.* *Bogotá es la capital de Colombia.*

 **COMBINACIONES FRECUENTES**
Soy yo
¿Quién es?
Es bueno/malo para
Es importante/necesario

PALABRAS EMPARENTADAS
El **ser** humano
Los **seres** humanos

DICCIONARIO DE CONSTRUCCIONES VERBALES

SER (2) **SIGNIFICA** proceder de un lugar	(alguien/algo) **es de** algún lugar	*Soy de Mallorca. Este queso es de Asturias.*
SER (3) **SIGNIFICA** pertenecer, ser obra de	(algo) **es de** alguien	*Esta cartera es de Pablo.* *Este poema es de Neruda.*

SER (4)

SE USA PARA
situar en el tiempo

es + una referencia temporal	*Es la una.* *Son las ocho de la tarde.* *¿Ya es primavera?*

▶▶ COMBINACIONES FRECUENTES
Es de día > de noche
Es pronto > tarde

SERVIR (1)

SIGNIFICA
ser útil para algo

(algo) (le) **sirve** (a alguien) (para algo o para hacer algo)	*Estas botas sirven para andar por la nieve.*

▶▶ COMBINACIONES FRECUENTES
No sirve para nada

SERVIR (2)

SIGNIFICA
ponerle a alguien la comida en el plato

(alguien) (le) **sirve** (algo) a alguien	*Dame el plato, que te sirvo (un poco más de pescado).* *Por favor, sírvanse ustedes mismos.*

▶ PALABRAS EMPARENTADAS
El **servicio**

SOLER *Irregular*	(alguien/algo) **suele** hacer algo	*El director suele llegar a las 8 h.* *Aquí suele llover mucho en septiembre.*
SOPORTAR	(alguien) **soporta** algo o a alguien	*En todas partes hay que soportar a personas desagradables.*

SUBIR (1)

SIGNIFICA
ir a un lugar más alto

(alguien) **sube** (a un lugar)	*Este verano vamos a subir al Montblanc.* *Los precios han subido mucho.*

▶▶ COMBINACIONES FRECUENTES
Subir a una montaña > al segundo piso
Subir por una escalera > en ascensor > a pie

▶ PALABRAS EMPARENTADAS
La **subida**

SUBIR (2)

SIGNIFICA
ponerse encima de una cosa, o entrar en un vehículo

(alguien) **(se) sube** (a un sitio)	*Si te subes a ese banco verás mejor el desfile.*

▶▶ COMBINACIONES FRECUENTES
Subirse a una silla > a un taburete
Subir a un avión > a un tren > al autobús

SUBIR (3) **SIGNIFICA** cargar algo en internet	(alguien) **sube** (algo) (a un lugar)	*He subido las fotos del viaje a la nube.*
	▶▌ **COMBINACIONES FRECUENTES** Subir a la nube > a internet Tardar mucho en subir	▌▶ **PALABRAS EMPARENTADAS** La **subida**
SUBIR (4) **SIGNIFICA** Aumentar la cantidad o la intensidad de algo	(alguien) **baja** algo / (algo) **baja**	*Por favor, sube el volumen de la radio.* *El año pasado subió el número de accidentes en* *carretera.*
	▶▌ **COMBINACIONES FRECUENTES** Subir la radio > la tele Subir los precios > el número de / la cantidad de	▌▶ **PALABRAS EMPARENTADAS** La **subida**
SUSPENDER (1) **SIGNIFICA** no superar un examen	(alguien) **suspende** (algo)	*He suspendido el examen de Historia.* *¿Cuántos estudiantes han suspendido?*
		▌▶ **PALABRAS EMPARENTADAS** El **suspenso**
SUSPENDER (2) **SIGNIFICA** calificar negativamente un examen	(alguien) **suspende a** alguien	*Fernando ha suspendido a todos sus alumnos.* *Me han suspendido todas las asignaturas.*
SUSPENDER (3) **SIGNIFICA** cancelar	(alguien) **suspende** algo	*El partido se suspendió por la lluvia.* *¿Sabes que han suspendido el concierto de Calle 13?*
	▶▌ **COMBINACIONES FRECUENTES** Suspender una función > un concierto > una actividad Suspender una ayuda > una acción	▌▶ **PALABRAS EMPARENTADAS** La **suspensión**
TARDAR	(alguien o algo) **tarda** (en hacer algo)	*Tardan mucho en llegar, ¿les habrá pasado algo?*
		▌▶ **PALABRAS EMPARENTADAS** La **tardanza**
TENER (1) *Irregular* **SIGNIFICA** poseer, disponer de	(alguien) **tiene** algo	*Marta tiene un apartamento en la playa.*
	▶▌ **COMBINACIONES FRECUENTES** Tener gimnasio > terraza > tres habitaciones Tener los ojos grandes > la boca pequeña ¿Tienes un/una...? Tener un problema > una idea	▌▶ **PALABRAS EMPARENTADAS** La **subida**
TENER (2) **SE USA PARA** referirse a relaciones personales	(alguien) **tiene** + relación personal	*Tengo dos hermanas.*
	▶▌ **COMBINACIONES FRECUENTES** Tener amigos > conocidos > padres > hijos > hermanas > novio/a	

DICCIONARIO DE CONSTRUCCIONES VERBALES

TENER (3) SIGNIFICA estar obligado	(alguien) **tiene que** hacer algo	*No puedo salir: tengo que estudiar.*
TENER (4) SE USA PARA expresar sensaciones	(alguien) **tiene** algo ▶ **COMBINACIONES FRECUENTES** Tener hambre > sed > sueño > dolor Tener calor > frío	*¿Me das un vaso de agua? Tengo mucha sed.*
TENER (5) SE USA PARA indicar la edad	(alguien/algo) **tiene** una edad	*Mi hermano tiene seis años.* *Esta catedral tiene 800 años.*
TENER (6) SE USA PARA referirse a tareas que hacer	(alguien/algo) **tiene** algo ▶ **COMBINACIONES FRECUENTES** Tener clase > un examen > una cita > una reunión Tener médico > dentista > judo Tener deberes > trabajo > mucho que hacer	*Mañana tengo un examen.* *Ayer tuvimos una reunión larguísima.*
TOCAR (1) SIGNIFICA establecer contacto físico	(alguien) **toca** algo/**a** alguien ▶ **COMBINACIONES FRECUENTES** Tocar con las manos	*No toques la pared, que está recién pintada.* *En mi cultura no es normal tocar a otra persona.*
TOCAR (2) SIGNIFICA hacer sonar un instrumento o hacer música	(alguien) **toca** algo ▶ **COMBINACIONES FRECUENTES** Tocar bien/mal Tocar una canción > una sinfonía	*Martín toca muy bien la guitarra.* *¿Sabes tocar alguna canción de Shakira?*
TOCAR (3) SIGNIFICA ser el turno	a alguien **le toca** (hacer algo) ▶ **COMBINACIONES FRECUENTES** ¿A quién le toca?	*Te toca tirar los dados.*
TRAER *Irregular*	(alguien) (**le**) **trae** algo (**a** alguien) (**de** algún lugar)	*Os he traído estos regalos de París.*
VENIR (1) *Irregular* SIGNIFICA proceder	(alguien/algo) **viene** (**de** + lugar) (alguien) **viene** (**de** + infinitivo)	*Ese avión viene de Lima.* *¿De dónde vienes?* *(Vengo) de visitar a unos amigos.*

VENIR (2) SIGNIFICA convenir	(a alguien) **le viene bien/mal** (hacer algo)	*¿Te viene bien pasarte por mi casa a las siete?*
VER (1) *Irregular*	(alguien) **ve** (algo)	*¿Y el coche? No lo veo...* *No veo bien de lejos.*

▶ COMBINACIONES FRECUENTES
Ver bien > mal

▶ PALABRAS EMPARENTADAS
La **vista**
La **visión**

VER (2)	(alguien) **ve** algo (de una manera) (alguien) **ve** de una manera **que** + subjuntivo	*Lo de hacer un examen final no lo veo claro...* *Yo veo bien que los niños coman en la escuela.*

▶ COMBINACIONES FRECUENTES
¿Cómo lo ves?
Verlo claro > bien > mal
No lo veo

▶ PALABRAS EMPARENTADAS
El punto de **vista**
La **visión** positiva > negativa > interesante

SIGNIFICA
considerar

VOLVER (1) *Irregular*	(alguien/algo) **vuelve** (**de** un sitio) (**a** otro)	*¿A qué hora vuelves del trabajo a casa?* *Salgo un momento y vuelvo enseguida.*

▶ COMBINACIONES FRECUENTES
Volver a casa
Volver al trabajo

▶ PALABRAS EMPARENTADAS
La **vuelta**

SIGNIFICA
regresar

VOLVER (2) SE USA PARA indicar la repetición de una acción	(alguien/algo) **vuelve a** hacer algo	*No vuelvas a hacer eso.* *Han dicho en la tele que hoy volverá a llover.*

PREPARACIÓN
AL DELE

QUÉ SON LOS DELE

Los **DELE** o **Diplomas de Español como Lengua Extranjera** son el título oficial que otorga el **Instituto Cervantes**. Acreditan el nivel de competencia de la lengua española en las siguientes actividades comunicativas de la lengua: **comprensión de lectura**, **comprensión auditiva**, **expresión e interacción escritas** y **expresión e interacción orales**.

Existen **seis niveles**, que corresponden a los reconocidos por el Consejo de Europa: **A1**, **A2**, **B1**, **B2**, **C1** y **C2**.

ESTRUCTURA DEL DELE B1

Prueba 1
COMPRENSIÓN DE LECTURA
Contiene 5 tareas y se debe responder a un total de 30 ítems.

Prueba 2
COMPRENSIÓN AUDITIVA
Contiene 5 tareas y se debe responder a un total de 30 ítems.

Prueba 3
EXPRESIÓN E INTERACCIÓN ESCRITAS
Contiene 2 tareas.

Prueba 4
EXPRESIÓN E INTERACCIÓN ORALES
Contiene 4 tareas.

En el examen te entregarán una **Hoja de respuestas**. En ella debes:

- Anotar tus opciones para las pruebas de Comprensión de lectura y Comprensión auditiva.
- Hacer las tareas de la prueba de Expresión e Interacción escritas.

Puedes ampliar la información en la página oficial de los diplomas de español DELE del Instituto Cervantes:

examenes.cervantes.es

PRUEBA 1
COMPRENSIÓN DE LECTURA

CARACTERÍSTICAS DE LA PRUEBA

- La prueba de Comprensión de lectura tiene cinco tareas.
- Debes responder a 30 preguntas o ítems.
- La duración es de 70 minutos.
- Cuenta un 25 % de la calificación total del examen.
- Debes contestar en el cuadernillo de respuestas y marcar las respuestas correctas con un lápiz.

INFORMACIÓN ÚTIL

- Lee cada texto independientemente.
- Lee con atención.
- Las instrucciones son muy importantes. Es esencial entenderlas antes de empezar a leer los textos.
- Si hay palabras que no entiendes, pregúntate si se parecen a palabras en tu lengua e intenta deducir su significado apoyándote en las que sí comprendes, en el contexto.

PRUEBA DE COMPRENSIÓN DE LECTURA
TAREA 1

Tipos de texto
Mensajes, avisos, anuncios, informaciones breves (de unas 50 palabras), carteleras de cine, de los ámbitos personal, público, profesional y académico.

Número de ítems
6

Qué tengo que hacer
Relacionar 10 textos con 6 enunciados breves.

 Nuestros consejos

- Lee atentamente los enunciados 0 a 6 y marca las palabras clave en cada uno. Esto te permitirá relacionar cada enunciado con el texto correspondiente.
- Empieza relacionando los textos más sencillos y deja los más complicados para el final.
- Si tienes dudas para relacionar un texto o un enunciado, pasa al siguiente. Empieza resolviendo los que tengas más claros, así al final quedarán menos opciones y será más fácil relacionar todos.
- Recuerda que hay tres textos que no se corresponden con ningún enunciado.

PRUEBA DE COMPRENSIÓN DE LECTURA
TAREA 1

Instrucciones

Usted va a leer seis enunciados en los que algunas personas hablan de problemas con objetos y servicios y diez textos sobre diferentes establecimientos comerciales. Seleccione el enunciado (1-6) que corresponde a cada texto (A-J). Hay tres textos que no debe relacionar. Debe marcar la selección en la **Hoja de respuestas**.

Persona	Texto
0. Alfredo	A
1. Belén	
2. Ainhoa	
3. Lola	
4. Gustavo	
5. Israel	
6. Ignacio	

A. BUENA IMPRESIÓN

¡Bajamos los precios! Blanco y negro o color, tú eliges. Visítanos. Calidad profesional.

B. RED PLUS

Si quieres la mayor velocidad del mercado al mejor precio, vente con nosotros. Nuestros servicios incluyen instalación, mano de obra y garantía de funcionamiento durante un año. Además, si contratas antes de fin de mes, te regalamos un completo antivirus los primeros seis meses. No lo dudes y vuela con nosotros.

C. LOS MANITAS

Cambiamos sus electrodomésticos en 24 horas, a su gusto. Llámenos y le ayudaremos a elegir el más adecuado. Entrega a domicilio gratuita. Presupuestos de instalación. Llámenos e infórmese sin compromiso, tenemos los mejores precios del mercado.

D. CLICSANO

Lo más casero, lo más sano y lo más variado. ¿Qué te apetece hoy? ¿Cuchara o tenedor? Elige el plato que prefieras, dale al clic y te lo llevamos calentito en menos de media hora. También por teléfono, atendemos de lunes a domingo, de 10 a 00 h.

E. EL CAJÓN

¿Te falta espacio en casa para tus cosas? En El Cajón alquilamos trasteros desde 15m² hasta 90m², durante el tiempo que necesites a partir de un mes. Facilidades de pago, pide presupuesto. También tenemos servicio de recogida a domicilio, económico. Solo en la Península. Consulta precios.

F. ENTRE CRISTALES

¿Necesita lentes nuevas? Le ofrecemos las últimas marcas. Reparación y arreglos en menos de 24 horas. Oferta de apertura: por el cambio de cristales, le regalamos unas gafas de sol (oferta válida hasta agotar existencias). No pierda la ocasión y visite nuestra exposición, saldrá ganando. Somos especialistas.

G. LA OTRA VIDA

¡No lo tires, dale una segunda oportunidad a tu celular! Te lo compramos, lo reparamos y listo para volver a funcionar. Vendemos todo tipo de dispositivos de segunda mano, también nuevos. Garantía en todas las reparaciones. Precios sin competencia.

H. AGENCIA REDES

Accede a las mejores ofertas de vuelos. Cuando quieras y donde quieras, te ayudamos a encontrar los viajes más baratos y rápidos. Te ofrecemos todos los medios de transporte al alcance de la mano: navega, vuela o conduce. Tú eliges. Consúltanos.

I. MÁS ARTE

Porque hay objetos que no se pueden sustituir. Recupera tus muebles antiguos, tus objetos de artesanía. Restauramos todo lo que puedas imaginar, vuelve a disfrutar de tus armarios, tu cerámica y tus viejas fotografías, y decora tu hogar con nuevos recuerdos. Presupuestos sin compromiso.

J. TE LO MERECES

Ven con nosotros a disfrutar de las mejores tapas de la ciudad. La música y el ambiente ideales para relajarte y disfrutar con tus amigos de nuestra carta. Mejor que en casa. No cerramos a mediodía.

PRUEBA DE COMPRENSIÓN DE LECTURA
TAREA 1

0. Alfredo
En la oficina se nos ha estropeado la impresora y tenemos que entregar 200 carteles para mañana. ¿Conoces alguna imprenta económica?

1. Belén
Es la segunda vez que se me cae el móvil y se me rompe la pantalla. Menos mal que todavía puedo hacer y recibir llamadas, aunque los mensajes no los puedo leer. ¿Qué es mejor, repararlo o comprarme otro? No sé, la verdad, un móvil nuevo es tan caro...

2. Ainhoa
Creo que tendré que cambiar mi proveedor de internet: la conexión se corta constantemente y es tan lenta que me desespero. ¡No puedo trabajar en casa!

3. Lola
¡Qué desastre! Se me han roto las gafas y veo fatal, no podré coger el coche. Necesito que me las arreglen o comprar otras, pero ¡ya!

4. Gustavo
¡Qué tarde es! ¡Y todavía no hemos comido! La reunión empieza dentro de una hora y en el restaurante de la esquina son muy lentos, no nos va a dar tiempo a salir a comer. ¿Alguna idea? Tengo un hambre...

5. Israel
¡Lo que me faltaba! El congelador, estropeado y toda la comida que tenía se ha echado a perder. Ahora, a ver quién lo arregla.

6. Ignacio
¿Te gustan mis muebles nuevos? Los compré muy baratos y los he restaurado yo mismo, la verdad es que he tardado más de un mes. Ahora tengo un problema con los viejos: no sé dónde guardarlos porque en casa no me caben y me encantaría conservarlos, son de mi abuela.

PRUEBA DE COMPRENSIÓN DE LECTURA
TAREA 2

Tipos de texto
Textos informativos, correos electrónicos, artículos breves (de unas 400 palabras) de los ámbitos público y académico.

Número de ítems
6

Qué tengo que hacer
Leer un texto y contestar a cinco preguntas seleccionando una opción (a, b o c).

 Nuestros consejos

• Lee con atención las instrucciones.

• Lee el texto detenidamente e intenta deducir el significado de las palabras que no conoces por el contexto.

• La información que tienes que entender estará relacionada con datos que respondan a las preguntas qué, quién o quiénes, cuándo, dónde, por qué o cómo. También puede dar información sobre el antes y el ahora de un tema o de un personaje, etc. El tiempo verbal utilizado también te ayudará a entenderlo.

• Después, lee las preguntas una a una y revisa las tres posibles respuestas. Normalmente las preguntas están ordenadas de acuerdo con la información del texto.

• Localiza entonces el lugar del texto en el que se menciona la respuesta y piensa cuál de las tres posibles es la correcta. A veces hay dos opciones muy parecidas, y otras hay una de las tres que no es claramente la correcta. Fíjate bien y elige la que coincida exactamente con lo que dice el texto.

Instrucciones
Usted va a leer un texto sobre líderes revolucionarios en Latinoamérica. A continuación, conteste a las preguntas (de la 8 a la 12). Seleccione la opción correcta (a, b o c). Marque las opciones elegidas en la **Hoja de respuestas**.

Desde que España conquistó Latinoamérica, los procesos revolucionarios en el subcontinente han sido constantes. Los deseos de independencia y la lucha por la justicia social en muchos países latinoamericanos tienen nombres y apellidos que es importante conocer.

Simón Bolívar, *El Libertador*, nacido en Caracas (1783), fue el fundador de la Gran Colombia, una confederación de estados latinoamericanos que englobaba Bolivia, Colombia, Ecuador, Panamá, Perú y Venezuela. Participó en tres revoluciones para lograr la independencia de Venezuela entre 1810 y 1816, aunque solo en la última consiguió el control del país. El sueño de Bolívar, la Gran Colombia, lo llevó a cruzar las fronteras y extender el movimiento independentista por otros países, desde Colombia a Panamá, y colaboró en la independencia de Ecuador. Aunque sus éxitos militares fueron numerosos, sus ideas dictatoriales alejaron a muchos dirigentes de la idea de la Gran Colombia, que finalmente fracasó.

Emiliano Zapata (1879-1919) fue uno de los nombres más importantes de la revolución mexicana, en la que comandó un importante ejército hasta su muerte. Durante la revolución, Zapata defendió a los campesinos del sur de México de los latifundistas, que les quitaban las tierras. Recuperó por la fuerza estas tierras, pero mantuvo una fuerte enemistad con el Gobierno mexicano, por lo que finalmente murió asesinado.

Ernesto "Che" Guevara nació en Rosario, Argentina, en 1928. Estudió Medicina en Buenos Aires, donde entró en contacto con miembros del partido comunista. En México conoció a Fidel Castro y se unió al Grupo "26 de julio" para liberar la isla de Cuba del dictador Fulgencio Batista. En 1956, el yate *Granma* salió hacia Cuba; llevaba 82 hombres, los hermanos Castro y el Che. Al llegar, el grupo fue atacado por el ejército de Batista y los supervivientes tuvieron que huir a Sierra Maestra, al sur de la isla.

El Che fue médico y guerrillero, y se ganó la fama de temerario y de gran estratega. Tras varias batallas por la isla, tomaron Santa Clara, la cuarta ciudad más importante del país, lo que provocó la caída de Batista, que huyó de Cuba. Desde Santa Clara pasaron a La Habana y tomaron el poder.

Después de dirigir el Ministerio de Industria en Cuba, el Che partió a otras zonas para continuar con la revolución. Primero en la República del Congo, que fue un auténtico fracaso, y luego en Bolivia, donde fue asesinado en una operación secreta del ejército boliviano con ayuda de la CIA.

El subcomandante Marcos (1957-) fue el líder del Ejército Zapatista de Liberación Nacional (EZLN) del sur de México. Este movimiento reclamaba "democracia, libertad, tierra, pan y justicia" para los indígenas y conquistó numerosas poblaciones alrededor de Chiapas. En 2006, Marcos realizó una gran marcha pacífica llamada *La Otra Campaña*, por los 32 estados mexicanos, para concienciar y reunir a todos aquellos que deseaban una sociedad más justa.

Adaptado de: http://www.donquijote.org/cultura/espana/historia/revolucionarios-latinoamericanos

7. Según el texto, las grandes figuras de la revolución en Latinoamérica...
a. acabaron siendo dictadores en sus respectivos países.
b. lucharon por la libertad y por el control de las tierras.
c. defendieron la justicia y la independencia de los estados.

8. De acuerdo con el texto, la revolución bolivariana y su proyecto de la Gran Colombia...
a. fracasó en todos sus intentos.
b. fracasó en los dos primeros intentos, pero luego prosperó unos años.
c. fracasó al principio, pero más tarde triunfó y su éxito dura hasta nuestros días.

9. Zapata, en su revolución, defendió...
a. los derechos de los latifundistas frente a los trabajadores.
b. los derechos sobre las tierras de los que trabajaban en ellas.
c. los derechos de todo el pueblo mexicano.

10. El líder de la revolución cubana, según el texto, colaboró...
a. en la independencia de Sierra Maestra.
b. en el Grupo 26 de julio para la toma de La Habana.
c. en el Gobierno de Cuba tras la toma de La Habana.

11. El Che Guevara, de acuerdo con el texto, luchó por la revolución...
a. tanto en Cuba como en Bolivia.
b. en Cuba, en el Congo y en Bolivia.
c. en México, en Cuba, en Bolivia y en el Congo.

12. El líder del ejército zapatista de Liberación Nacional, según el texto, realizó...
a. una marcha pacífica en Chiapas.
b. una marcha pacífica en las poblaciones alrededor de Chiapas.
c. una marcha pacífica por todo México.

PRUEBA DE COMPRENSIÓN DE LECTURA
TAREA 3

Tipos de texto
Anécdotas, información práctica de guías de viajes, noticias, diarios, biografías, ofertas de trabajo, etc., (de unas 100 palabras) del ámbito público.

Número de ítems
6

Qué tengo que hacer
Leer tres textos y responder a las preguntas relacionando la respuesta con cada uno de los textos (A, B o C).

 Nuestros consejos

• Lee atentamente cada texto. Los textos tienen un contenido que de alguna forma está relacionado. Por lo tanto, tienes que identificar la diferencia o diferencias que hay entre ellos para poder relacionarlos mejor con las preguntas.

• Señala las palabras clave en cada uno de ellos.

• Lee a continuación cada pregunta con cuidado e intenta localizar el texto en el que puede estar la respuesta. Siempre van a aparecer tres textos y las seis preguntas van a estar repartidas, se supone que equilibradamente entre ellos. Puede ser que haya dos preguntas por texto, pero también podría ser que hubiera tres preguntas para un texto y una pregunta para otro.

PRUEBA DE COMPRENSIÓN DE LECTURA
TAREA 3

Instrucciones

Usted va a leer tres textos en los que tres artistas urbanas hablan de sí mismas. A continuación, responda a las preguntas (de la 13 a la 18). Seleccione la opción correcta (A, B o C). Marque las opciones elegidas en la **Hoja de respuestas**.

A. CARO PEPE

Mi nombre artístico es Caro Pepe y soy argentina. El adjetivo que mejor me define es "paciente", aunque también soy apasionada, idealista y, a veces, caótica. Lo que más me interesa cuando pinto son las caras, las emociones de la gente, sus expresiones y, en especial, pinto ojos, ojos que miran la realidad. Un día normal en mi vida consiste en pasear con mi perro, ir al estudio a pintar y volver a pasear con mi perro. Como mujer artista nunca he sentido ninguna actitud o gesto machista hacia mí, todo lo contrario, los chicos con los que trabajo en diferentes proyectos siempre colaboran conmigo como con uno o una más.

B. SHAMSIA HASSANI

Nací en Irán, pero he pasado la mayor parte de mi vida en Afganistán, donde me licencié en Artes y donde vivo ahora. Pinto en las calles para acercar el color a la gente de mi país, para olvidar los malos recuerdos de la guerra. Para mí, el arte es una forma de luchar por los derechos de las mujeres, y por eso mis pinturas son de mujeres grandes, modernas, felices y quizás más fuertes. Quiero que la gente vea a las mujeres afganas de otra manera, y que las vea en las calles, en mis grafitis, imborrables, porque en mi país la gente normalmente no va a los museos y mis pinturas dan la posibilidad a los afganos de disfrutar del arte.

C. VERA BUGATTI

Soy italiana y he trabajado en numerosos países. Me gusta pintar los suelos, las aceras, las calzadas, etc., siempre en las calles. Normalmente utilizo pintura no permanente y, últimamente, me dedico a los dibujos en 3D. Mis creaciones favoritas son las caras, los retratos y los sentimientos que expresan. Un día normal en mi vida consiste en pasar horas pintando en el suelo; a veces me olvido de quiénes hay alrededor y siempre hay gente que se para a mirarme. En cuanto al número de mujeres artistas que pintan en suelos, creo que hay incluso más que hombres, aunque no son tan jóvenes, quizás porque las que se dedican al arte sobre suelo son ya experimentadas y deben trabajar duro.

[adaptado de: http://www.streetartbio.com/street-art-interviews]

	A. Caro	B. Shamsia	C. Vera
13. ¿Qué artista trabaja diariamente en el interior?	☐	☐	☐
14. ¿Qué artista utiliza el color para que la gente no piense en los malos momentos?	☐	☐	☐
15. ¿Qué artista se siente en condición de igualdad con los hombres artistas?	☐	☐	☐
16. ¿Qué artista cree que hay más mujeres que hombres que pintan en las calles?	☐	☐	☐
17. ¿Qué artista utiliza materiales de pintura que no duran?	☐	☐	☐
18. ¿Qué artista utiliza el arte callejero como una alternativa a los museos?	☐	☐	☐

PRUEBA DE COMPRENSIÓN DE LECTURA
TAREA 4

Tipos de texto
Catálogos, instrucciones, recetas sencillas, consejos y textos narrativos (de unas 400 palabras) de los ámbitos público y personal.

Número de ítems
6

Qué tengo que hacer
Colocar 6 de los 8 fragmentos numerados en el espacio del texto correspondiente.

 Nuestros consejos

- Lee el texto con atención.

- Lee los fragmentos para entender la idea que transmiten y localiza en el texto el párrafo con el que puedan encajar. Fíjate bien en los conectores que unen las ideas del texto y asegúrate de que el párrafo que eliges aporta un sentido lógico.

- Piensa que tienes 70 minutos para completar las 5 tareas. Si encuentras dificultades para colocar alguno de los fragmentos, inténtalo con los siguientes. Ya retomarás los que hayas ido dejando.

- Recuerda que hay dos fragmentos que no tienes que seleccionar.

- Hay respuestas que se pueden descubrir por eliminación. Trata de descubrir cuáles no son posibles, esto también te puede servir para verificar tus respuestas una vez que hayas terminado la tarea.

Instrucciones
Usted va a leer el siguiente texto del que se han extraído seis fragmentos. A continuación, lea los 8 fragmentos (A-H) y decida en qué lugar del texto (19-24) hay que colocar cada uno de ellos. Hay dos fragmentos que NO tiene que elegir. Marque las opciones elegidas en la **Hoja de respuestas.**

El "frigorífico solidario" que todos los barrios deberían tener

El "frigorífico solidario" de Galdakao es una iniciativa de la Asociación de Voluntarios del pueblo que a los vecinos les encanta: se ha instalado en la calle una nevera en la que se pueden dejar y coger alimentos libremente, **19** _____ .

Desde que empezó a funcionar, hace cinco semanas, la nevera ha recibido todo tipo de alimentos, tanto comida sobrante de los restaurantes como productos alimenticios a punto de caducar de los hogares. Los vecinos dejan los alimentos con etiquetas donde figura el día y la hora a los que se han dejado **20** _____ .

La iniciativa ha sido un éxito total, no solo porque el frigorífico instalado en la calle Zabalea prácticamente se llena y se vacía siempre en el día, **21** _____ . "Yo estoy supercontento", confiesa Álvaro Saiz, promotor de la iniciativa. "Hasta ahora, no hemos tirado nada, hay cientos de alimentos que la gente coge y deja, y no ha habido ningún tipo de problema", apunta.

La Asociación no cuenta ni pesa el número de alimentos o bebidas que se dejan en estas estanterías, ni tampoco pone límites a las personas que los consumen. "Por el tipo de gente que abre el frigorífico para llevarse alimentos, nos parece que la mayoría son personas que tienen dificultades económicas". **22** _____ . En todo caso, "la idea es que cualquiera pueda utilizar el frigorífico", como destaca su promotor, que importó la idea de Alemania y ahora quiere instalar una "nevera solidaria" en otro barrio del pueblo.

Aunque son muchos los vecinos que se acercan hasta este frigorífico para dejar la comida que les sobra, **23** _____ . Álvaro Llonin, propietario del restaurante "Topa", confiesa que habitualmente lleva a esta nevera pinchos o platos ya cocinados, aunque siempre envasados al vacío, que sobran en su local.

"Haces un pequeño esfuerzo por dejarlo en el frigorífico y, así, si alguien lo necesita, lo puede usar. Y, desde luego, es muy útil para la gente que no tiene una buena situación económica", destaca. Llonin no conoce a las personas que **24** _____ . Para él, es suficiente con saber que ayuda a los demás, según cuenta.

[adaptado de: http://www.huffingtonpost.es/2015/06/10/frigorifico-solidario_n_7553962.html]

PRUEBA DE COMPRENSIÓN DE LECTURA
TAREA 4

A. Sin embargo, también hay personas que pasean por la zona y abren el frigorífico para tomarse un batido o comerse algo de lo que hay, e incluso algunas personas vienen con una bolsa desde otros pueblos.

B. cogen los productos del frigorífico y, por eso, no espera que nadie le dé las gracias.

C. y así es más fácil recoger aquellos que llevan más tiempo en el frigorífico solidario.

D. lo que evita que se tiren a la basura cientos de kilos de comida.

E. pero casi siempre son los dueños de bares y restaurantes los que más alimentos dejan.

F. en su mayor parte se llena con lo que dejan los responsables de bares y restaurantes.

G. de tal manera que queda clara la fecha de caducidad.

H. sino también por la excelente actitud de los vecinos.

PRUEBA DE COMPRENSIÓN DE LECTURA
TAREA 5

Tipos de texto
Cartas y correos electrónicos (de unas 150 palabras) de los ámbitos público y personal.

Número de ítems
6

Qué tengo que hacer
Rellenar cada hueco del texto con una de las tres opciones posibles.

Nuestros consejos

- Lee detenidamente el texto. Intenta entenderlo antes de ponerte a completarlo, así tendrás una idea más clara de lo que te están pidiendo.

- Después, lee con cuidado cada una de las tres opciones que se presentan para cada ítem. Recuerda que, a veces, una de las tres opciones es claramente inadecuada; por ello, descarta primero la que te parece menos viable.

- Las palabras o construcciones que te proponen están relacionadas entre sí. Si por ejemplo en un hueco falta un sustantivo, normalmente las tres propuestas pertenecerán a la misma categoría. Intenta colocar las tres palabras para ver cuál te parece más adecuada o te suena mejor.

- Después de elegir una opción, y para asegurarte, pronuncia mentalmente la frase completa. Si no dominas el recurso gramatical que trata ese ítem, quizás tu intuición te pueda ayudar.

- Ten en cuenta que esta es la última tarea de la prueba de comprensión de lectura, por lo que normalmente cuando se llega a ella falta muy poco tiempo para que termine la prueba. Controla el tiempo y dale como mínimo 10 minutos en total, para una primera lectura, después completar los huecos y finalmente para poder leerla por última vez y ver si tiene sentido.

Instrucciones

Lea el siguiente correo electrónico y rellene los huecos (25-30) con la opción correcta (a, b o c). Marque las opciones elegidas en la **Hoja de respuestas**.

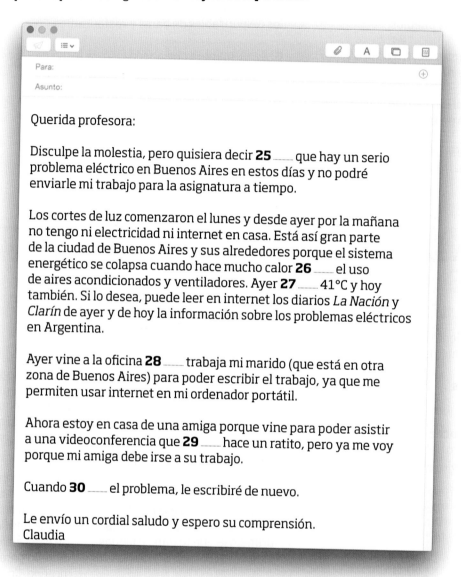

Querida profesora:

Disculpe la molestia, pero quisiera decir **25** .... que hay un serio problema eléctrico en Buenos Aires en estos días y no podré enviarle mi trabajo para la asignatura a tiempo.

Los cortes de luz comenzaron el lunes y desde ayer por la mañana no tengo ni electricidad ni internet en casa. Está así gran parte de la ciudad de Buenos Aires y sus alrededores porque el sistema energético se colapsa cuando hace mucho calor **26** .... el uso de aires acondicionados y ventiladores. Ayer **27** .... 41 °C y hoy también. Si lo desea, puede leer en internet los diarios *La Nación* y *Clarín* de ayer y de hoy la información sobre los problemas eléctricos en Argentina.

Ayer vine a la oficina **28** .... trabaja mi marido (que está en otra zona de Buenos Aires) para poder escribir el trabajo, ya que me permiten usar internet en mi ordenador portátil.

Ahora estoy en casa de una amiga porque vine para poder asistir a una videoconferencia que **29** .... hace un ratito, pero ya me voy porque mi amiga debe irse a su trabajo.

Cuando **30** .... el problema, le escribiré de nuevo.

Le envío un cordial saludo y espero su comprensión.
Claudia

25. **a)** la   **b)** le   **c)** te

26. **a)** debido al   **b)** porque   **c)** por

27. **a)** hizo   **b)** hubo   **c)** tuvo

28. **a)** que   **b)** donde   **c)** en el que

29. **a)** ha terminado   **b)** terminó   **c)** terminaba

30. **a)** se solucionará   **b)** se va a solucionar   **c)** se solucione

PRUEBA 2
COMPRENSIÓN AUDITIVA

CARACTERÍSTICAS DE LA PRUEBA

- La prueba de Comprensión auditiva tiene cinco tareas.

- Debes responder a 30 preguntas.

- La duración es de 40 minutos.

- Cuenta un 25 % de la calificación total del examen.

- Debes contestar en el cuadernillo de respuestas y marcar las respuestas correctas con un lápiz.

INFORMACIÓN ÚTIL

- Cada diálogo o texto se escucha dos veces.

- Antes de escuchar por primera vez tienes unos segundos para leer las preguntas. Empieza por leerlas detenidamente y mira las imágenes.

- Sigue el orden de las tareas. Es el orden del examen.

- Si hay palabras que no conoces, intenta relacionarlas con palabras que son similares en tu lengua. Intenta también deducir su significado por el contexto.

- Revisa bien las instrucciones, las preguntas y las respuestas. Cada tarea tiene diferentes tipos de texto (unas veces solo uno y, otras, varios breves).

PRUEBA DE COMPRENSIÓN AUDITIVA
TAREA 1

Tipo de texto
Monólogos cortos (de unas 50 palabras cada uno) del ámbito personal y público: anuncios publicitarios, mensajes personales, avisos, etc.

Número de ítems
6

Qué tengo que hacer
Escuchar seis fragmentos y responder a una pregunta sobre cada uno. Para cada pregunta se dan tres opciones de las que solo una es correcta.

 Nuestros consejos

- Lee atentamente las instrucciones, en ellas se dice qué tipo de textos vas a escuchar.

- Lee las preguntas y fíjate en las palabras clave. Piensa que en la audición se dará esa información con palabras parecidas o con sinónimos.

- Tienes que captar la idea principal de cada texto. Concéntrate en ello.

- La primera vez que escuches el texto intenta entender de qué trata y qué información da. Antes de escuchar la segunda vez, procura anticipar la respuesta correcta; entre las dos escuchas tienes unos segundos.

- La segunda vez que escuchas busca la palabra clave y comprueba si tu elección es la correcta.

- Piensa que el tiempo es muy importante en un examen como este. Si no estás seguro de alguna de las respuestas, marca una de las opciones y sigue con las otras preguntas. Piensa que una respuesta en blanco equivale a una respuesta errónea.

- Hay algunos segundos antes de pasar a la tarea 2. Utilízalos para terminar lo que no hayas podido contestar.

Instrucciones

Usted va a escuchar seis mensajes que han dejado los oyentes en el buzón de voz de un programa de radio. Escuchará cada mensaje dos veces. Después, debe contestar a las preguntas (1-6). Seleccione la opción correcta. Marque las opciones elegidas en la **Hoja de respuestas**. Tiene **30 segundos** para leer las preguntas.

Mensaje 1

1. ¿Qué pide Pilar?

a. Que hagan más programas sobre afectados de enfermedades raras.

b. Que le den datos de alguna asociación de afectados de enfermedades raras.

c. Que la pongan en contacto con afectados de enfermedades raras.

Mensaje 2

2. ¿Qué necesita Javier?

a. El título de una novela.

b. El nombre de la autora de una novela.

c. El lugar donde comprar una novela.

Mensaje 3

3. ¿Qué quiere aclarar este hombre?

a. Que la protectora de animales no tiene teléfono, sino correo electrónico.

b. Que la protectora de animales tiene otro teléfono y correo electrónico.

c. Que la protectora de animales tiene teléfono y no tiene correo electrónico.

Mensaje 4

4. ¿Qué quiere la mujer que haga el director del programa?

a. Que baje el volumen de la música porque no se oye bien a los invitados.

b. Que quite la música y deje hablar más.

c. Que traiga a gente más interesante.

Mensaje 5

5. ¿En qué está interesada esta mujer?

a. En colaborar en un restaurante a cambio de aprender.

b. En enseñar en un restaurante al cocinero lo que ella sabe.

c. En ayudar en un restaurante a cambio de nada.

Mensaje 6

6. ¿Qué opina Rubén de la vida en los pueblos?

a. Que es muy importante que los niños vivan en un entorno tranquilo.

b. Que en los pueblos hay buenos servicios médicos y educativos.

c. Que la tranquilidad es importante, pero no hay suficientes colegios y médicos.

Tipo de texto
Monólogo sostenido que describe experiencias o proporciona información (de unas 400 palabras) del ámbito personal, público, profesional y académico.

Número de ítems
6

Qué tengo que hacer
Escuchar un monólogo sostenido, captar la información esencial y responder a seis preguntas. Para cada pregunta se dan tres opciones de las que solo una es correcta.

 Nuestros consejos

- Lee atentamente las instrucciones, en ellas se dice qué tipo de texto vas a escuchar y quién va a hablar. Esto te ayudará a entender el contexto y prepararte para la escucha.

- Lee las preguntas y fíjate en las palabras clave. Anota junto a ellas los datos que tendrás que identificar. En total son seis datos. En la audición se dará esa información con palabras o expresiones parecidas.

- Normalmente, como se trata de una narración lineal, las preguntas van en el mismo orden en el que se escuchan en la audición.

- En la primera audición, escucha la información general que da el narrador. Después, intenta elegir la opción correcta entre las respuestas que tengas más claras.

- En la segunda audición, escucha con atención para conseguir los datos y las respuestas que te faltan. Como tienes unos segundos antes de pasar a la siguiente tarea, completa las respuestas que no hayas podido responder antes.

Instrucciones
Usted va a escuchar un reportaje radiofónico sobre la recuperación de la población en zonas rurales en España. Escuchará la audición dos veces. Después debe contestar a las preguntas (7-12). Seleccione la respuesta correcta (a, b o c). Marque las opciones elegidas en la **Hoja de respuestas**. Tiene 30 segundos para leer las preguntas.

7. ¿En qué trabajaba Jordi antes de irse a vivir al campo?

a. Era el que compraba el pescado en la lonja.

b. Era el encargado de la pescadería, de las compras y de la venta.

c. Era el que ayudaba en la pescadería.

8. ¿Por qué decidió Jordi dejar su trabajo?

a. Porque quería jubilarse, como su padre.

b. Porque quería ocuparse de sus padres.

c. Porque quería tener más tiempo libre.

9. ¿Cómo supieron que la masía estaba en venta?

a. Porque alguien se lo contó a Nuria.

b. Porque alguien se lo contó a Jordi.

c. Porque alguien lo comentó en la pescadería.

10. Cuando supieron que se vendía la masía, fueron a visitarla...

a. al día siguiente.

b. a la semana siguiente.

c. al mes siguiente.

11. Para Jordi, lo mejor de la masía es...

a. la naturaleza que rodea la casa.

b. la casa y la huerta que hay cerca.

c. la casa y las montañas que hay alrededor.

12. En la masía, los niños pueden...

a. ayudar a su padre.

b. ayudar a su madre.

c. ayudar a su padre y a su madre.

Tipo de texto
Programa informativo de radio o de televisión con seis noticias (de unas 400 palabras en total).

Número de ítems
6

Qué tengo que hacer
Escuchar seis noticias breves y responder a seis preguntas. Para cada pregunta se dan tres opciones de las que solo una es correcta.

 Nuestros consejos

- Lee atentamente las instrucciones, en ellas se dice qué tipo de textos vas a escuchar. Se trata de seis pequeños textos con informaciones diferentes, independientes.

- Lee las preguntas y fíjate en las palabras clave. Anota junto a cada pregunta una palabra con los datos que tendrás que identificar. En la audición se dará esa información con palabras o expresiones parecidas.

- La primera vez que escuches el texto intenta entender de qué habla y qué información da. Antes de escuchar la segunda vez, procura ya anticipar la opción correcta.

- La segunda vez que escuches busca el dato clave de las opciones que te queden por elegir y comprueba tus respuestas.

- Fíjate bien en las opciones: en las preguntas de elección múltiple siempre hay dos que se parecen mucho y una tercera claramente incorrecta.

- Hay algunos segundos antes de pasar a la tarea 4. Utilízalos para contestar lo que no te haya dado tiempo a hacer.

Instrucciones
Usted va a escuchar en un informativo televisivo seis noticias. Escuchará la audición dos veces. Después debe contestar a las preguntas (13-18). Seleccione la respuesta correcta (a, b o c). Marque las opciones elegidas en la **Hoja de respuestas**. Tiene **30 segundos** para leer las preguntas.

Noticia 1

13. Según la noticia, la Noche de San Juan se celebra…

a. en la Comunidad Valenciana.

b. en Valencia y Alicante.

c. en diferentes partes de España.

Noticia 2

14. Según los expertos en nutrición, los alimentos que consumimos…

a. tienen buen olor y sabor y son sanos.

b. tienen muchas sustancias que no son saludables.

c. tienen muchas calorías y no están permitidos por las autoridades sanitarias.

Noticia 3

15. Según la noticia, el navegador manos libres para bicicletas…

a. está pensado para su uso en coches y en bicicletas.

b. está pensado solo para bicicletas.

c. está pensado para cualquier tipo de vehículo.

Noticia 4

16. El perfil de oyente más frecuente en Spotify, según la noticia, es…

a. mujeres entre 35 y 44 años.

b. jóvenes menores de 25 años.

c. hombres entre 45 y 54 años.

Noticia 5

17. El vestido femenino confeccionado con plásticos por H&M…

a. va a ser realizado en un futuro próximo.

b. ha sido lanzado recientemente.

c. es un proyecto que se está estudiando.

Noticia 6

18. Los pequeños muñecos en forma de pulpo se utilizan para…

a. tranquilizar a todos los bebés hospitalizados.

b. mejorar el bienestar de los bebés prematuros.

c. divertir a los niños en los hospitales.

Tipo de texto
Monólogos o conversaciones de carácter informal en los que se cuentan anécdotas o experiencias personales sobre un mismo tema (de unas 60 palabras cada uno).

Número de ítems
6

Qué tengo que hacer
Escuchar seis mensajes breves y relacionarlos con seis de los diez enunciados posibles. Hay un enunciado más que sirve de ejemplo.

 Nuestros consejos

- Lee atentamente las instrucciones, en ellas se dice qué tipo de textos vas a escuchar.
- Lee después los enunciados y asegúrate de que los comprendes bien.
- En la primera audición, presta mucha atención a lo que cuenta cada persona, intenta entender su mensaje en general.
- Escucha con cuidado, ya que en los textos se ofrece más información de la necesaria y esto te puede distraer.
- No marques todavía la respuesta, espera a la segunda audición: los tres enunciados que no corresponden también contienen datos que has escuchado; pon atención.
- La segunda vez que escuchas, marca tus respuestas.
- Hay algunos segundos antes de pasar a la tarea 5. Utilízalos para contestar lo que no hayas podido hasta ese momento. Marca incluso las respuestas de las que no estés seguro. Recuerda que una respuesta en blanco se considera errónea.

Instrucciones
Usted va a escuchar a seis personas que recuerdan buenos momentos de su infancia. Escuchará a cada persona dos veces. Seleccione el enunciado (A-J) que corresponde al tema del que habla cada persona (19-24). Hay diez enunciados incluido el ejemplo. Seleccione solamente seis. Marque las opciones elegidas en la **Hoja de respuestas**.

Ahora escuche el ejemplo:

Persona **0**. La opción correcta es el enunciado **F**.

Tiene **20 segundos** para leer los enunciados.

A. Escuchaba las historias de la infancia de su abuela.
B. Hacía comidas en familia.
C. Se ocupó de cuidar animales.
D. Veraneaba cerca de un río.
E. Trabajó con su padre.
F. Ayudaba a su madre.
G. Su hermano se cayó al río.
H. Se divertía con sus amigas después del colegio.
I. Preparaba bocadillos con su madre.
J. Viajó con sus padres en coche.

Persona	Enunciado
Persona 0	F
19. Persona 1	
20. Persona 2	
21. Persona 3	
22. Persona 4	
23. Persona 5	
24. Persona 6	

Tipo de texto
Conversación entre dos personas (de unas 300 palabras).

Temas
Estudios, temas de actualidad, resolución de conflictos personales, consejos, etc.

Número de ítems
6

Qué tengo que hacer
• Escuchar una conversación y relacionar cinco enunciados con tres posibles opciones: si lo dice un hablante, si lo dice el otro o si no lo dice ninguno de los dos. Solo hay una opción correcta.

• Tras la primera escucha, intenta anticipar tus respuestas.

• La segunda vez que escuchas busca quién dice qué. Comprueba tu elección.

❗ Nuestros consejos

• Lee atentamente las instrucciones, en ellas se dice qué tipo de texto vas a escuchar. En esta tarea escucharás a dos hablantes de sexos diferentes; eso te ayudará a identificar la información más fácilmente.

• Lee los enunciados y fíjate en los datos para que te resulte más fácil identificar quién dice qué al escucharlo.

• Presta mucha atención, ya que en el texto hay más información de la necesaria y eso te puede distraer.

• La primera vez que escuches el texto intenta entender de qué hablan los locutores y qué información da cada uno de ellos. Cada uno adopta un rol (uno compra y otro vende, uno plantea un problema y otro le aconseja, por ejemplo), lo que te ayudará a seleccionar las opciones correctas.

Instrucciones
Usted va a escuchar una conversación entre dos estudiantes de alemán, Santi y Ana. Indique si los enunciados (25-30) se refieren a Santi (A), a Ana (B) o a ninguno de los dos (C). Escuchará la conversación dos veces. Marque las opciones elegidas en la **Hoja de respuestas**. Tiene **25 segundos** para leer los enunciados.

		A. Santi	B. Ana	C. Ninguno
0.	Tiene una profesora muy dinámica.	☐	☒	☐
25.	No asiste a ningún curso de alemán.	☐	☐	☐
26.	Cree que no podrá hacer los deberes de clase.	☐	☐	☐
27.	Ofrece ayuda con las dudas sobre el alemán.	☐	☐	☐
28.	Quiere estudiar por su cuenta.	☐	☐	☐
29.	Propone asistir a clase.	☐	☐	☐
30.	Ha quedado con una amiga mañana.	☐	☐	☐

PRUEBA 3
EXPRESIÓN E INTERACCIÓN ESCRITAS

CARACTERÍSTICAS DE LA PRUEBA

- La prueba de Expresión e interacción escritas tiene dos tareas, una de expresión escrita y otra de interacción escrita.

- Debes redactar textos sencillos a partir de otros breves que te proporcionan.

- La duración es de 60 minutos.

- Cuenta un 25 % de la calificación total del examen.

- Debes escribir los textos que se te piden en el espacio reservado para cada tarea en el cuadernillo correspondiente (que se presenta aparte).

INFORMACIÓN ÚTIL

- Lee bien las instrucciones para asegurarte de entender qué es lo que se pide.

- Haz un esquema con las ideas principales y el vocabulario que puedes utilizar. Usa solo palabras cuyo significado conoces bien.

- Escribe textos claros y sencillos. Si intentas demostrar todo lo que sabes y utilizas estructuras complicadas, es posible que tu mensaje no se entienda bien.

- Escribe una primera versión del texto. Revísala y añade en una segunda versión los conectores necesarios para unir tus ideas.

- Relee tu texto antes de escribirlo en el cuadernillo. Cuenta las palabras para no sobrepasar el límite establecido.

EXPRESIÓN E INTERACCIÓN ESCRITAS
TAREA 1

Tipos de texto
Mensajes de correo, de foro, cartas o notas breves de carácter informativo para enmarcar la respuesta del candidato.

Qué tengo que hacer
Redactar una respuesta a una carta, a un correo electrónico o a un mensaje de foro que puede ser descriptivo o narrativo a partir de un texto de salida que se proporciona. Número de palabras: entre 100 y 120.

⚠ Nuestros consejos

- Lee atentamente las instrucciones para averiguar qué tipo de texto se pide y qué información debes recoger en él.

- Analiza el texto que te proporcionan y redacta un borrador de respuesta en el que recojas todos los puntos que pide el segundo enunciado. Generalmente, tanto el texto de lectura como el que tú tienes que escribir son informales.

- Revisa el borrador e incorpora los conectores necesarios. Utiliza palabras cuyo significado domines. Si te falta información, invéntala.

- No olvides utilizar las fórmulas de saludo y de despedida.

- Antes de escribir tu respuesta en el cuadernillo, léelo con atención y comprueba que has conseguido responder a todas las cuestiones que se plantean.

- Cuenta las palabras para no superar el límite.

EXPRESIÓN E INTERACCIÓN ESCRITAS
TAREA 1

Instrucciones

Usted lee este mensaje en un foro de internet sobre viajes:

> ¡Hola! Me llamo Dimitri y necesito que me ayudéis a organizar mi viaje a vuestro país. Nunca he estado allí y ahora tengo que decidir qué ciudad visitar porque mi presupuesto es muy limitado y tengo que escoger solo una. ¿Alguien me puede ayudar? Solo tengo una semana y no sé en qué ciudad es más fácil moverse ni cuál resulta más barata para vivir. Y, sobre todo, ¿cuál os parece más interesante para visitar? Muchas gracias.

Respóndale con un mensaje en el foro para contestar a sus preguntas. En él deberá:

- Saludar.
- Hablarle brevemente de su conocimiento del país (el suyo) y de las ciudades que son más representativas e interesantes.
- Comentar los pros y los contras de, al menos, dos ciudades.
- Recomendar una de las dos ciudades justificando su punto de vista.

Número de palabras: entre 100 y 120.

EXPRESIÓN E INTERACCIÓN ESCRITAS
TAREA 2

Tipos de texto
Noticias breves procedentes de foros, correos o blogs para enmarcar el texto que produce el candidato.

Qué tengo que hacer
Escribir un texto de carácter descriptivo o narrativo sobre tus experiencias (reales o imaginarias) en relación con el texto que se proporciona. Elige solo una de las dos opciones. Número de palabras: entre 130 y 150.

 Nuestros consejos

- Elige el texto con el que creas que puedas expresarte más fácilmente, por tu experiencia y por tus conocimientos del tema en español.

- Lee atentamente las instrucciones y el texto que te proponen para asegurarte de que entiendes qué es lo que tienes que hacer.

- Analiza el texto proporcionado y redacta un borrador de respuesta en el que recojas todos los puntos que pide el segundo enunciado. Organízalo de acuerdo con esos puntos y, si es posible, sigue el mismo orden.

- Revisa el borrador e incorpora los conectores necesarios.

- Antes de escribir tu texto en el cuadernillo, léelo con atención y comprueba que has respondido a todas las cuestiones que se te piden.

- Cuenta las palabras para no superar el límite. La longitud aproximada es de 15 líneas.

Instrucciones

Opción 1
Lea el siguiente mensaje de una web dedicada a la difusión y a la recuperación de juegos tradicionales infantiles.

¡Bienvenidos a juegosdeayeryhoy.com! ¿Te acuerdas de los juegos de tu infancia? En esta web encontrarás muchos juegos de niños, algunos olvidados y otros todavía vivos. Nos encanta compartir tradiciones infantiles de todo el mundo. ¿Quieres contarnos tu juego? ¡Te esperamos!

Escriba un comentario para la web contando uno o dos juegos que recuerde de su infancia. En él debe recoger los siguientes aspectos:

- Saludos e identificación personal.
- Dónde pasó su infancia (país, ciudad).
- Qué juego o juegos eran más habituales, descríbalos.
- Con quién solía jugar, dónde y en qué momentos del día.
- Despedida.

Número de palabras: entre 130 y 150.

Opción 2
Lea el siguiente mensaje de uno de sus contactos en una red social.

 Lupe

¡Hola, grupo! No sé si os habéis enterado de que la semana pasada actuó en la ciudad el grupo Huracán, rock and roll del bueno. ¿Alguien estuvo en el concierto? No pude ir, ¿qué tal fue?

 ME GUSTA   COMENTAR    COMPARTIR

Escriba un mensaje narrando su experiencia en el concierto, que incluya:
- Saludo.
- Dónde fue, con quién fue usted al concierto.
- Cuánto duró, si fueron o no puntuales.
- Cómo era el ambiente, qué tipo de gente acudió.
- Su opinión sobre el concierto.
- Despedida.

Número de palabras: entre 130 y 150.

PRUEBA 4
EXPRESIÓN E INTERACCIÓN ORALES

CARACTERÍSTICAS DE LA PRUEBA

- La prueba de Expresión e interacción orales tiene cuatro tareas: una de expresión, dos de interacción y otra de expresión e interacción.

- La duración es de 15 minutos.

- Cuenta un 25 % de la calificación total del examen.

- Tienes un tiempo de preparación de 15 minutos para las Tareas 1 y 2, durante el que puedes tomar notas y escribir un esquema que puedes consultar (pero no leer) durante la prueba.

- Al inicio de la prueba, el examinador te hará una serie de preguntas de contacto. Su objetivo es romper el hielo y que te relajes, si estás nervioso.

INFORMACIÓN ÚTIL

- Procura estar relajado. Así mostrarás todo lo que sabes hacer en español de manera mucho más eficaz.

- En esta prueba no se evalúa si lo que dices es verdad o no. Si no quieres dar información sobre ti, puedes inventarla.

- Demuestra lo que sabes en español: si se te dan bien los verbos y su conjugación, o tienes un vocabulario muy rico sobre el tema que te proponen, ¡demuéstralo!

- La pronunciación y la entonación son importantes: intenta expresarte con claridad para que el entrevistador entienda lo que quieres decir. Organiza tus ideas.

- Para preparar esta prueba, puedes aprender algunas frases y expresiones para comenzar, para terminar y para concluir. También puede ser útil repasar los conectores que te permiten enlazar ideas.

EXPRESIÓN E INTERACCIÓN ORALES
TAREA 1
REALIZAR UNA PRESENTACIÓN BREVE

Tipos de texto
Propuesta de dos temas con preguntas que guían la exposición.

Qué tengo que hacer
Elegir uno de los dos temas que te propondrán y hablar sobre él durante dos o tres minutos.

 Nuestros consejos

- Elige la opción sobre la que crees que puedes hablar mejor, no la que más te guste.

- Tienes 15 minutos para preparar tu exposición. Piensa que lo que prepares te servirá también para la Tarea 2.

- Al entrar en la sala de examen, no olvides saludar. El entrevistador te hará algunas preguntas personales, pero estas no son parte del examen; son solo para ayudarte a estar más tranquilo.

- Aunque tu monólogo es muy breve, intenta organizarlo bien utilizando conectores para comenzar, continuar y concluir tu exposición.

- Si necesitas expresar alguna idea pero no encuentras las palabras, no abandones, busca recursos diferentes para expresarla. Lo importante es conseguir comunicar lo que te parece importante.

EXPRESIÓN E INTERACCIÓN ORALES
TAREA 1
REALIZAR UNA PRESENTACIÓN BREVE

Instrucciones
Le proponemos dos temas con algunas indicaciones para preparar
una exposición oral. Elija uno de ellos. Tendrá que hablar durante 2 o 3
minutos sobre el tema elegido. El entrevistador no intervendrá en esta
parte de la prueba.

OPCIÓN 1

La felicidad, ¿qué significa para usted?
¿Recuerda algún momento feliz en su vida?

Incluya información sobre:
• ¿Qué es la felicidad para usted: momentos
  concretos o sensaciones permanentes?
• ¿Qué necesita para ser feliz?
• ¿En qué época de su vida ha sido más feliz y por qué?
• Narre alguna experiencia en la que se sintió
  especialmente feliz.

No olvide:
• Diferenciar las partes de su exposición:
  introducción, desarrollo y conclusión final.
• Ordenar y relacionar bien las ideas.
• Justificar sus opiniones.

OPCIÓN 2

¿Cine o teatro?
¿Qué género prefiere y por qué?

Incluya información sobre:
• Las diferencias que hay entre
  los dos tipos de espectáculos.
• Su experiencia como espectador de cine y de teatro.
• Alguna película u obra de teatro
  que recuerde especialmente.
• Sus preferencias, en general, sobre ir al cine o al teatro.

No olvide:
• Diferenciar las partes de su exposición:
  introducción, desarrollo y conclusión final.
• Ordenar y relacionar bien las ideas.
• Justificar sus opiniones.

PARTICIPAR EN UNA CONVERSACIÓN

Tipos de texto
Indicaciones sobre el desarrollo de la conversación.

Qué tengo que hacer
Conversar con el entrevistador sobre el mismo tema que escogiste para la exposición de la Tarea 1. Se trata de una conversación muy breve, de solo 3 o 4 minutos.

 Nuestros consejos

• Intenta responder exactamente a lo que te pregunta el entrevistador. Solo después de hacerlo puedes añadir alguna aportación personal sobre el tema de la pregunta.

• El entrevistador suele hacer cuatro o cinco preguntas, generalmente sobre tus experiencias, tus opiniones o tus preferencias sobre el tema. En general, no tendrás problemas para entenderlo, pero si no entiendes algo, pídele que te lo explique.

• Si no encuentras un recurso que necesitas para hablar, intenta expresar la misma idea con otras palabras.

• No utilices recursos que no dominas bien; es mejor que te expreses con sencillez y transmitas las ideas con claridad.

• Puedes apoyarte en marcadores para ganar tiempo (por ejemplo, *bueno, en este caso, déjame pensar*, etc.). No te limites a contestar "sí" o "no"; el examinador quiere saber cómo te desenvuelves oralmente en español.

Instrucciones
Cuando haya terminado su exposición (Tarea 1), usted deberá mantener una conversación con el entrevistador sobre el mismo tema durante 3 o 4 minutos.

Modelo de preguntas del entrevistador.

[PARA LA OPCIÓN 1]
• En su vida diaria, ¿qué cosas le hacen sentirse bien?
• ¿Qué cree que podría mejorar en su vida cotidiana para ser más feliz?
• ¿Qué consejos le daría a una persona de su misma edad para ser más feliz?

[PARA LA OPCIÓN 2]
• ¿Hay alguna obra de teatro o película que sea especial para usted? ¿Por qué?
• ¿Echa algo de menos en la oferta cultural de su ciudad?
• ¿Qué prefiere, ver películas y series en casa o ir al cine? ¿Por qué?

EXPRESIÓN E INTERACCIÓN ORALES
TAREA 3
DESCRIBIR UNA FOTOGRAFÍA Y PARTICIPAR EN UNA CONVERSACIÓN

Tipos de texto
Lámina con una fotografía y unas pautas de intervención.

Qué tengo que hacer
Elegir una de las dos fotografías y participar en la conversación que el entrevistador te propone. Esta tarea no se prepara. La fotografía que elijas servirá también para la Tarea siguiente, la 4. La conversación dura entre 2 y 3 minutos.

 Nuestros consejos

• Elige la opción sobre la que crees que puedes hablar mejor, no la que más te guste. La fotografía que elijas servirá también para la siguiente Tarea, la 4.

• Para esta tarea no hay un tiempo de preparación.

• Primero, realiza una breve descripción de lo que ves en la foto. Sigue las pautas que se te proporcionan para hacerlo e intenta formar frases claras y simples. Si te quedas sin ideas durante el monólogo, intenta hablar de tu experiencia personal en torno al tema de la foto.

• En la fase de entrevista, si no entiendes lo que te dice el entrevistador, pídele que te lo repita o que lo exprese de otra manera; lo importante es que la comunicación sea eficaz.

• Si no encuentras un recurso que necesitas para hablar, procura expresar la idea con otras palabras.

• No utilices recursos que no dominas bien, intenta expresarte con sencillez y transmitir bien las ideas.

• Puedes apoyarte en marcadores para ganar tiempo (*bueno, en este caso, déjame pensar*, etc.) o en recursos para incorporar tu punto de vista (*pues sí, pues no, en mi opinión, yo creo que…*).

Instrucciones
Le proponemos dos fotografías para esta tarea. Elija una de ellas y obsérvela con atención.

Describa con detalle, durante 1 o 2 minutos, lo que ve en la foto y lo que imagina que está ocurriendo.
Estos son algunos aspectos que puede comentar:
• Las personas: dónde están, cómo son, qué hacen.
• El lugar en el que se encuentran: cómo es.
• Los objetos: qué objetos hay, dónde están, cómo son.
• ¿Qué relación cree que existe entre estas personas?
• ¿De qué cree que están hablando?
Posteriormente, el entrevistador le hará algunas preguntas.
La duración total de esta tarea es de 2 a 3 minutos.

EXPRESIÓN E INTERACCIÓN ORALES
TAREA 3
DESCRIBIR UNA FOTOGRAFÍA
Y PARTICIPAR EN UNA CONVERSACIÓN

EJEMPLOS DE PREGUNTAS DEL ENTREVISTADOR

Foto 1
- En tu tiempo libre, ¿sueles reunirte con tus amigos en casa de alguno de vosotros o preferís salir?
- ¿Con qué frecuencia sales con tus amigos?
- ¿Ves la televisión habitualmente?
- Si es así, ¿qué tipo de programas sueles ver? ¿Cuál es tu preferido?
- ¿Qué programa de televisión recomiendas? ¿Por qué?
- Si no ves la televisión habitualmente, ¿por qué?
- ¿Qué haces durante tu tiempo libre en casa, cuando estás solo/a?
- ¿Recomiendas alguna de esas actividades a un amigo? ¿Por qué?

Foto 2
- ¿Has asistido alguna vez a una reunión de trabajo? ¿Has colaborado en algún trabajo de grupo para tus clases?
- ¿Cómo fue tu experiencia?
- ¿Qué ventajas y qué inconvenientes tiene trabajar en grupo?
- ¿Qué prefieres tú: trabajar en grupo o individualmente? ¿Por qué?

EXPRESIÓN E INTERACCIÓN ORALES
TAREA 4
DIÁLOGO EN UNA SITUACIÓN SIMULADA

Tipos de texto

Tarjetas de rol que proporcionan la información que debe conocer el candidato para contextualizar la situación. Estas se corresponden con las fotografías de la Tarea 3, por lo que se utilizará la situación correspondiente a la elegida por el candidato en la Tarea anterior.

Qué tengo que hacer

La tarea consiste en una conversación con el entrevistador para simular una situación cotidiana, a partir de la fotografía de la tarea 3. Tienes unos segundos para leer la tarjeta; eso te permitirá entender la situación que debes simular.

 Nuestros consejos

- Antes de comenzar el diálogo simulado, asegúrate de que entiendes bien la situación y el papel que tienes en la conversación. Si no estás seguro, pide ayuda a tu entrevistador.

- Presta atención a las preguntas y frases que te proporciona el entrevistador e intenta responder a ellas. Debes demostrar que puedes comunicarte en español.

- Sé educado. Puedes aceptar una propuesta del entrevistador y luego añadir o cambiar algo. Es un recurso que te ayudará a centrarte en la conversación.

Instrucciones

Usted debe dialogar con el entrevistador en una situación simulada durante dos o tres minutos.

EJEMPLO DE SITUACIÓN [FOTO 1]

Usted va a hacer planes con un amigo para este sábado por la tarde. Va a proponerle que pasen la tarde en su casa y que alquilen una película, mientras meriendan y charlan. Debe negociar, con su amigo, qué tipo de película puede gustarles a los dos y qué van a preparar para merendar. Durante la conversación con su amigo, usted debe:

- sugerirle diferentes tipos de películas y ponerse de acuerdo con él sobre cuál quieren ver;

- proponer algo de merendar que a usted le apetezca y decidir entre los dos lo que van a preparar;

- quedar en un lugar y a una hora concretos.

EJEMPLO DE SITUACIÓN [FOTO 2]

Usted tiene que realizar un trabajo con un compañero de clase. Se trata de preparar una entrada para el blog del curso sobre las experiencias vividas en un viaje que realizaron juntos. Va a negociar con ese compañero la forma de organizarse y lo que tiene que hacer cada uno de ustedes. Durante la conversación con su compañero, usted debe:

- proponer el conjunto de tareas que deben realizar;

- distribuir entre los dos el trabajo

- organizar temporalmente las tareas para cumplirlas en la fecha prevista.

Ejemplo de preguntas del entrevistador:

- El plan es estupendo, pero ¿qué película alquilamos: comedia, drama, de miedo? Desde luego, en español.

- Ya sabes que a mí no me gustan las películas de… ¿No sería mejor una de…? ¿Conoces algún título?

- Oye, ¿y para merendar?

- Yo creo que es más fácil comprarla, así no tenemos que hacer nada. Conozco un bar al lado de tu casa que prepara unos bocadillos estupendos, ¿qué te parece?

- Vale, ¿a qué hora y dónde quedamos?

Ejemplos de preguntas del entrevistador:

- Bueno, ¿preparamos el trabajo? ¿Por dónde empezamos?

- Vale, ¿incluimos imágenes, vídeos o música?

- ¿Quién escribe la entrada en el blog?

- Si te parece, yo podría escribir el texto definitivo en el blog, ¿estás de acuerdo? Si prefieres hacerlo tú…

- Como tiene que estar terminado pasado mañana, ¿cuándo puedes enviarme las fotos que encuentres?

Si quieres consolidar tu nivel **B1**, te recomendamos:

GRAMÁTICAS

Gramática básica del estudiante de español

Cuadernos de gramática española A1-B1

PREPARACIÓN PARA EL DELE

Las claves del nuevo DELE B1